Imagem

Lucia Santaella e Winfried Nöth

IMAGEM
Cognição, semiótica, mídia

ILUMINURAS

Copyright © 1997
Lucia Santaella e Winfried Nöth

Copyright © desta edição
Editora Iluminuras Ltda.

Capa
Eder Cardoso / Iluminuras
sobre *Tau*, da série Le Grand Bleu (1992), pintura acrílica sobre tela [140 x 190 cm],
Anna Barros (São Paulo).

Revisão
Márcio Guimarães de Araújo
Tatiana Faria
Jane Pessoa

Dados Internacionais de Catalogação na Publicação (CIP)
(Câmara Brasileira do Livro, SP, Brasil)

Santaella, Lucia
  Imagem : cognição, semiótica, mídia / Lucia
Santaella, Winfried Nöth. — 1. edição, São Paulo : Iluminuras, 1997 — 9. reimpressão, 2015

  ISBN 85-7321-056-7

  1. Cognição 2. Comunicação de massa
3. Comunicação visual. 4. Imagem (Filosofia)
5. Linguagem. 6. Semiótica. I. Nöth, Winfried, 1944-
II. Título.

08-00501.   CDD - 149.94

Índice para catálogo sistemático:
1. Imagem : Filosofia linguística   149.944

2015
EDITORA ILUMINURAS LTDA.
Rua Inácio Pereira da Rocha, 389 - 05432-011 - São Paulo - SP - Brasil
Tel./Fax: 55 11 3031-6161
iluminuras@iluminuras.com.br
www.iluminuras.com.br

SUMÁRIO

APRESENTAÇÃO, 11

INTRODUÇÃO, 13

1. IMAGEM COMO REPRESENTAÇÃO VISUAL E MENTAL, 15
    Representação e signo, 15
    Representação, re-presentação e apresentação, 20
    A crise da representação, 22
    Imagem e representação mental, 26

2. SEMIÓTICA DA IMAGEM, 35
    Semiótica e a ciência da imagem, 35
    A imagem como signo, 38
    Naturalidade e convencionalidade das imagens, 41
    A dependência linguística e a autonomia cognitiva da imagem, 45
    Existe uma gramática da imagem?, 50

3. IMAGEM, TEXTO E CONTEXTO, 55
    Sobre a abertura da imagem a interpretações verbais, 55
    Relações entre imagem e texto, 56
    Palavra e imagem na pintura, 59
    Contextos imagem-imagem, 59

4. PALAVRA E IMAGEM, 61
    Os níveis e subníveis da iconicidade, 61
    O símbolo como síntese, 65
    Imagens verbais e mentais, 68
    A imagem da palavra, 70
    Entre a palavra e a imagem, 72

5. IMAGEM, PERCEPÇÃO E TEMPO, 75
    O tempo intrínseco: dispositivo, fatura e estilo, 78
    O tempo extrínseco: desgaste, referente e atemporalidade, 84
    O tempo intersticial, 87

6. COMPUTAÇÃO GRÁFICA E MÚSICA, 91
Analogias estruturais, 92
Uma nova gramática dos meios audiovisuais, 93
A dissolução das fronteiras entre o visual e o sonoro, 93
A sintaxe temporal, 94
Inscrições do tempo na imagem, 95
Computação gráfica e campos sonoros, 97

7. SEMIÓTICA DA PINTURA, 99
Estado da arte, 99
Da iconologia à semiótica da pintura, 100
Abordagens e tópicos, 102

8. SEMIÓTICA DA FOTOGRAFIA, 109
Sobre o estado da arte, 109
O signo fotográfico entre iconicidade e arbitrariedade, 110
Existe um código fotográfico?, 114

9. A FOTOGRAFIA ENTRE A MORTE E A ETERNIDADE, 117
Aspectos do processo fotográfico, 117
As duplicidades da fotografia, 128
A fotografia como duplo, 133
Entre a morte e a eternidade, 136

10. IMAGEM, PINTURA E FOTOGRAFIA À LUZ DA SEMIÓTICA PEIRCIANA, 145
Algumas abordagens e alguns temas da semiótica da imagem, 145
Fundamentações categoriais de uma semiótica peirciana da imagem, 147
A pintura não-figurativa como imagem icônica prototípica, 148
A fotografia e a pintura realista como protótipos da imagem indexical, 152
A pintura codificada culturalmente como protótipo da imagem simbólica, 155
Perspectiva semiogenética, 160

11. OS TRÊS PARADIGMAS DA IMAGEM, 161
As divisões e seus critérios, 163
As imagens e seus meios de produção, 168
As consequências dos meios de produção da imagem, 174
As gradações das mudanças, 180
As misturas entre os paradigmas, 189

12. O IMAGINÁRIO, O REAL E O SIMBÓLICO DA IMAGEM, 193
O respeito aos conceitos, 194
O imaginário identificatório, 195
O corte do real, 197
A síntese simbólica, 198

13. AS IMAGENS PODEM MENTIR?, 201
   Os persuasores ocultos?, 201
   Verdade, imagem e signos, 201
   A dimensão semântica, 203
   A dimensão sintática, 206
   A dimensão pragmática, 212
   Conclusão, 214

BIBLIOGRAFIA, 217

Para Júnior e Paulo

APRESENTAÇÃO

Deve ter sido em 1993, ou talvez 1994, que pela primeira vez fizemos comentários, trocando rápidas e breves ideias, sobre os trabalhos que já tínhamos realizado e ainda estávamos, ambos os autores deste livro, desenvolvendo sobre imagem.

Depois disso, por cordialidade e demonstração de interesse mútuo nas pesquisas, através do Atlântico, começamos a trocar livros e artigos já publicados, entre eles os textos sobre imagem. Com alguma rapidez, nos demos conta de muitas coincidências e, especialmente, complementaridades no modo de ver e no tratamento que estávamos dando tanto às questões específicas quanto àquelas, mais amplas, que envolvem a teoria, os conceitos e as manifestações da imagem.

É certo que trabalhamos no mesmo campo, o das teorias da linguagem, semiótica, literatura, arte e mídia. Nem por isso as coincidências de pontos de vista são assim tão comuns. Enfim, há hoje uma proliferação tal de teorias, mesmo dentro de uma só área, que é mais difícil apresentar semelhanças de pensamento do que diferenças. Acresça-se a isso o fato de que os autores pertencem a culturas — Brasil e Alemanha — bastante distintas, tendo passado por processos de formação intelectual também grandemente diferentes. Não obstante tantas razões para diferenças, as coincidências eram flagrantes e até chegamos a nos surpreender alegremente com elas.

Mas a ideia de publicarmos um livro a quatro mãos não veio tão prontamente. O que deve ter impulsionado essa intenção foi nossa participação exatamente na mesma sessão de trabalhos no Congresso Internacional sobre Semiótica das Mídias, realizado em Kassel, na Alemanha, em março de 1995. As coincidências aí, além de formalizadas, estenderam-se nas discussões após as apresentações e, a seguir, nos encontros mais informais do congresso. Foi numa dessas ocasiões que primeiramente formulamos a ideia de uma publicação conjunta. Daí para a frente, foram mãos à obra.

Se os artigos deste livro tivessem só semelhanças e coincidências, eles certamente perderiam o fator que dá a eles o interessante caráter de contraponto. Afinal, somos dois autores. E nada foi feito para mascarar essa dualidade. Trata-se, ao contrário, de explorar aquilo que há de diferença na semelhança, enfim, de resguardar os mistérios da complementaridade. É disso que esperamos que o leitor tire proveito.

Aqui deixamos nossos agradecimentos ao DAAD, Fapesp e CNPq que têm possibilitado as visitas acadêmicas de Winfried Nöth ao Brasil, sem as quais este livro não teria sido possível. Também agradecemos à Capes pelo apoio dado a mim para um estágio de pesquisa na Alemanha, visando ao aprofundamento das pesquisas sobre "Imagem e Cognição" que perpassam este livro.

Lucia Santaella e Winfried Nöth

INTRODUÇÃO

Imagens têm sido meios de expressão da cultura humana desde as pinturas pré-históricas das cavernas, milênios antes do aparecimento do registro da palavra pela escritura. Todavia, enquanto a propagação da palavra humana começou a adquirir dimensões galácticas já no século XV de Gutenberg, a galáxia imagética teria de esperar até o século XX para se desenvolver. Hoje, na idade vídeo e infográfica, nossa vida cotidiana — desde a publicidade televisiva ao café da manhã até as últimas notícias no telejornal da meia-noite — está permeada de mensagens visuais de uma maneira tal que tem levado os apocalípticos da cultura ocidental a deplorar o declínio das mídias verbais.

Mais uma vez, entretanto, enquanto a galáxia de Gutenberg foi, desde cedo, acompanhada por uma galáxia de pesquisa sobre a natureza e estrutura da mídia palavra, institucionalmente propagada pelos acadêmicos das artes da gramática, retórica e filologia, os estudos da imagem não criaram uma tradição similar, continuando até hoje sem um suporte institucional de pesquisa que lhe seja próprio. Uma ciência da imagem, uma imagologia ou iconologia ainda está por existir.

As investigações das imagens se distribuem por várias disciplinas de pesquisa, tais como a história da arte, as teorias antropológicas, sociológicas, psicológicas da arte, a crítica de arte, os estudos das mídias, a semiótica visual, as teorias da cognição. O estudo da imagem é, assim, um empreendimento interdisciplinar. É também dentro de perspectivas interdisciplinares que este livro pretende elucidar o tema das imagens. Seus objetos de estudo são tanto os gêneros imagéticos tradicionais, a pintura ou a fotografia, quanto as novas mídias imagéticas, como a holo e infografia, incluindo a fotografia computacional.

Conforme foi observado pelo semioticista Émile Benveniste, as imagens são um sistema semiótico ao qual falta uma metassemiótica: enquanto a língua, no seu caráter metalinguístico, pode servir, ela própria, como meio de comunicação sobre si mesma, transformando-se assim num discurso autorreflexivo, imagens não podem servir como meios de reflexão sobre imagens. O discurso verbal é necessário ao desenvolvimento de uma teoria da imagem. Porém, a separação dos dois códigos, do verbal e do visual, não é tão radical quanto a observação de Benveniste pode sugerir.

Na realidade, o código verbal não pode se desenvolver sem imagens. O nosso discurso verbal está permeado de imagens, ou, como Peirce diria, de iconicidade. Assim, a teoria das imagens sempre implica o uso de imagens. A palavra "teoria", aliás, já contém na sua raiz uma imagem, pois "teoria", na sua etimologia, significa "vista", que vem do verbo grego *theorein*: "ver, olhar, contemplar ou mirar".

Que abordagem ao estudo da imagem poderia, então, ser mais adequada do que uma abordagem teórica? Em nossa curiosidade sobre as imagens, deixamo-nos, assim, guiar pelas nossas vistas, olhares, contemplação e miradas visuais e mentais sobre o nosso objeto de estudo.

1.
IMAGEM COMO REPRESENTAÇÃO VISUAL E MENTAL

O mundo das imagens se divide em dois domínios. O primeiro é o domínio das imagens como representações visuais: desenhos, pinturas, gravuras, fotografias e as imagens cinematográficas, televisivas, holo e infográficas pertencem a esse domínio. Imagens, nesse sentido, são objetos materiais, signos que representam o nosso meio ambiente visual. O segundo é o domínio imaterial das imagens na nossa mente. Neste domínio, imagens aparecem como visões, fantasias, imaginações, esquemas, modelos ou, em geral, como representações mentais. Ambos os domínios da imagem não existem separados, pois estão inextricavelmente ligados já na sua gênese. Não há imagens como representações visuais que não tenham surgido de imagens na mente daqueles que as produziram, do mesmo modo que não há imagens mentais que não tenham alguma origem no mundo concreto dos objetos visuais.

Os conceitos unificadores dos dois domínios da imagem são os conceitos de signo e de representação. É na definição desses dois conceitos que reencontramos os dois domínios da imagem, a saber, o seu lado perceptível e o seu lado mental, unificados estes em algo terceiro, que é o signo ou representação.

O estudo das representações visuais e mentais é o tema de duas ciências vizinhas, a semiótica e a ciência cognitiva. Comecemos, portanto, neste primeiro capítulo por uma investigação da teoria da representação e da sua relevância para o estudo da imagem.

1. REPRESENTAÇÃO E SIGNO

O conceito de representação tem sido um conceito-chave da semiótica desde a escolástica medieval, na qual este se referia, de maneira geral, a signos, símbolos, imagens e a várias formas de substituição (ver Zimmermann, (org.), 1971; Scheerer et al., 1992). Hoje o conceito se encontra no centro da teoria da ciência cognitiva, que trata de temas como representação analógica, digital, proposicional, cognitiva ou, de maneira geral, representação mental (ver Palmer, 1978).

Na semiótica geral, encontram-se definições muito variadas do conceito de representação. O âmbito da sua significação situa-se entre *apresentação* e *imaginação* e estende-se, assim, a conceitos semióticos centrais como signo, veículo do signo, imagem ("representação imagética"), assim como significação e referência. As tentativas da delimitação do conceito são variadas, mas, frequentemente, imprecisas. Alguns problemas na discussão do conceito de representação, em diferentes línguas, ligam-se à tradução. *Sémiologie de la représentation* (Helbo (org.), 1975) é, por exemplo, um livro sobre a semiótica da mídia visual, sobre teatro, televisão e histórias em quadrinhos, mas o termo representação também serve para a tradução de conceitos tão distintos como *signo*, *imaginação* ("*Vorstellung*", por exemplo em Kant, ver Aquila, 1983) ou também *apresentação* ("*Darstellung*"), no sentido de Bühler.

1.1. REPRESENTAÇÃO COMO SIGNO

O conceito de representação encontra-se principalmente no conceito inglês *representation(s)* como sinônimo de signo. Assim, por exemplo, Howard (1980: 502) nos dá a seguinte definição: "As palavras 'representação', 'linguagem' e 'símbolo' são virtualmente intercambiáveis nos seus usos mais vastos". Como um sinônimo de signo, representação se encontra já em Locke, e na sua primeira fase Peirce caracteriza a semiótica, em 1865, como "a teoria geral das representações" (W 1: 174; Fisch, 1986: 323-4), falando também simplesmente de "signo ou representação" (CP 1.339).

Sperber (1985: 77) também utiliza o conceito de *representação*, de uma maneira geral, como um sinônimo de signo, quando diferencia o âmbito conceitual em "representação mental" e "representação pública":

> Devemos distinguir dois tipos de representação: há representações internas ao dispositivo do processo informativo, isto é, *representações mentais*, e há representações externas ao dispositivo [...], isto é, *representações públicas*. [...] Há, então, duas classes de processos [...]: processos intrassubjetivos de pensamento e memória, e processos intersubjetivos através dos quais as representações de um sujeito afetam as representações de outros sujeitos por meio de modificações dos seus ambientes comuns.

O que Sperber caracteriza como "representações públicas" é sinônimo daquilo que a semiótica descreve como signo ou, mais precisamente, como *veículo do signo*, enquanto aquilo que ele entende por processos sígnicos intrassubjetivos são as representações mentais da ciência cognitiva a serem discutidas mais adiante. No modelo sígnico de Peirce, ambos os aspectos de um signo são modos de representação. A "representação pública" é o signo no sentido do *representamen* peirciano, enquanto a "representação mental" é o interpretante sígnico.

1.2. REPRESENTAÇÃO COMO RELAÇÃO SÍGNICA

O substantivo abstrato *representação* caracteriza também uma função sígnica ou um processo de utilização sígnica. Seu âmbito conceitual se estende de *semiose* até *relação de objeto* ou ainda até *função referencial* sígnica.

Já na escolástica medieval, representação é definida, de maneira geral, como o processo de apresentação de algo por meio de signos. Tomás de Aquino escreve, por exemplo, "cada representação acontece por meio de signos" [*omnis repraesentatio fit per aliqua signa*] (*Op. omn.* 18: 377). A amplitude desse conceito escolástico torna clara a diferenciação de quatro tipos de representação, a saber: (1) por tipo de uma imagem, (2) por tipo de um vestígio, (3) através de um espelho e (4) através de um livro (ver Scheerer et al., 1992: 791).

Ainda hoje, Rosenberg (1974: 1) utiliza esse conceito de representação, de maneira geral, no sentido de utilização sígnica ou *semiose* humana na definição seguinte: "A atividade humana característica e essencial é a representação — quer dizer, a produção e manipulação de representações". Dretske (1988: 51-77) define, de maneira geral, o conceito de representação também como função sígnica. Para ele, tanto signos naturais como convencionais podem representar, desde que desempenhem uma função significativa num sistema de representação.

Representação, na fase tardia de Peirce, é o processo da apresentação de um objeto a um intérprete de um signo ou a relação entre o signo e o objeto: "Eu restrinjo a palavra representação à operação do signo ou à sua *relação* com o objeto para o intérprete da representação" (CP 1.540). A fim de delimitar os conceitos de representação e signo, ele introduz o termo *representamem* para o veículo do signo: "Quando é desejável distinguir entre aquilo que representa e o ato ou relação de representar, o primeiro pode ser chamado de 'representamen', o último de 'representação'" (CP 2.273).

Nesse contexto, Peirce define *representar* como "estar para, quer dizer, algo está numa relação tal com um outro que, para certos propósitos, ele é tratado por uma mente como se fosse aquele outro" (CP 2.273). Como exemplos para esse processo ou até essa "ação" de representar Peirce cita: "Uma palavra representa algo para a concepção na mente do ouvinte, um retrato representa a pessoa para quem ele dirige a concepção de reconhecimento, um catavento representa a direção do vento para a concepção daquele que o entende, um advogado representa seu cliente para o juiz e júri que ele influencia" (CP 1.554).

1.3. Representação como referência e função de apresentação

Representação como relação de objeto parece não estar longe da definição de representação como referência e função de apresentação sígnica. Como *referência* ou *designação*, por exemplo, Rosenberg (1974: 1) define a representação linguística das coisas. Bunge (1974: 87) e Kaczmarek (1986: 89), porém, citam critérios para a distinção entre referência e representação: a relação referencial une um veículo do signo a uma coisa na sua totalidade, enquanto a relação representativa relaciona o constructo conceitual a um determinado aspecto da coisa. Referência é possível sem representação, e vice--versa. A declaração "não existem pessoas verdes" se refere a pessoas, mas não representa nada. Bunge dá exemplos de conceitos representativos mas não--referenciais tomados da física teórica.

Enquanto o referir-se é um ato de remetimento ao mundo, representar significa "apresentar algo por meio de algo materialmente distinto de acordo com regras exatas, nas quais certas características ou estruturas daquilo representado devem ser expressas, acentuadas e tornadas compreensíveis pelo tipo de apresentação, enquanto outras devem ser conscientemente suprimidas" (Kaczmarek, 1986: 88).

Somente uma função especial entre outras, a função de apresentação, é relacionada, por outros autores, ao conceito de representação. Na tradução inglesa da *Teoria linguística* de Bühler (1934), o termo alemão *Darstellung*, que talvez possa ser traduzido por "apresentação", é traduzido por *representation*. Jakobson, por outro lado, denominou essa função de função referencial. Assim, a função representativa, na terminologia de alguns, é oposta às outras funções comunicativas, como a expressiva e a apelativa.

Ocasionalmente, a função representativa é confrontada com a função comunicativa. A primeira deve, de acordo com essa visão, servir à representação do mundo; a última à mediação de pensamentos entre as pessoas. Com base nisto, por exemplo, Tabarroni (1989: 200) chega à conclusão de que a teoria da representação de Ockham despreza a função comunicativa da linguagem. A representação é também oposta à função comunicativa na interpretação de Husserl feita por Derrida. Derrida (1967: 53) resume com as seguintes palavras a teoria de Husserl (1900, v. 2.1: 36) do monólogo interno, no qual nada é dito "no sentido comunicativo", mas sim somente apresentado como falante ou comunicante: "No discurso interno, eu não comunico nada a mim mesmo. [...] Existem unicamente *representação* e *imaginação*". Portanto, representação é aqui menos apresentação do que o processamento mental da imaginação.

1.4. REPRESENTAÇÃO COMO SIGNO ICÔNICO

Determinações conceituais, de acordo com as quais uma representação é um signo baseado numa relação de semelhança, existem desde a escolástica. Johannes Duns Scotus, por exemplo, refere-se ao fato de que o representante copia aquilo que ele representa [*repraesentativum imitatur suum repraesentatum*] (ver Kaczmarek, 1986: 91). A base desse pensamento se encontra na epistemologia medieval, de acordo com a qual as *species*, as formas externas de manifestação das coisas, são semelhanças [*similitudes*] das coisas (ver Scheerer et al., 1992: 792).

Nelson Goodman, ainda hoje, define o conceito de representação no sentido de um signo icônico (ainda que ele não apoie o critério da semelhança): para ele, representações são imagens que têm aproximadamente o mesmo tipo de função que descrições.

O filósofo da ciência Mario Bunge (1969: 22) também define a *representação* no sentido de um signo icônico e considera o critério da analogia como central: "Podemos dizer que um objeto x [...] *representa* (espelha, modela, desenha, simboliza, está para) o objeto y [...] se x é uma simulação de y [...]. A representação é, então, uma sub-relação da simulação". Outros critérios de uma relação de representação, de acordo com Bunge (ibid.), são: "A representação é *não-simétrica*, *reflexiva*, e *transitiva*: o objeto representado ou simbolizado pode (na maior parte das vezes, ele não o faz) não representar sua contraparte; o objeto que representa pode ser considerado como a melhor representação de si mesmo; e se x representa y, que, por sua vez, representa z, então x representa z".

2. Representação, re-presentação e apresentação

A discussão semiótica em torno da dicotomia representação/apresentação possui dois aspectos. Por um lado, há a questão sobre até que ponto a função de signos é "representativa"; por outro, há a questão sobre a existência de signos não-representativos.

2.1. Representação como re-presentação

Etimologicamente, o conceito de representação se encontra em oposição ao de "(a)presentação". Uma representação parece, de acordo com isso, reproduzir algo alguma vez já presente na consciência. Essa ideia também está consolidada na história da semiótica. Para Ockham, signos representativos eram signos "rememorativos" (ver Tabarroni, 1989: 203), quer dizer, signos que nos lembram de algo.

A oposição "representação vs. apresentação" foi aprofundada, na modernidade, na psicologia e na filosofia. Resumindo, Scheerer et al. (1992: 827) relatam: "No alemão se tentou, às vezes, reproduzir a oposição com o par conceitual 'apresentificação' — de acordo com E. Husserl e M. Heidegger — e 'presentificação'. Com toda a variedade do uso, é possível se fixar: 'apresentação' é utilizada tendencialmente para a presença direta de um conteúdo na mente, enquanto 'representação' é reservada para casos de consciência de um conteúdo, nos quais um momento de redação, reprodução e duplicação está em jogo".

Influenciado por isto, Max Bense (1986; Bense & Walther (orgs.), 1973: 77) chega à conclusão de que a representação é um pressuposto da qualidade sígnica: "A diferenciação entre um objeto (diretamente) apresentado (e, como tal, que se mostra a si mesmo) e um objeto (mediador) representado é uma diferença semiótico-ontológica. Ela pertence às condições da introdução do conceito de signo. [...] Objetos apresentados funcionam ontologicamente; objetos representados funcionam semioticamente".

Principalmente dois argumentos se dirigem contra essa visão da qualidade sígnica como re-presentação. Um contra-argumento se refere a fenômenos sígnicos que parecem não ter nada "novamente significado" em si. Um outro grupo de contra-argumentos se encontra na tese neo-estruturalista da autorreferencialidade essencial dos signos, que se manifesta, no pós--modernismo, com a crise da representação.

2.2. EXISTEM SIGNOS QUE NÃO REPRESENTAM NADA?

Argumentos contra a visão da representação (no sentido de re-presentação) como condição necessária da qualidade sígnica se encontram, por um lado, na semiótica fenomenológica e, por outro, na teoria da representação de Nelson Goodman. A semiótica fenomenológica diferencia entre signos que representam e aqueles que não representam (ver Braun, 1981: 167). Os símbolos pertencem aos signos representativos, os índices ou indícios, aos não-representativos.

O ponto de partida desta distinção é a diferenciação de Husserl (1900, v. 2.1: 23) entre, por um lado, um signo de expressão, que é intencional e significativo, e, por outro, um indício, que não possui "função significativa". De acordo com isso, por exemplo, o fenomenólogo Alfred Schütz (1932: 165) determina um indício como "um objeto ou conteúdo, cuja existência indica a existência de certos outros objetos e conteúdos no sentido de que a convicção do ser de um não é experienciada como um motivo compreensível para convicção do ser de outro". Quando, no entanto, o intérprete do indício não tem que estar convicto da existência do objeto de referência ("o outro objeto") de um indício, então esse indício pode também não aparecer na consciência do intérprete como uma "representação" de uma "coerência de sentido", que "se constituiu, como em uma re-presentação, em atos pré-experimentados" (ibid.). Indícios são, portanto, não-representativos e somente símbolos representam.

Em oposição a isso, existe, de acordo com Schütz (1932: 167), uma relação de representação entre os signos não-indexicais (ou símbolos): "Quando nós observamos um símbolo, que é sempre um objeto do mundo exterior no amplo sentido da palavra, não olhamos para ele como o próprio objeto, mas como representante daquilo que ele representa".

2.3. A TEORIA DA REPRESENTAÇÃO DE GOODMAN

Goodman (1968: 257) leva adiante a restrição do conceito de representação como sendo somente um entre vários "tipos de função" de signos. Ele diferencia, como formas fundamentalmente diversas da "função referencial", além da *representação*, a *descrição*, a *expressão* e a *exemplificação* como outras funções. Essa restrição do conceito de representação a uma entre várias funções sígnicas é, contudo, mais de caráter terminológico e somente em parte motivada pelo critério "apresentativo/re-presentativo". *Representação* é, para Goodman, somente "representação imagética". *Descrições* possuem, por outro lado, caráter verbal. Ambos os tipos de função são caracterizadas, de acordo com Goodman (1968: 53), por uma relação denotativa com o mundo. Ele define como não-denotativas as funções de *expressão* e de *exemplificação*. A diferença entre representação e expressão se encontra, para Goodman (1968: 56), no fato de que "representação é representação de objetos ou acontecimentos, enquanto expressão é expressão de sentimentos ou outras qualidades".

Goodman, contudo, indicou, com sua categoria da *exemplificação*, uma função sígnica para a qual a diferenciação entre re-presentação e apresentação é central. Uma exemplificação, como, por exemplo, uma prova de tecido de um alfaiate, é um veículo do signo que possui as próprias qualidades às quais ele se refere. Neste sentido, a exemplificação é apresentativa e não-representativa. A prova exemplifica, contudo, geralmente não somente a si própria, mas também as qualidades essenciais ou as particularidades da peça de tecido da qual ela provém. Neste caso, ela é representativa. Enquanto o conceito de re--presentação, no entanto, designa uma relação unidimensional ou não-simétrica — o símbolo se refere a um objeto de referência, e não o contrário —, a relação de exemplificação, de acordo com Goodman (1968: 68-9), é bidirecional:

> A distinção [entre denotação e exemplificação] leva ao seguinte: quando uma palavra, por exemplo, deve denotar algo vermelho, então nada mais é necessário além de que a relacionemos a esse vermelho. Mas, se meu pulôver verde deve exemplificar um predicado, então não é suficiente que relacionemos o pulôver ao predicado. O predicado tem também que denotar o pulôver, isto é, eu tenho que estabelecer uma relação entre o predicado e o pulôver. A restrição relativamente grande à qual a exemplificação está sujeita, em comparação com a denotação, é um resultado de seu status como uma sub-relação de inversão da denotação, do fato de que a denotação implica uma relação entre dois elementos em uma direção; a exemplificação, por outro lado, implica uma relação entre os dois em ambas as direções.

3. A CRISE DA REPRESENTAÇÃO

Os teóricos culturais e filósofos do pós-modernismo discutem sob o tópico "crise da representação" uma série de temas bastante variados (ver Finlay, 1988; Scheerer et al., 1992: 846-53). Por exemplo, temos a tese de G. Lukács da impossibilidade de representação do mundo na arte do século XX; a tese de Lyotard da perda de uma realidade que precede a representação em um mundo que se apresenta somente por frases, já que ele perdeu sua representatividade absoluta (ibid.: 852); e, finalmente, a visão de Heidegger da *repraesentatio* como um resultado de "trazer para si o existente como um contrário, relacioná-lo consigo próprio e, nesse sentido, recuperá-lo para si como um campo decisivo" (ibid.: 848). A seguir, somente duas teses, desse círculo temático sobre a crise da representação, podem ser discutidas, devido ao seu especial interesse semiótico: a tese de Foucault sobre a perda da representação e a tese de Derrida sobre a impossibilidade da representação.

3.1. FOUCAULT SOBRE A ORIGEM E A PERDA DA REPRESENTAÇÃO

Les mots et les choses de Foucault (1966) é uma história da teoria do signo e da história cultural semiótica do ponto de vista de uma semiologia estruturalista, cujo fundamento é o modelo sígnico diádico de Saussure.

3.1.1. A PERDA DA ICONICIDADE DA RE-PRESENTAÇÃO APÓS A RENASCENÇA

A história da teoria do signo se desenvolveu, na visão de Foucault (1966: 57), desde Port Royal no século XVII, do modelo sígnico triádico dos estoicos a um modelo diádico, cuja influência alcançou seu ápice com Saussure. Paralelamente a esse desenvolvimento, a crença no caráter copiador do signo se perdeu a partir da era clássica. Enquanto, até a Renascença, se atribuía aos signos uma relação de semelhança mais ou menos evidente com seu objeto de referência, a lei da representação passou a ser o princípio da arbitrariedade do signo: "No limiar da era clássica, o signo deixa de ser uma figura do mundo e deixa de estar ligado àquilo que ele marca pelas linhas sólidas e secretas da semelhança ou afinidade" (Foucault, 1966: 72).

Deve-se comentar, com relação à terminologia, que Foucault não entende por *representação* a função representativa ou relação de objeto dos signos, mas somente uma certa forma de uso sígnico, que "re-presenta" a racionalidade de uma lógica universal, baseada na arbitrariedade e na convenção (ver Frank, 1983: 152). Os signos icônicos do mundo, nos quais ainda se acreditava na Renascença, não eram ainda, na terminologia de Foucault, representações. Ao discutir a história cultural do signo sob o conceito-chave "crise da representação", podemos, em oposição a Foucault, situar o começo dessa crise já no limiar da era clássica, se entendermos "representação" num sentido não-foucaultiano como a relação do objeto do signo. De acordo com Foucault, é exatamente a naturalidade dessa relação do objeto que é questionada no limiar da era clássica.

3.1.2. O MODELO CLÁSSICO DE REPRESENTAÇÃO

Qual é, na era de Descartes e Port Royal, o novo quadro de relações dos signos, se não mais o mundo dos objetos? Foucault (1966: 78; 1967) lembra a definição de signo de Port Royal, de acordo com a qual o signo não representa uma coisa, mas a ideia de uma coisa e, assim, representa a ligação de duas ideias, uma da coisa que representa, outra da coisa representada. Aqui já se encontra o núcleo daquilo que Foucault considera o *modelo representativo clássico*:

> As sínteses, através das quais a fala forma frases a partir de palavras de classes diversas (ou seja, representações de tipos diferentes de atividades ou apercepções mentais e/ou sensíveis), suas representações mentais das sínteses precedentes, através das quais a mente une os formadores lexicais de impressões elementares ou ideias com predicados sobre julgamentos: a sintaxe linguística seria, então, o reflexo das formas lógicas sobre julgamentos como elas são próprias à mente. (Frank, 1983: 156)

Com o deslocamento das relações sígnicas do mundo das coisas para um mundo dos signos das coisas, ou seja, das representações no sentido de Foucault, o sistema dos signos se torna, então, a moldura de relação dos signos. Aqui se encontra a origem da ideia da autorreflexividade dos signos (ver Scheerer et al., 1992: 849), uma ideia que, contudo, com Descartes e Port Royal, ainda não está ligada à queixa pós-moderna da circularidade da representação, como se encontra em Lyotard, pois o sistema de signos ainda possui, na era clássica, um firme fundamento na razão da lógica. Assim, para Foucault (1966: 74-5), após a mudança de paradigma da Renascença para a era clássica, "uma rede de signos coloca-se no lugar do conhecimento. [...] Através de signos as coisas tornam-se distintas, elas se conservam na sua identidade, se desfazem e se ligam. A razão ocidental entra na era do julgamento". Ao mesmo tempo, o sistema racional da representação linguística se torna representativo para todas as outras ordens científicas e culturais, como a da pintura, a do sistema econômico do dinheiro e a das riquezas ou das ciências naturais. A ordem da razão linguística determina, assim, a ordem das coisas em geral.

3.1.3. A PERDA DA REPRESENTAÇÃO A PARTIR DO SÉCULO XIX

No limiar do empiricismo e do historicismo do século XIX, esse modelo clássico de representação é, de acordo com Foucault, novamente abandonado numa nova ruptura. A ordem das coisas não é mais fundamentada na razão e suas representações, mas nas regularidades históricas, que são inerentes ao sistema das coisas. No lugar da visão de mundo classificatória da era de Descartes, surge, então, a pesquisa da evolução e da historicidade das coisas: "Os primeiros filólogos [...] procuraram na profundidade histórica das línguas a possibilidade do discurso e da gramática. Assim, mesmo a representação deixou de ter valor para [...] as palavras como seu lugar de origem e localização primitiva da sua verdade. [...] A representação que se faz das coisas [...] é a aparência de uma ordem que agora pertence às coisas mesmas e sua lei interior" (Foucault, 1966: 324).

Frank (1983: 167-168) explica por que o novo paradigma da historicidade significa, para Foucault, o fim da teoria da representação clássica como segue:

> A episteme clássica se baseia na condição de que uma dissolução total do *signifiant* ocorre no *signifié*: nada no signo resiste à ideia que se representa por meio dele, sobretudo quando a ordem das ideias é pensada na sua verdade como atemporal: algo é verdadeiro, de acordo com o pensamento clássico, simplesmente porque não pode ser visto de outra forma. [...] Essa premissa deixa de vigorar, quando o tempo [...] intervém na síntese da representação.

De acordo com esse novo paradigma, os pontos de referência dos signos não se encontram mais no próprio sistema dos signos, mas "no exterior da representação, além da sua aparição imediata, num tipo de mundo anterior, mais profundo e denso que ele mesmo" (Foucault, 1966: 252). Como resultado, "os conteúdos empíricos foram separados da representação quando eles revelaram o princípio da sua existência em si mesmos" (ibid.: 328).

Com essa nova visão das coisas, independente da razão do discurso, a era do empiricismo e do historicismo leva adiante, mesmo que em pequena escala, a visão pré-clássicista das palavras e das coisas, pois, "no começo do século XIX, elas reencontraram sua antiga potência enigmática. Isto, contudo, não aconteceu com a finalidade de reintegrar o arco do mundo que elas abrigavam na Renascença, ou com a finalidade de se misturar com as coisas num sistema sígnico circular. Mais tarde e até hoje, a linguagem existe dissociada da representação de forma não mais diferente do que dispersa" (Foucault, 1966: 315). Foucault (1966: 315-16) considera a "fragmentação da linguagem" na poesia de Mallarmé e o "desaparecimento do discurso" ligado a isso como paradigmáticos para essa nova dissociação entre linguagem e representação. Ela leva, assim, a uma nova autorreflexividade da linguagem, pois (ibid.): "A uma pergunta de Nietzsche: quem fala? Mallarmé responde [...], quando ele diz que aquilo que fala [...] é a própria palavra — não o significado da palavra, mas seu ser enigmático e precário. [...] Mallarmé não deixa de se apagar com sua própria linguagem; ele quer somente ainda aparecer como executor na cerimônia pura do livro, na qual o discurso se compõe de si mesmo".

3.2. A DESCONSTRUÇÃO DA RE-PRESENTAÇÃO DE DERRIDA

Em conflito com Husserl (1900), Derrida (1967: 54) critica "o estatuto da representação no sentido geral de imaginação, mas também no sentido da re-presentação como repetição ou reprodução da apresentação, como *presentificação* que ocupa o lugar de uma 'outra imaginação'". De acordo com a filosofia da presença de Derrida, a representação não pode ser uma presentificação no sentido de uma repetição de algo presente anteriormente. Ela "não é a modificação de um acontecimento de uma apresentação original" (Derrida 1967: 50). Por um lado, o representado mesmo é um signo, "pois a re-presentação deve representar uma apresentação entendida como imaginação" (ibid.: 58; ver Scheerer et al., 1992: 851). Por outro lado, cada repetição ou *iterabilidade* do signo já significa a modificação deste signo em um processo, no qual não pode existir nem uma primeira nem uma última vez (ver Forget, 1992: 113). Portanto, a diferenciação "entre a simples presença e a repetição sempre já começada deve ser apagada". Derrida opõe à ideia da presença fenomenológica, como último ponto de referência da representação, seu conceito da *différance*, e isto significa o adiamento infinito da presença e a diferença inanulável dentro do signo que, dividido em si mesmo, leva consigo vestígios de outros signos.

4. IMAGEM E REPRESENTAÇÃO MENTAL

O tema da *representação mental* nos leva da semiótica à área da ciência cognitiva, que desenvolve modelos do conhecimento, e portanto representações, e modelos do processamento de suas estruturas em processos mentais, quer dizer, modelos de processos *cognitivos*. A semiótica parte do pressuposto de que representações cognitivas são signos e operações mentais ocorrem na forma de processos sígnicos. Neste caso, se coloca a questão sobre a natureza desses signos e processos, assim como, de forma geral, sobre a relação entre a semiótica e a ciência cognitiva.

4.1. Formas e modelos da representação mental

A ciência cognitiva estudou, até o momento, principalmente a representação mental da informação linguística e visual. De que forma esse conhecimento é armazenado? Será que a informação visual (só) aparece na forma de imagens mentais e a informação linguística (só) é armazenada na forma de símbolos?

Modelos de representação mental do conhecimento são tão antigos quanto a filosofia cognitiva. De acordo com Cummins (1989: 1-6), existem, até hoje, essencialmente quatro modelos. Estes descrevem a forma da nossa representação mental (1) como ideias no sentido de uma matéria mental estruturada, (2) como imagens, (3) como símbolos e (4) como estados neurofisiológicos.

(1) O modelo das ideias como uma matéria mental estruturada se baseia na dicotomia aristotélica da matéria e da forma como essência de todas as coisas. A palavra grega *eidos*, da qual a palavra *ideia* deriva, significa, primeiramente, "forma". Por exemplo, na escolástica, ideias vigoravam como entidades sem existência física, que, no entanto, eram compostas de matéria e forma. Não só as coisas existentes fisicamente valiam como *matéria estruturada*, mas também as próprias ideias. Quando, por exemplo, a matéria física é estruturada pelas qualidades "do vermelho" e "do esférico", o resultado é uma "esfera vermelha". De acordo com esse modelo, também a *ideia* de uma esfera vermelha se desenvolve no espaço mental, a saber, devido ao fato de que a matéria mental é estruturada pelas mesmas qualidades "do vermelho" e "do esférico". A ideia é, portanto, um modelo mental das coisas e tem, em comum com estas, a forma. Assim, uma relação de iconicidade entre as coisas e as ideias que as representam é postulada.

(2) Modelos imagéticos da representação mental do conhecimento encontram partidários desde os epicuristas até a atual ciência cognitiva, na qual eles são hoje discutidos sob a denominação de *representação analógica*. A validade desses modelos é, no entanto, questionada por alguns representantes da teoria simbólica da representação.

(3) Símbolos, conforme alguns, foram postulados como forma de representação mental primeiramente por Hobbes. Também os teóricos da imagem admitem que a linguagem, principalmente os conceitos abstratos, é representada mentalmente na forma de símbolos. Teóricos radicais da representação simbólica defendem, contudo, a tese de que mesmo imagens na forma de símbolos (como *proposições* ou *descrições*) são representadas mentalmente.

(4) A suposição de que representações mentais constituem somente processos neurofisiológicos é defendida no chamado *coneccionismo*, que vigora como contramodelo em relação ao *cognitivismo* (ver Jorna, 1993). Enquanto os processos da transmissão de impulsos eletroquímicos entre neurônios podem ser interpretados, no nível biossemiótico, como (neuro)semióticos, o conexionismo descreve o aspecto cognitivo da representação mental do conhecimento de uma maneira assemiótica, pois, para o conexionismo, o conhecimento é representado mentalmente não na forma de signos icônicos ou simbólicos, mas na forma de processos de ativação ou inibição fisiológica de ligações sinápticas em redes neuronais. A incompatibilidade do conexionismo assemiótico com o cognitivismo semiótico leva, contudo, a uma complementaridade, se ambas as abordagens são entendidas como referindo--se a diferentes níveis de descrição de processos mentais (ver Jorna, 1993: 192). De acordo com isso, o conexionismo opera em um nível subsimbólico e o cognitivismo no simbólico e, portanto, no nível semiótico da cognição.

4.2. Modelos da imagem mental

De que forma o conhecimento visual é representado? Será que também existem representações visuais do conhecimento linguístico? Existem imagens mentais que representam aquilo que é copiado de maneira icônica, ou será também que até imagens, assim como a linguagem abstrata, são codificadas simbolicamente? Primeiras tentativas de responder essas perguntas controversas, ainda hoje discutidas na psicologia cognitiva, levam à remota história da semiótica.

Filósofos, de Platão a Wittgenstein, colocaram-se a questão sobre a natureza das imagens mentais, sua relação com a realidade e seu comportamento relacionado ao pensamento linguístico (ver Manser, 1967; Schlüter & Hogrebe, 1971; Biser, 1973; Maund, 1993).

4.2.1. Imagens como ideias, ideias como imagens

Na filosofia das ideias de Platão, a esfera das ideias se constituía primeiramente de palavras (*logos*) e, somente em segunda linha, de imagens (*eikon*; ver Eltester, 1958: 3-4). Imagens não eram, para Platão, o resultado da percepção (*aisthesis*), mas tinham sua origem na própria alma. Aristóteles, por outro lado, dava às imagens um significado maior no processo do pensamento e defendia a tese de que "o pensamento é impossível sem imagens" (*Sobre a memória*, 450a).

Na história da semântica também se encontra a ideia de que significados de palavras devem ser interpretados como imagens mentais — mesmo que ninguém tenha defendido com sucesso a tese radical de que palavras em todos os casos evocam imagens mentais (ver Palmer, 1981: 25). Locke (1690: III 2.1) caracteriza pensamentos e significados de palavras também como "ideias invisíveis", mas não se decide inequivocamente em relação à qualidade imagética dessas ideias: às vezes, elas parecem ser imagens mentais, mas, na maioria dos casos, ele tem em mente conceitos mais abstratos (ver Woozley, 1967: 199-200). No entanto, Berkeley atribui a Locke uma teoria imagética da significação e considera necessário trazer o seguinte argumento contra a tese das ideias como imagens mentais: a ideia geral de um triângulo, de acordo com Berkeley (1710: Introd. 15-16), não pode nunca ser imagética, pois não se pode desenhar uma imagem de todas as formas de triângulos, por exemplo, equilátero ou escaleno, retângulo ou acutângulo. Kant, em sua *Crítica da razão pura* (1787), retomou exatamente esse exemplo e desenvolveu a tese do *esquema* (icônico) de um triângulo, que, *a priori*, é produto da imaginação e somente possível através de uma imagem concreta (ver Rumelhart & Ortony, 1977: 101).

4.2.2. Ideias como cópias da realidade

A teoria imagética do pensamento mais radical vê, em imagens mentais, cópias icônicas da realidade. Essa ideia se encontra primeiramente nos epicuristas. Na opinião deles, os objetos da realidade irradiam, na forma de átomos invisíveis, cópias materiais que alcançam o cérebro humano como *eidola* ou *simulacra*. Assim, a imagem mental é um ícone da realidade.

No ápice da tradição empiricista, Hume também vê, nas ideias e cognições, imagens mentais, cuja origem se encontra na percepção prévia pelos sentidos: "Para a compreensão do que quero significar pelo poder *cognitivo*, devemos reconhecer que há continuamente em nossas mentes certas *imagens* ou concepções das coisas lá fora. [...] Essas *imagens* e essas *representações* das qualidades da coisa lá fora, é o que chamamos de *concepção*, *imaginação*, *ideias*, *apreensão* ou *conhecimento* delas" (*Human nature*, I.7). Locke e Descartes também defenderam uma teoria da percepção, de acordo com a qual o percebido provoca representações internas que têm uma relação de semelhança com os objetos percebidos sem, no entanto, possuir necessariamente o caráter de imagens reais (ver Maund, 1993). Essa teoria da percepção é, por esse motivo, também chamada de Teoria Representativa da Percepção.

4.3. A TEORIA MARXISTA DO PENSAMENTO COMO CÓPIA

A teoria do pensamento e do signo como cópia foi defendida dogmaticamente na semiótica e na semântica marxista (Klaus & Segeth, 1962; Klaus, 1963; Resnikow, 1977). De acordo com a epistemologia marxista-leninista, cada ato de cognição tem uma imagem mental como resultado. Essa *cópia* mental é um tipo de cópia da realidade. Tais cópias vigoram como resultados ideais de um *processo de espelhamento* no qual o homem adquire mentalmente uma "realidade objetiva". Nesse caso, a cópia é distinta do objeto que ela copia devido a processos neurofisiológicos de transformação no cérebro. Contudo, a cópia e o objeto são dependentes um do outro e congruentes um com o outro. Isso porque o espelhamento funciona como uma qualidade objetiva da matéria e como causa da cópia. Klaus (1969) define a relação sígnica entre a cópia mental e a realidade significada como uma relação de *homomorfia*, enquanto Neumann et al. (1976: 334-9) falam de uma relação de *similaridade*.

A teoria marxista da cognição como cópia foi também transferida para a semântica da linguagem (Neumann et al., 1976: 392-398): enquanto cada processo cognitivo tem, como consequência, um processo copiador ideal, significados de palavras são unicamente aquelas cópias mentais que se ligam mais ou menos rigidamente a uma determinada cadeia de sons em uma comunidade linguística. A dogmática ideológica, com a qual essa teoria da cópia foi defendida, impediu, por muito tempo, a discussão acerca dos resultados empíricos da psicologia cognitiva.

4.4. A TEORIA IMAGÉTICA DA SIGNIFICAÇÃO DE WITTGENSTEIN

Wittgenstein (1922; 1953) desenvolveu uma teoria lógica do pensamento imagético (ver Aldrich, 1958), que foi motivo de algumas controvérsias interpretativas (ver Stegmüller, 1969: 539; Kutschera, 1971: 52). Em seu *Tractatus logico-philosophicus*, ele escreve: "Nós formamo-nos imagens dos fatos" (2.1), "a imagem é um modelo da realidade" (2.12), e "a imagem lógica dos fatos é o pensamento"(3). Esse conceito de imagem não se refere a uma imagem visual ou a uma imagem mental, mas sim a uma relação complexa e abstrata, que Stenius (1969) interpreta no sentido do conceito matemático da cópia isomorfa, que corresponde ao conceito peirceano do *ícone diagramático*. Além disso, Wittgenstein associa a ideia do indexical à teoria imagética da significação, pois: "A frase" (como imagem da realidade) "*mostra* seu sentido" (4.022). Sobre esse ponto, Stegmüller (1969: 555) diz: "Nós lemos da estrutura externa da frase a estrutura externa correspondente do fato".

Wittgenstein (1953) desenvolveu, na sua filosofia posterior, uma nova teoria da significação que leva mais fortemente em consideração as condições pragmáticas do uso linguístico. Aqui, Wittgenstein não parte mais dos fatos ontológicos copiados por imagens lógicas. Em vez de aceitar a realidade do mundo ontologicamente como dada, ele a vê como o resultado de interpretações linguísticas (ver Kutschera, 1971: 133-4). Já que os fatos ontológicos não podem agora ser mais o ponto de partida do processo de cópia, eles se tornam, em vez disso, "projeções das estruturas linguísticas dadas primariamente, com as quais nós falamos sobre o mundo" (ibid.: 134).

4.5. Modelos da psicologia cognitiva

A psicologia cognitiva também entende como uma imagem (mental) a reprodução mental ou representação de uma experiência perceptiva não-presente. Discutiremos a seguir, entre os modelos da imagem mental estabelecidos empiricamente no quadro da psicologia e da nova ciência cognitiva, a teoria de Piaget da imagem interna e a situação da discussão da ciência cognitiva sobre as chamadas imagens mentais.

4.5.1. A imagem interior de Piaget

Em sua epistemologia genética, Piaget designa a imagem mental como *imagem interior*. Ele desenvolve sua teoria da imagem interior com base em categorias explicitamente semióticas, apoiando-se na semiologia de Saussure.

Piaget (1964: 97) define a imagem interior como "esquema representativo" de um acontecimento externo e vê nela uma "imitação interiorizada" e uma transformação de tal acontecimento. A capacidade de trazer à mente imagens internas é um dos aspectos daquilo que Piaget (1970: 17) denomina *função semiótica*. Esta é a capacidade geral do ser humano de "representar algo através de um signo ou um símbolo ou um outro objeto" (Piaget & Inhelder 1966: 55). A imagem mental é, assim, um veículo do signo que representa o objeto de referência externo.

Piaget se coloca contra uma *teoria da cópia* ingênua, que vê, na imagem mental, um tipo de "vestígio" da percepção passiva de um objeto dado objetivamente e defende, por outro lado, uma *teoria assimilatória* da imagem (ver Piaget & Inhelder, 1966: 12, 19). De acordo com esta, a imagem interna é o produto de uma imitação internalizada. Ela serve como um "instrumento semiótico", necessário para "evocar o percebido e pensar" (ibid.: 498). Piaget (ibid.: 497) define esta imagem, além disso, como símbolo e entende, por este, um signo "que é distinto de seu significado" (ibid.: 518). Ele também define a imagem como um *significante figural*, cujo significado é o objeto de referência (ibid.: 502).

Piaget se distancia, com essa caracterização da imagem interna, tanto do modelo sígnico diádico de Saussure quanto de modelos sígnicos triádicos. De um ponto de vista saussuriano, a "existência do objeto" aceita por Piaget é um fato além do semiótico (Piaget & Inhelder, 1966: 506). De acordo com seu modelo sígnico diádico, ambos os componentes do signo são definidos mentalmente. Saussure definiu até o significante verbal como uma imagem mental, que ele chama de *imagem acústica*. De acordo com isso, o significante de uma imagem visual deveria também já ser entendido como uma imagem mental. O significado desse significante imagético seria também de natureza mental na tradição saussuriana; não um objeto externo, mas um conceito no sistema conceitual do mundo do perceptor. De acordo com o modelo sígnico triádico de Peirce, a imagem interna de Piaget deveria ter a função do interpretante, que se encontra defronte, por um lado, da imagem visual percebida como *representamem* e, por outro, do objeto externo como objeto de referência.

4.5.2. IMAGENS MENTAIS NAS CIÊNCIAS DA COGNIÇÃO

A "procura pelas imagens na mente" (Hagen, 1994), a questão sobre a natureza da representação mental de imagens levou, na ciência cognitiva, a uma controvérsia entre defensores de dois modelos cognitivos de processamento de informação (ver Block (org.), 1981; Zimmer, 1983; Gardner, 1985: 339-355; Jorna, 1990: 77-97). Uns consideram todo pensamento como codificado simbolicamente, enquanto outros aceitam o pensamento em forma de imagens.

Os chamados *modelos simbólicos* e *proposicionais* da representação mental do conhecimento de mundo visual e não visual partem do pressuposto de que imagens não são realmente armazenadas de forma visual icônica, mas, finalmente, na forma de símbolos digitais elementares, dos quais se originam redes de sistemas simbólicos através de regras de combinações. Por exemplo, Kintsch (1974: 5) defende a tese de um armazenamento proposicional de todo o conhecimento, como se segue: "A questão que surge é se representações proposicionais [...] são, de fato, no nível próprio de análise para o estudo da linguagem e do pensamento. O problema já é antigo [...]: 'Como uma ideia é representada?' Sugere-se aqui que as proposições representam ideias, e que a linguagem (ou *imagery*) expressa proposições, e consequentemente ideias. O pensamento ocorre no nível proposicional".

Os defensores do *modelo analógico* da representação cognitiva veem isso de maneira distinta. Somente esses modelos justificam realmente a ideia das "imagens mentais", pois o conhecimento tem, somente de acordo com essas teorias, caráter de uma imagem como um esquema, um mapa cognitivo e, principalmente, como estrutura mental espacial. A oposição entre ambas as abordagens é também uma oposição entre uma *teoria da representação unitária*, que aceita *tudo*, linguagem *e* imagens, como codificado abstrata e simbolicamente, e uma *teoria da representação dualista*, que postula, ao lado da representação simbólica, também um modo de representação icônico.

Após as controvérsias iniciais entre os defensores dos dois modelos, a opinião de que a representação imagética não se baseia realmente em cópias armazenadas, mas que, mesmo assim, tem de ser icônica de uma outra maneira, se impôs, nesse meio-tempo. Pesquisas neurofisiológicas também mostraram que imagens mentais ativam, no cérebro, os mesmos padrões de excitação neuronal (do córtex visual) que a visão real, e essas regiões do cérebro ativadas no processo visual são outras do que aquelas ativadas por conceitos abstratos. Por outro lado, operações simbólicas também devem ter, ao mesmo tempo, um papel na evocação de imagens mentais, pois a ativação de regiões do cérebro que, em outros casos, ocorre no processamento linguístico, também pode ser observada (ver Hagen, 1994).

A teoria de Paivio (1986) da codificação dual é uma teoria mediadora das duas posições da psicologia cognitiva. De acordo com ela, é verdade que existem dois sistemas mentais separados, nos quais informação verbal e visual é processada dominantemente. No entanto, no processamento cognitivo de imagens, não somente o sistema visual, mas também o sistema verbal está envolvido. "Cópias" verbais da imagem se originam paralelamente à codificação imagética, que é, assim, codificada duplamente (ver Yuille (org.), 1983). Uma outra posição mediadora entre as teorias da representação mental da imagem e do signo verbal é defendida por Kosslyn (1980; 1981). Ele diferencia entre uma representação de imagens de superfície e uma profunda.

A primeira se refere à memória de curto prazo, a última à memória de longo prazo. A representação imagética na memória de curto prazo é, para Kosslyn (1981: 213, 217), "quase pictural" e acontece num "meio espacial", enquanto a representação de longo prazo de imagens é literal e proposicional. Neste caso, no entanto, a representação profunda estruturada simbolicamente pode, a qualquer momento, gerar uma representação superficial estruturada pictoricamente.

2.
SEMIÓTICA DA IMAGEM

A qualidade sígnica da imagem, sua função cognitiva, seu contexto linguístico, a semiótica da imagem e suas manifestações em diferentes mídias são temas discutidos nos vários capítulos deste livro. O presente capítulo trata, em contrapartida, de uma visão geral da semiótica da imagem, tendo por tema a imagem como signo, convenção e naturalidade das imagens, a relação entre percepção da imagem e linguagem, bem como a questão sobre a existência de uma "gramática" semiótica da imagem.

1. SEMIÓTICA E A CIÊNCIA DA IMAGEM

Antes de tudo, é preciso ter uma visão sobre a experiência semiótica implícita e explícita para a teoria da imagem a fim de se chegar à prática de sua análise.

1.1. ALGUMAS CIÊNCIAS DA IMAGEM

Assim como a ciência geral dos textos, como uma nova disciplina que conta com uma literatura já estabilizada, procura a sua emancipação, há uma tentativa de fundamentar uma ciência geral da imagem na sua relação com a especial e também já estabilizada ciência da arte. Alguns autores propuseram a designação *icônica* para uma tal ciência geral da imagem (Huggins & Entwistle, 1974: 3; Cossette, 1982). Mitchell (1986: 1) introduziu o conceito *iconologia* como designação para a ciência do discurso em imagens e sobre imagens, sem observar que esse conceito é usado em um sentido totalmente diferente na ciência da arte. A visão de uma ciência da imagem, chamada *eicônica*, aparece também em Boulding (1956), que apresentou, no entanto, em seu livro *The image*, uma sociologia transdisciplinar do conhecimento ainda mais abrangente.

Nós nos aproximamos de uma semiótica explícita da imagem em cada trabalho que inicia a reflexão sobre a relação entre o sistema de signos da linguagem e o da imagem. Alguns autores até postularam explicitamente uma linguagem ou gramática da imagem.

1.2. LITERATURA SOBRE A SEMIÓTICA DA IMAGEM

Sonesson (1993a, b) relata o estado atual da pesquisa sobre semiótica da imagem, sendo também o autor do compêndio mais amplo sobre o tema (Sonesson, 1989). Bibliografia sobre o assunto são Huggins & Entwistle (1974) e Sonesson (1989-1990). Desde 1989, *Eidos* (Tours) publica informativos semestrais sobre pesquisas no campo da semiótica da imagem em associação com a International Association for Visual Semiotics. Desde 1996, *Visio* (Blois) é a revista oficial dessa associação.

Artigos introdutórios, capítulos e livros sobre semiótica da imagem são Baticle (1977), Angenot (1985: 17-41), Mounin (1985: 101-5), assim como Sonesson (1993b: 129-30). Monografias e coletâneas sobre a semiótica da imagem, que se relacionam, com frequência, com a semiótica da comunicação visual, são: Thibault-Laulan (1972), Porcher (1976), Lindekens (1976), Steiner, org. (1981), Krampen, org. (1981), Cossette (1982; 1983), Fresnault--Deruelle (1983), Sauerbier (1985), Floch (1985), Gubern (1987), Saint--Martin (1987), Sonesson (1989), Kress & van Leeuwen (1990), Zunzunegui (1992) e Aumont (1993).

Edições especiais de revistas sobre semiótica da imagem são *Communications* 29 (1978), *Degrés* 34 (1982), assim como 67 (1991) e *Semiótica* 52-3/4 (1984). Outros artigos contêm exposições em congressos e coletâneas, como: Chatman et al., orgs. (1979), Helbo, org. (1979), Borbé, orgs. (1984), Oehler, org. (1984), Sebeok & Umiker-Sebeok, orgs. (1986) ou Balat & Deledalle-Rhodes, orgs. (1992).

1.3. DIRECIONAMENTOS E TENDÊNCIAS DA SEMIÓTICA DA IMAGEM

Uma semiótica explícita da imagem teve início nos trabalhos sobre semiologia estrutural. Barthes (por exemplo, 1964c) desenvolveu sua própria semiótica da imagem baseado em Saussure e Hjelmslev (ver Naville, 1970;

Baker, 1985; Sonesson, 1989). Com maior influência de Hjelmslev, orientam-se os trabalhos de Lindekens (1976) sobre a fotografia. Outros princípios diferentes da tradição semiológica são seguidos por Marin (1971a), Thibault-Laulan (1971, 1972, 1973), Porcher (1976) e Baticle (1977). Uma semiótica da imagem com fundamento na semiótica funcionalista da Escola de Praga é esboçada por Veltrusky (1976). Deledalle (1979: 115-29) aplica as categorias da semiótica geral de Peirce na análise da imagem. A sociossemiótica funcional de M.A.K. Halliday é a base para os estudos sobre a imagem semiótica de Kress & Van Leeuwen (1990).

Sonesson (1993b: 138-41) diferencia três "modelos representativos" na mais nova semiótica da imagem, sem contar com suas inúmeras contribuições crítico-psicanalíticas para o tema. Um deles representa o grupo (X Liège) enquadrado na sua retórica geral estrutural (Klinkenberg et al., 1980, 1985). O trabalho resumido no *Traité du signe visuel* discute, por outro lado, a questão do especificamente semiótico na análise das imagens (Edeline et al., 1992). O segundo modelo "representativo" é apresentado, segundo esse relatório, pelos trabalhos de Thürlemann e Floch, que surgiram baseados na semiótica de Greimas e que dizem respeito à pintura e à propaganda, entre outros. O terceiro novo modelo representativo é defendido por Fernande Saint-Martin (1987) com sua gramática semiótica da imagem.

1.4. TEMAS INDIVIDUAIS DA SEMIÓTICA DA IMAGEM

Sobre temas individuais da semiótica da imagem e da comunicação visual existem as seguintes indicações bibliográficas como complementação:

Cores: diversos princípios da semiótica das cores derivam de Bense (1971: 92-7), Fresnault-Deruelle (1977: 143-68), Garroni (1978), Thürlemann (1984), Eco (1985a), Greimas & Courtés (1986: 42), Saint-Martin (1987) e Edeline et al. (1992). Para as cores do ponto de vista da semiótica cultural, ver Segall (1966), Pastoureau (1989), Rousseau (1993) e Nöth (1996).

Design: com relação à semiótica do desenho visual do produto, ver Berger (1979), Walther (1974: 136-39), Lempp (1990) e Nadin (1990).

O(s) *gráfico(s)* sob uma visão semiótica são pesquisados por Krampen (1965, 1985), Berger (1979), Bertin (1967, 1989) e Savarese (1991). Com relação a sistemas de símbolos gráficos, ver Nöth (1990: 206-24).

Mapas e *cartografia*: desde a semiologia cartográfica de Bertin (1967), existe o ramo da cartossemiótica na área das ciências geográficas, cujos resultados de pesquisa estão documentados na série de estudos *Kartosemiotica*

(Bratislava e Dresden, desde 1991). Outros estudos, além disso, são Palek (1986), Moore (1989), Freitag (1992) e Nöth (no prelo).

Os *desenhos infantis* são tema do estudo semiótico de Krampen (1991).

Imagens especulares são examinadas por Eco (1984: 202-26, 1985b) num estudo semiótico, no qual é defendida a tese de que o espelho não cria quaisquer sinais, por exemplo, porque estes não são interpretados e não podem "mentir", remetendo a um objeto de referência presente e sendo apenas a causalidade dessa imagem.

2. A IMAGEM COMO SIGNO

Esbocemos primeiramente o campo da semiótica da imagem no qual provaremos mais de perto o conceito de imagem, discutindo sua qualidade sígnica.

2.1. A IMAGEM ENTRE REPRESENTAÇÃO E IMAGINAÇÃO

O conceito de imagem se divide num campo semântico determinado por dois polos opostos. Um descreve a imagem direta perceptível ou até mesmo existente. O outro contém a imagem mental simples, que, na ausência de estímulos visuais, pode ser evocada. Essa dualidade semântica das imagens como percepção e imaginação se encontra profundamente arraigada no pensamento ocidental. Ela se traduz no grego como *eikon* e no latim como *imago*, bem como no francês *image*, enquanto no inglês pode--se fazer uma diferenciação entre *image* e *picture*. Sobre a determinação e história conceitual do seu campo semântico, ver pormenorizadamente Wills (1935); sobre o conceito platônico de imagem, ver Düring (1952), Eltester (1958), Lange (1969) e Gebauer & Wulf (1992: 50-68); sobre o conceito de imagem da teologia cristã: Schlüter & Hogrebe (1971), Manser (1973). Ver Biser (1973) sobre os conceitos filosóficos de imagem; Zollna (1990) sobre as antigas teorias linguísticas da qualidade imagética; assim como Thibault-Laulan (1972: 20-5) sobre alguns conceitos de imagem em meios teóricos.

A continuidade ocidental na polissemia dos conceitos de imagem pode ser ilustrada através de uma comparação entre o raio de significação de *eikon* na antiguidade e uma definição tipológica das imagens na língua falada atualmente. Para os gregos, *eikon* significava todo tipo de imagem, desde pinturas até estampas de um selo, assim como imagens sombreadas e espelhadas. Estas eram tidas como naturais, aquelas como imagens artificiais. Além desses fenômenos usuais, o conceito de imagem compreende também a imagem verbal e a imagem mental. Uma outra distinção encontrada é aquela entre a imagem e o modelo. Através dela, a oposição entre a imagem e o seu objeto de referência, entre o ser e o parecer, era tematizada.

Os elementos essenciais dessa concepção antiga de imagem são encontrados facilmente na atual "tipologia da imagem", segundo a qual Mitchell (1986: 10) distingue os seguintes tipos de imagem: (1) imagens gráficas (imagens desenhadas ou pintadas, esculturas); (2) imagens óticas (espelhos, projeções); (3) imagens perceptíveis (dados de ideias, fenômenos); (4) imagens mentais (sonhos, lembranças, ideias, fantasias) e (5) imagens verbais (metáforas, descrições).

A polaridade fundamental entre a imagem como representação visual e como imaginação mental se reflete, em muitas culturas, nas opiniões divididas sobre as imagens. As imagens mentais, seja como ideias ou modelos (desde Platão) ou também como sonhos (desde Freud), podem, pelo menos quase sempre, no Ocidente, ser valorizadas positivamente, já que elas, segundo seus apologistas, são a essência das coisas, do pensamento ou até mesmo da aproximação de Deus. Já as avaliações das imagens visuais, nas várias culturas, são bem polarizadas. Tais avaliações vão da idolatria mágico--religiosa, passando pelo ceticismo racional da imagem, até a proibição da imagem e o iconoclasmo. Mágica é, por exemplo, a conotação do alemão medieval *Bilidi*, a raiz lexical do atual vocábulo "imagem", que se refere a um ícone milagroso. O ceticismo racional para com as imagens percebidas pelos sentidos, ditas imagens aparentes e ilusórias, teve seu início em Platão. A proibição cultural das imagens e o iconoclasmo existem não só no Islã como também no protestantismo cristão e talvez já também, como uma proibição da imagem do ser humano, nas cavernas do mundo pré-histórico.

2.2. A IMAGEM COMO SIGNO ICÔNICO E PLÁSTICO

As imagens podem ser observadas tanto na qualidade de signos que representam aspectos do mundo visível quanto em si mesmas, como figuras puras e abstratas ou formas coloridas. A diferença entre ambas as maneiras de observação se refletirá, na semiótica da imagem, na dicotomia signos icônicos vs. signos plásticos. Tal distinção é discutida por Sonesson (1989:

150, 1993b) e Edeline et al. (1992: 113-23). Outras designações para essa oposição são icônico vs. pictural, figurativo vs. plástico e figurativo vs. abstrato (Thürlemann, 1984: 60). Ela se remete a um trabalho de Greimas (1984).

2.2.1. IMAGENS COMO SIGNOS ICÔNICOS

Semelhança (similaridade) e imitação (mimesis) existem, principalmente desde Agostinho, como as características clássicas da imagem (ver Schlüter & Hogrebe, 1971). As imagens como semelhança de signos retratados pertencem à classe dos ícones.

Há, em primeiro lugar, restrições com relação à iconicidade de imagens associadas ao aspecto do convencionalismo histórico-estilístico. Além disso, a pintura abstrata mostra que imagens sem referenciais, ou seja, sem função icônica, podem ser simples signos plásticos. Por fim, devemos observar que, se imagens representadas são determinadas como ícones, por outro lado, nem todos os signos icônicos são imagens visuais. Realmente, a categoria de ícone é concebida por Peirce de forma mais geral e compreende também formas não visuais, por exemplo, acústicas ou mesmo táteis, olfativas ou também formas conceituais de semelhança sígnica. Há que se salientar ainda que, na polissemia do conceito de imagem na linguagem comum, o qual compreende, além das imagens óticas, também imagens acústicas e imagens mentais, existe uma extensão da definição do conceito de imagem que se aproxima daquela extensão do ícone segundo Peirce.

A característica de semelhança entre o signo da imagem e o seu objeto de referência é também uma das causas para a polissemia do conceito de imagem. Partindo de um modelo triádico de signo, o signo de imagem se constitui de um significante visual (*representamen* para Peirce), que remete a um objeto de referência ausente e evoca no observador um significado (interpretante) ou uma ideia do objeto. Já que o princípio da semelhança possibilita ao observador unir os três elementos constitutivos do signo, não é de estranhar que o conceito de imagem seja reencontrado nas denominações de cada um dos três constituintes. Às vezes, a palavra "imagem" designa o *representamen* no sentido de desenho, fotografia e quadro. Com o conceito "imagem mental" no sentido de uma ideia ou imaginação, nos reportamos à imagem como interpretante. E, mesmo para o objeto de referência da imagem, há a designação "imagem" quando ele é entendido como "imagem original" da qual foi feita uma cópia ou "cópia" tirada de uma fotografia. Consequentemente, fecha-se o círculo da polissemia semiótica de uma maneira que nos lembra o princípio de Peirce da interpretação do signo como um processo circular de semiose infinita (ver Nöth, 1995; Santaella, 1995).

2.2.2. IMAGENS COMO SIGNOS PLÁSTICOS

O conceito de signo plástico possibilita a análise semiótica de imagens que não representam coisa alguma (ver Sonesson, 1993b: 151), mas também imagens icônicas podem ser consideradas como signos plásticos. Edeline et al. (1992: 120) explicam a diferença como se segue: "Com relação a uma mancha azul, pode-se dizer: 'Isto é azul' ou 'Isto representa a cor azul'. Na primeira hipótese, trata-se de um signo plástico, na segunda, de um signo icônico". O plástico e o icônico não devem ser confundidos com a dicotomia expressão vs. conteúdo de um signo de imagem. O signo plástico é, segundo Edeline et al. (1992: 118), um signo completo com expressão e conteúdo próprios. O conteúdo de um signo plástico resulta de cada significado que o observador une às qualidades como forma, cor e textura. A semântica do signo plástico é vaga e pouco nítida. Compare-se, por exemplo, a oposição entre os signos plásticos triângulo e círculo com a oposição de significado duro e mole. Segundo Edeline et al. (1992: 123), os signos plásticos são primariamente de natureza indexical e simbólica.

3. NATURALIDADE E CONVENCIONALIDADE DAS IMAGENS

O questionamento acerca da naturalidade ou convencionalidade das imagens é um tema muito geral que tem sido discutido de um ponto de vista amplo sob a denominação de iconicidade (ver Nöth, 1990: 121-27). Assim sendo, neste tópico, apenas aqueles aspectos referentes a esse tema que dizem respeito especificamente às imagens visuais serão discutidos. Apresentaremos Gibson e sua teoria da percepção ecológica como defensor de uma variante da teoria da naturalidade icônica das imagens. Como opositor, teremos o nominalista Goodman e, como mediador entre as duas posições, o psicólogo da arte Gombrich. Além disso, devemos nos remeter mais adiante à crítica de Eco sobre iconicidade.

3.1. A TEORIA DE GIBSON SOBRE A ICONICIDADE DA IMAGEM

A ideia de que as imagens se assemelham, de maneira geral, a seus objetos de referência (e atuam, por conseguinte, como signos icônicos) é não somente senso comum, mas também foi compartilhada por filósofos desde Platão sem ser questionada por muito tempo (Gombrich, 1981: 11). Uma vez que a relação de semelhança encontra grandes dificuldades na sua precisão lógica, Gibson (1954:14) procurou uma definição ótico-geométrica da semelhança da imagem com a realidade: "Uma imagem fiel é uma superfície física delimitada, processada de um tal modo que reflete (ou transmite) um feixe de raios de luz num dado ponto que coincidiria com o mesmo feixe de raios do original àquele ponto". Enquanto essa definição trata da imagem fotográfica de maneira ideal e parece ser inspirada na técnica de seu processo de produção, é questionável se as imagens, como por exemplo desenhos, na sua relação de semelhança podem ser caracterizadas dessa forma. Por esse motivo, Gibson desloca, em outra definição, a relação de semelhança do plano físico-ótico para o cognitivo. A visão dos objetos ao nosso redor é, segundo a teoria da percepção ecológica de Gibson (1979), determinada pela percepção das chamadas invariantes, unidades de percepção elementares que permanecem constantes quando o objeto ou o observador mudam de posição. Tais invariantes são, por exemplo, descontinuidades entre superfícies óticas homogêneas quando elas se manifestam como limites de figuras contra um fundo. Quando a figura se move, o fundo se mantendo fixo, são esses contornos que separam a figura do fundo que permanecem constantes. Estes indicam a coesão interna da forma no campo visual e são os contornos invariantes cujos esboços são apresentados pelo desenhista e percebidos como algo análogo. Por conseguinte, a relação de semelhança não se encontra mais entre imagem e objeto, mas sim entre duas formas de percepção do receptor. Nesse sentido, a nova definição de imagem de Gibson (1971: 31) diz: "Uma imagem é uma superfície de tal modo tratada que um arranjo ótico delimitado a um ponto de observação se torna disponível, contendo o mesmo tipo de informação que é encontrado nos arranjos óticos ambientais de um ambiente comum". Alguns outros aspectos da teoria da imagem de Gibson serão vistos mais adiante.

3.2. A TEORIA DE GOODMAN SOBRE A CONVENCIONALIDADE DA IMAGEM

Nelson Goodman (1968, 1972: 31-2) é o autor de uma "teoria linguística da imagem" que se distingue consideravelmente de outras semióticas da imagem baseadas em um modelo linguístico (ver Mitchell, 1986: 63-74), já que Goodman, em oposição a estas últimas, praticamente não se ocupa de questões sobre princípios de articulação, "gramática", linguagem e imagem.

Goodman (1968: 17) apresenta uma concepção extremamente convencionalista da qualidade sígnica da imagem e acentua, por isso o parentesco semiótico entre o signo de imagem e o signo linguístico *arbitrário*: "O fato é que, para uma imagem representar um objeto, ela deve ser um símbolo, substituí-lo e a ele se relacionar; nenhum grau de semelhança é suficiente para estabelecer a relação de referência necessária. [...] Quase tudo pode representar todo o resto. Uma imagem que representa um objeto o denota [...]. Denotação é o núcleo da representação [...]. A relação entre uma imagem e o que ela representa é uma relação próxima constituída pelo encontro de um predicado e um fato". Como nominalista, Goodman (1972: 31) é da opinião de que as imagens são tão pouco capazes quanto a linguagem de corresponder à estrutura do mundo, pois "não há uma tal coisa como a estrutura do mundo à qual qualquer coisa possa se conformar ou deixar de se conformar".

Goodman vê outros paralelos, mas principalmente distinções entre a imagem e a linguagem sob o aspecto da estrutura de código de ambas as formas de representação. Ele as examina a partir de cinco critérios que considera realizados num tipo ótimo de sistema de signo, chamado *sistema de notação*, tal como aqueles utilizados em partituras musicais, por exemplo (Goodman, 1968: 135-60). Seus critérios de "notação" são: (1) Disjunção sintática: todas as realizações de um signo são equivalentes sintaticamente; elas não devem pertencer a mais de um signo; (2) diferenciação sintática finita: a não-correspondência de marcações dos signos de um sistema de símbolos deve apresentar também um significado único; (3) falta de ambiguidade; (4) disjunção semântica e (5) diferenciação semântica finita. Nesse contexto, Goodman (1968: 228) define a linguagem como um sistema que cumpre os critérios sintáticos (1) e (2), mas não os ideais semânticos (3) a (5). As imagens, ao contrário, não cumprem nenhum desses cinco critérios. Nesse caso, ele vê, na "falta de diferenciação e total ausência de articulação dela derivada", a principal diferença entre a linguagem e a imagem. Diversas imagens que mostram um objeto sob diferentes aspectos e tamanhos não nos deixam reconhecer, de forma homogênea, a disjunção ou diferenciação sintática ou semântica e, assim, a existência de um signo.

3.3. Gombrich sobre a imagem entre natureza e convenção

Gombrich (1960) mostrou em seu estudo sobre *Arte e ilusão* que a percepção da representação visual não se baseia somente em uma capacidade inata do homem e que, por exemplo, a visão de espaços representados em perspectiva deve ser primeiramente aprendida. Apesar de inúmeras concordâncias em relação ao campo da convenção e da qualidade simbólica das imagens na pintura, Gombrich se posicionou contrariamente a Goodman no que diz respeito à sua visão extremamente convencionalista da imagem e salientou o papel tanto da natureza quanto da convenção dentro da percepção da imagem. Ele desenvolveu seus argumentos utilizando o exemplo das condições perceptivas em fotografia e microscópio. Por um lado, segundo Gombrich (1981: 278), a foto não é uma réplica simples da realidade em questão, mas sim uma transformação visual que deve ser novamente interpretada pelo observador a fim de assegurar a informação necessária. Por outro lado, as fotografias não são necessariamente signos "prontos" arbitrários: "Elas não são arbitrárias, pois a escala de 'claro' para 'escuro', vista como motivo, assim aparece na fotografia, mesmo quando a envergadura não é a mesma". Prova dessa não--arbitrariedade é também o fato de preferirmos ler as fotos como positivo, e não como negativo. Gombrich conclui disso (1981: 278-79): "O aprendizado da leitura de uma fotografia parece ser completamente diferente daquele relativo a um sistema de código arbitrário. [...] O consequente contraste entre natureza e convenção é falso. Trata-se muito mais de uma habilidade contínua que, para algumas pessoas, é naturalmente apreensível e, para outras, o é com grande dificuldade, o que faz com que ninguém dela se aproprie". Sobre a experiência da determinação do grau desse contínuo em imagens como graus de iconicidade ver também Reimund (1993).

Gombrich (1981: 281) cita outros argumentos semiogenéticos a favor da não-arbitrariedade das imagens. A evolução da natureza programou o ser humano biologicamente de tal forma que ele teve que aprender no seu mundo o que lhe é vantajoso para sua vida e sobrevivência: "Nós não tratamos o nosso mundo de forma neutra. Como ocorre com os animais, a sobrevivência do ser humano também depende de coisas e signos reconhecíveis que lhe são de grande significado. Dessa forma, fomos programados de tal maneira a procurarmos objetos que nos são necessários ou perniciosos e cujas configurações nos agradam mais do que outras. Positivamente, a nossa capacidade de reconhecer um objeto parece estar ligada à sua relevância biológica, o que faz com que, nos objetos que nos são importantes do ponto de vista biológico, baste uma vaga semelhança para provocar essa reação".

4. A DEPENDÊNCIA LINGUÍSTICA E A AUTONOMIA COGNITIVA DA IMAGEM

Será que as imagens podem ter significado diretamente como signos visuais, ou o significado da imagem só se origina pela mediação da linguagem? Enquanto a semiótica na era do logocentrismo acentua a dependência linguística da imagem, trabalhos de orientação mais recente relacionados a resultados da teoria cognitiva têm salientado a autonomia semiótica da semiose visual. A controvérsia conduzida na semiótica possui paralelos com o debate acerca do papel dos modelos simbólicos e analógicos da imagem internalizada. Finalmente, tanto os aspectos da autonomia como também da interdependência entre linguagem e imagem devem ser levados em consideração.

4.1. A VISÃO LOGOCÊNTRICA SOBRE A DEPENDÊNCIA LINGUÍSTICA DA IMAGEM

Os argumentos a favor da dependência linguística do entendimento da imagem são de dois tipos. O primeiro trata da realmente frequente inserção de imagens em contextos texto-imagem. O outro trata da necessidade das imagens de recorrerem ao auxílio da linguagem dentro do seu processo de entendimento e interpretação. Nesse sentido, Barthes defende a heteronímia semiótica da imagem. Com referência às fotos de imprensa e propaganda, ele traz à luz os seguintes argumentos a favor da hipótese de que o entendimento de uma imagem é conduzido através da mediação da linguagem (Barthes, 1964a: 10): "Imagens [...] podem significar [...], mas isso nunca acontece de forma autônoma. Cada sistema semiológico tem sua própria mistura linguística. Onde existe uma substância visual, por exemplo, seu significado é confirmado pelo fato de que ele é duplicado por uma mensagem visual de tal forma que, no mínimo, uma parte da mensagem icônica seja redundante ou aproveitada de um sistema linguístico".

Os críticos da concepção da heteronímia semiótica da imagem repeliram os argumentos de Barthes como logocêntricos. Os partidários da tese da autonomia semiótica, como Lindekens (1971; 1976), argumentam que textos comentadores, encontrados com frequência na prática da comunicação na multimídia, não provam de maneira alguma a prioridade do verbal sobre o visual. Thürlemann (1990:11) argumenta: "O fato de que um texto imagético individual é precedido, com frequência, por um texto linguístico de conteúdo comparável, de que um texto imagético 'ilustra' um texto linguístico, não é um argumento contrário à autonomia discursiva do texto imagético. Isso porque, mesmo quando o conhecimento do texto linguístico deve pressupor a compreensão da imagem, não é indiscutível que o sentido do texto linguístico deva ser precisado ou corrigido por comentários do texto imagético 'ilustrador'".

Além do logocentrismo imagético-semiótico, que deriva seu argumento da frequência dos comentários imagéticos verbais, há também vestígios desse logocentrismo na semiótica da imagem que procura derivar suas estruturas das estruturas da metalinguagem verbal da percepção da imagem para, dessa forma, fundamentar a existência de uma gramática da imagem baseada na gramática da língua. Assim, por exemplo, Eco (1976: 231) e, de forma semelhante, Metz (1968: 71-2) argumentam que a imagem de um homem tem o *status* semiótico de uma proporção, pois contém não só um argumento como "pessoa x", mas, muito mais, uma frase como "pessoa x anda". De acordo com esse tipo de argumentação, conclusões sobre a estrutura da representação visual descrita são tiradas da estrutura verbal da "metalinguagem" verbal.

Na verdade, as imagens não apresentam uma metalinguagem visual própria. No máximo, pode existir uma metaimagem como a imagem de uma imagem (Alessandria, 1996), mas não como uma teoria analítica da imagem. Não existe nenhuma metaimagem que possibilite a análise ou comentário teórico de uma imagem. Por este motivo, a linguagem é sempre um instrumento necessário à análise da imagem semiótica (Benveniste, 1969: 130). Apesar disso, a estrutura da metalinguagem verbal não deve ser projetada analiticamente na estrutura do objeto visual, pelo menos até que existam provas de uma percepção verbal independente do processamento mental de informação visual.

4.2. Imagem vs. linguagem: diferenças específicas

Os argumentos para a autonomia da imagem com relação à linguagem resultam, em primeiro lugar, de considerações gerais filosóficas e teóricas da teoria da mídia. Algumas especificidades da imagem em comparação à linguagem foram discutidas anteriormente com referência à "Teoria da linguagem da imagem" de Goodman. Outros pontos de divergência foram destacados por Susan Langer em sua filosofia das formas simbólicas. Enquanto a linguagem é discursiva e apresenta a capacidade de generalização, imagens representam holisticamente e se referem primariamente a singularidades, e uma mídia não é traduzível pela outra sem perda (Langer, 1942: 103):

> Em sentido estrito, a linguagem é, em sua essência, discursiva. Ela possui unidades de significado permanentes que podem ser ligadas a outras unidades de significado ainda

maiores. Ela contém equivalências fixas, que tornam definições e traduções possíveis. Suas conotações são de caráter geral, de forma que atos não-verbais, como apontar, olhar, modificar a voz, são necessários para que denotações específicas sejam atribuídas a suas expressões. Todas essas características ressaltadas a distinguem do simbolismo "sem palavras", que não é discursivo nem traduzível, não permite nenhuma definição dentro de seu próprio sistema e não é capaz de transmitir o geral diretamente. Os significados transmitidos pela língua são entendidos um após o outro e, então, resumidos em um todo por um processo conhecido como discurso. Os significados de todos os outros elementos simbólicos que formam juntos um símbolo maior e articulado somente são entendidos através do significado do todo, através de suas relações na estrutura holística. O fato de que eles, de algum modo, funcionem como símbolos é explicado por eles pertencerem todos a uma apresentação simultânea e integral. Chamaremos esse tipo de semântica de "simbolismo apresentativo" a fim de caracterizar a diferença da sua essência da do simbolismo discursivo, isto é, da "linguagem" real.

As teses de Langer têm sido alvo de críticas detalhadas (ver Muckenhaupt, 1986: 25-8) já que, por exemplo, imagens (como emblemas) também são utilizadas para afirmações gerais, assim como porque a linguagem também pode se referir a entidades específicas através de palavras indexicais. No entanto, sua oposição toca em diferenças prototípicas entre a palavra e a imagem. Outros aspectos desse tipo de diferenciação entre linguagem e imagem foram apresentados pela pesquisa sobre eficiência específica da imagem em comparação à linguagem. De acordo com esta, as imagens atuam mais fortemente de maneira afetivo-relacional, enquanto a linguagem apresenta mais fortemente efeitos cognitivo-conceituais (Janney & Arndt, 1994). Imagens fomentam atenção e motivação, são mais apropriadas à apresentação de informação espacial e facilitam, em certo grau, determinados processos de aprendizagem (Weidenmann, 1988: 135-8). A eficácia emocional das imagens cresce com o grau de sua iconicidade (Reimund, 1993).

4.3. Argumentos do gestaltismo a favor da autonomia da imagem

O gestaltismo traz um primeiro modelo para a interpretação da imagem como um signo autônomo (ver, entre outros, Lindekens, 1971: 38-58; Krampen, 1986; Saint-Martin, 1990). Formas visuais são unidades de percepção independentes da linguagem. No campo visual, as figuras são percebidas, em sua totalidade, como formas. As totalidades aparecem como algo que é mais do que o somatório de suas partes. A percepção acontece, então, não de maneira reprodutiva, mas sim como um processo construtivo da nova organização do campo visual. Esse processo é determinado pelas chamadas leis da forma (Metzger, 1975), como, por exemplo:
(a) *a figura* se distingue de sua *base* como uma forma relativamente fechada;

(b) na percepção, encontramos a tendência de interpretarmos a forma aberta antes da fechada ou de preencher a interrupção por linhas (lei da continuidade); (c) segundo o princípio da menor distância, os elementos visuais são vistos conjuntamente como grupos ou figuras (lei da proximidade); (d) elementos iguais são interpretados mais facilmente do que grupos (lei da igualdade); (e) a simetria fortalece a impressão da qualidade formal.

Apesar de formas não possuírem um significado conceitual concreto, elas podem, como invariantes visuais do campo visual, ser interpretadas como unidades semióticas autônomas. Esse aspecto da invariância representa a união entre a interpretação da psicologia da forma e a interpretação estrutural--semiótica (Piaget, 1968: 52; Krampen, 1986). Arnheim (1954: 65) assim fundamenta a interpretação das formas como signos: "Nenhum padrão visual existe somente em si mesmo. Ele sempre representa algo além de sua própria existência individual — o que equivale a dizer que toda forma é a forma de algum conteúdo". Klaus & Buhr (1964: 497) também interpretam o processo da percepção da forma como uma construção de variantes visuais num processo de reconhecimento das formas sígnicas. Já que a percepção da forma não é somente um processo de recepção, mas, em última análise, um processo de coordenação entre o percebido e as formas já internalizadas, ela é, no sentido da relação *token-type* de acordo com Peirce, um processo semiótico.

4.4. A AUTONOMIA DA IMAGEM COMO INVARIÂNCIA COGNITIVA DO VISUAL

O modelo de signo imagético de Zimmer (1983: 102-3) se baseia nos resultados da psicologia cognitiva. Analogamente ao plano da palavra, ele considera o campo visual dividido em unidades semióticas, que ele chama de marcas de imagem. Trata-se de "protótipos visuais" que representam conceitualmente "coisas descritíveis". Essas unidades de imagem se constituem em componentes visuais menores definidos como *pictogenes*, nos quais ele vê as correspondências visuais para os fonemas linguísticos, sem, no entanto, postular uma dependência entre linguagem e imagem, pelo menos no plano da percepção.

A busca da ciência da cognição por unidades mínimas de percepção da imagem foi aprofundada por Biedermann (1987). Seus resultados de pesquisa dizem que o reconhecimento visual de objetos depende de um repertório de 36 unidades mínimas visuais. São os chamados componentes volumétricos, por ele denominados *geone*. Assim como com os fonemas linguísticos, é possível descrever completamente esses *geones* por meio de imagens através de cinco traços distintivos (curvatura, colinearidade, simetria, paralelismo, codeterminação).

4.5. A INTERPRETAÇÃO ECOLÓGICA DA IMAGEM DE GIBSON

Um modelo da invariância visual na percepção da imagem, que se distingue em pontos essenciais do modelo das figuras invariantes desenvolvido na psicologia gestaltista, encontra-se na teoria da percepção ecológica de Gibson. Gibson (1966; 1979) postula, no lugar de figuras ou cores, invariantes abstratas sem forma, qualidades do campo visual que também permanecem constantes com a mudança da luminosidade, do lugar de observação, da movimentação do olhar ou de perturbações pontuais da imagem. Diferentemente dos psicólogos gestaltistas e dos teóricos da cognição mais construtivista, Gibson (1966: 244) não vê, no entanto, a origem de suas invariantes visuais nos processos mentais, mas sim num meio físico produzido pela imagem que, como consequência, apresenta a percepção como simples "ressonância" psicológica. Mace (1986: 138) resume as ideias de Gibson da seguinte forma: "A percepção do ambiente é direta e não mediada por imagens ou representações; nenhuma forma de memória, *schemata* ou qualquer outra estrutura cognitiva contribui para a percepção; a informação está 'no mundo'; a percepção é uma questão de se extrair invariantes a partir do arranjo ótico; perceber se assemelha mais à ressonância do que ao 'processamento'". Esse aspecto da teoria da percepção ecológica de Gibson caracteriza a percepção visual verdadeiramente como um processo não-semiótico, pois a semiose segundo Peirce não é uma percepção direta, mas sim indireta do mundo (ver Santaell,a 1993b). Por outro lado, Gibson defende também pensamentos semióticos mais antigos dentro de sua teoria da percepção ecológica, a saber: "As propriedades do ambiente diretamente percebido incluem propriedades significantes, refletindo os interesses e as utilidades de um animal" (ibid.). A percepção não é, dessa forma, somente uma mera cópia "ressonante", mas sim uma seleção determinada, na história da evolução, de informação relevante sobre o meio ambiente sob o ponto de vista das respectivas "ofertas" (*affordances*) para o ser vivo (Gibson, 1979: 137). Esse aspecto da teoria de Gibson, que nos faz lembrar a semiótica do meio ambiente de Uexküll, mostra claramente características semióticas, pois o meio ambiente percebido é interpretado em categorias daquilo que é significativo ou não do ponto de vista da história evolutiva.

4.6. A AUTONOMIA DA IMAGEM NA TEORIA DA INFORMAÇÃO E NA SEMIÓTICA GERAL

Segundo o modelo da teoria da informação, as formas visuais são supersignos (Dörner, 1977; Maser, 1977), complexos holísticos de informação que podem ser compostos de subsignos elementares. Moles (1972: 65) descreve a percepção da imagem como um processo de integração de subsignos e supersignos no campo da imagem holística. A princípio, ele propõe uma hierarquia de planos da percepção que compreende as seguintes categorias: (1) impulsos visuais mínimos no limiar diferencial da percepção ótica; (2) morfemas da percepção geométrica; (3) imagens parciais de objetos significantes; (4) "sintagmas" icônicos; (5) discursos icônicos e (6) sequência de imagens.

Em conformidade com sua semiótica geral, Bense (1971: 92-7) postula uma "semiótica visual como essência dos problemas de uma linguagem visual", quando ele parte do pressuposto de que todo objeto de percepção é constituído por uma unidade de cor e forma. As unidades de percepção visual (perceptemas) são compostas por elementos de cor e de forma, os *cronemas* e os *formemas*. Os primeiros são todas as cores diferenciáveis, os últimos elementos geográfico-topológicos, como pontos, linhas, áreas ou corpos. Formemas e cronemas se unem, então, em um signo visual, assim como, na língua, sujeito e predicado se unem em uma declaração sobre "objeto" e "qualidade". Sobre a sintaxe semiótica de tais unidades de forma e cor, ver também Bayer (1980). Desde a proposta de Bense sobre a linguagem da imagem, diversos outros modelos semióticos para uma gramática do visual foram desenvolvidos, os quais serão tratados a seguir.

5. EXISTE UMA GRAMÁTICA DA IMAGEM?

É possível se tomar a metáfora "a linguagem da imagem" tão ao pé da letra que possamos supor analogias nos níveis de estruturação da língua e da imagem?

5.1. A SEMIÓTICA DA IMAGEM NO SIGNO DO LINGUOCENTRISMO

A questão sobre a gramática da imagem ocupou a semiótica da imagem principalmente no início da semiologia estruturalista, quando a pesquisa se esforçava em provar o postulado de Saussure sobre a transferência do modelo da língua para outros objetos de pesquisa. Alguns argumentos contrários à suposição da existência de uma gramática da imagem em analogia à gramática da língua foram discutidos atrás em relação à teoria linguística da imagem de Gibson, como também em relação ao problema da distinção entre a semiótica visual do objeto e a metassemiótica verbal das imagens.

Benveniste (1969: 12), crítico da suposta existência de uma gramática da imagem análoga à da língua, argumenta que um sistema construído semioticamente e análogo à linguagem deve mostrar necessariamente as seguintes características estruturais: (1) um repertório de *signos* limitado; (2) regras de ordenação para as unidades mínimas distintivas do signo, as chamadas *figuras*, que (3) existem independentemente do tipo e da quantidade dos *discursos* que o sistema semiótico pode gerar. Já que imagens não preenchem esses requisitos, apesar de apresentarem uma dimensão semântica incontestável, não podem valer como um sistema semiótico, segundo Benveniste (1969: 134).

Apesar desse tipo de objeção, os semioticistas da imagem continuaram sua busca por uma gramática da imagem, procurando, principalmente, analogias entre os dois planos de articulação (a dupla articulação) da linguagem. Apesar de muitos negarem o "princípio verbocentrista ingênuo" de uma gramática da imagem, é possível fazer, com Eco (1976: 213), referência ao fato de que a riqueza de ideias surgida no escopo dessa discussão "esconde um problema sério".

5.2. Há um segundo plano de articulação da imagem?

Em busca de uma gramática da imagem, muitos semioticistas postularam um primeiro plano de articulação da imagem com unidades portadoras de significado. Por outro lado, a hipótese sobre a existência de um segundo plano de articulação no qual a imagem é dividida em unidades com uma função meramente diferenciadora de significado, sem significação própria, como a linguagem o é em fonemas, é discutível (Cossette, 1983: 333; Sonesson, 1993b: 143-5).

Na terminologia de Hjelmslev, as unidades mínimas do segundo plano de articulação de um sistema semiótico se encontram definidas de forma geral como *figurae*. Além de Lindekens (ver cap. 8), Carter (1972; 1976), entre outros, postula esse tipo de correspondências visuais com os fonemas linguísticos. Carter (1976: 115) acredita tê-las encontrado nas invariantes da forma. Cossette (1983) também postulou esse tipo de unidades distintivas da percepção da imagem, que ele chamou de *grafemas*. Outros candidatos a unidades mínimas visuais do segundo plano de articulação foram discutidos acima nos cronemas e formemas de Bense, nos pictogenes de Zimmer e nos geones de Biedermann (ver 4.4.6.).

De grande influência dentro desse contexto é o sistema de variáveis visuais desenvolvido por Bertin (1967: 50) na sua semiologia gráfica, segundo o qual imagens se compõem de seis unidades elementares: tamanho, grau de claridade, padrão, cor, direção e forma. Apesar de Bertin caracterizar essas unidades como portadoras de significado, os semioticistas da imagem posteriores, como Cossette (1983: 335) e Saint--Martin (1987), interpretaram-nas como unidades do segundo plano de articulação. Saint-Martin chama suas unidades elementares pictóricas de *coloremas*. Trata-se de um complexo de variáveis visuais compostas por fatores perceptíveis como cor, textura, tamanho, orientação ou contorno. Thürlemann (1990: 21-31) desenvolveu também um modelo diferenciador das unidades mínimas distintivas da percepção da imagem no contexto da semiótica de Greimas. Ele distingue duas formas de unidades de expressão mínimas: *categorias eidéticas* (por exemplo: contornos, cantos, côncavo/convexo, simetria, compacticidade, direção e dimensão) e *categorias cromáticas* (tonalidade e saturação).

Eco (1968: 243-7) também argumentou a favor e contrariamente à possível existência de um segundo plano de articulação. Como possíveis *figurae* da imagem, ele designa primeiramente condições de percepção como figura (fundamento, relações, contrastes de luz ou unidades elementares geométricas). No entanto, depois, ele argumenta que tais unidades não podem realmente fazer parte de um código semiótico, mas sim pertencem a um código de percepção pré-semiótico, cuja pesquisa é função da psicologia cognitiva. Mais tarde, Eco postula (1976: 215) que as imagens não são segmentáveis em *figurae*: apesar de "se poder isolar, no contínuo icônico, unidades discretas pertinentes, esses elementos não correspondem a fonemas linguísticos, uma vez que eles não têm qualquer valor de posição ou oposição".

5.2.1. O primeiro plano de articulação da imagem

No primeiro plano de articulação da imagem, Eco (1968: 236) faz a diferenciação entre o signo, como unidade mínima portadora de imagem (em analogia ao morfema linguístico ou palavra), e o *sema*, como uma declaração icônica complexa análoga à frase. Do seu ponto de vista, uma imagem nunca constitui um signo, mas sim sempre já é um sema.

Lindekens (1971: 241) tenta questionar as unidades de significação mínimas da imagem com a técnica de exame do diferencial semântico, com o objetivo de chegar, dessas unidades mínimas, a supermorfemas visuais complexos. Porcher (1976) propõe um método empírico para a determinação de unidades lexicais de imagem com base em testes visuais de comutação, como eles são utilizados na semântica estrutural. Cossette (1983: 413) também postula unidades mínimas portadoras de significado, chamadas por ele de *iconemas,* cujo valor sistemático ele procura deduzir de suas relações sintagmáticas e paradigmáticas. Thürlemann (1990: 20-1), que denominou suas unidades do segundo plano de articulação *elementos,* as determinou de acordo com princípios de oposição entre os contrastes de expressão elementares pertencentes ao campo da cor e da forma. Dessa forma, ele atinge, utilizando a categoria formal "figura vs. fundo", uma divisão diferenciada de uma imagem em um número limitado de elementos de figuras e de fundo.

5.2.2. A sintaxe dos constituintes da imagem

Inúmeros semioticistas postularam homologias entre a imagem e a linguagem no plano da frase (ou das proposições) e na sua divisão entre sujeitos (argumentos) e predicados. Para Zemsz (1967), Marin (1971a) e Paris (1975), essas homologias existem, contanto que formas, linhas e cores de uma imagem exprimam qualidades dos objetos representados. Cossette (1983: 413) postulou igualmente uma divisão da imagem em duas unidades fundamentais por ele denominadas *actantes* ("realidade sobre a qual a imagem declara algo") e *predicados* ("a declaração sobre os actantes"). Schefer (1969: 171, 179) vê, por outro lado, uma estrutura predicado-argumento nas relações figura-fundo da imagem. As homologias entre a estrutura de proposições e de imagens são também o tema do debate sobre a questão se as imagens são, como as declarações, afirmações certas ou erradas (ver cap. 13.). Saint-Martin (1987: 65-75) desenvolve uma sintaxe visual totalmente independente desse tipo de raciocínio lógico-linguístico. Para ela, a sintaxe da imagem é constituída por regras mais abstratas das relações de tipo topológico, morfológico, cromático, entre outras, numa imagem.

5.2.3. A GRAMÁTICA DA IMAGEM COMO GRAMÁTICA DO TEXTO

Alguns semioticistas da imagem partem do pressuposto de que a tentativa de determinar a divisão semiótica da imagem em um procedimento "*bottom--up*", no qual a totalidade da imagem resulta, em última análise, de unidades mínimas e de sua combinação, está, desde o princípio, condenada ao fracasso. Em vez disso, eles postulam um procedimento "*top-down*", de acordo com o qual o valor funcional dos elementos é somente deduzido a partir da perspectiva da totalidade da imagem. De acordo com isso, a gramática da imagem é sempre uma gramática textual, e não um código geral, válido em qualquer situação, como a linguagem. Nesse sentido, Koch (1971: 38-42, 478-91; 1973: 98-126) define planos de articulação da imagem, que vão, analogamente à linguagem, de unidades mínimas distintivas até o plano do texto, mas que devem ser, por outro lado, definíveis em seu valor somente no quadro de uma única imagem.

Por fim, Eco (1976) e Calabrese (1980) também postulam uma gramática textual da semiótica da imagem. Eco (1976: 213-16) argumenta que as unidades de articulação da imagem são somente definíveis no contexto dessa mesma imagem, de tal forma que as imagens não sejam articuladas através de um código, mas que cada texto icônico seja um ato de *produção de código*. Em consonância com esses postulados, se encontram também as observações de Sonesson (1989: 295-300; 1993b: 143-5) sobre a relatividade textual e estilística com referência à questão sobre se os elementos imagéticos funcionam como traços distintivos ou como unidades portadoras de significados.

3.
IMAGEM, TEXTO E CONTEXTO

A relação entre a imagem e seu contexto verbal é íntima e variada. A imagem pode ilustrar um texto verbal ou o texto pode esclarecer a imagem na forma de um comentário. Em ambos os casos, a imagem parece não ser suficiente sem o texto, fato que levou alguns semioticistas logocêntricos a questionarem a autonomia semiótica da imagem. A concepção defendida de que a mensagem imagética depende do comentário textual tem sua fundamentação na abertura semiótica peculiar à mensagem visual. A abertura interpretativa da imagem é modificada, especificada, mas também generalizada pelas mensagens do contexto imagético. O contexto mais importante da imagem é a linguagem verbal. Porém, outras imagens e mídias, como por exemplo a música, são também contextos que podem modificar a mensagem da imagem.

1. Sobre a abertura da imagem a interpretações verbais

Em comparação com a língua, a semântica da imagem é particularmente polissêmica (Barthes, 1964c: 39; Sullerot, 1964: 280; Bardin, 1975: 99; Moles, 1978: 25). Imagens têm o caráter de uma mensagem *aberta* (Marin, 1971a: 26; Brög, 1978; Sauerbier, 1978: 43). Wittgenstein, (1953: §22) salientou essa ideia através do seguinte exemplo, no qual ele ressaltou a variedade de possíveis atos comunicativos para os quais uma única imagem pode ser utilizada:

> Consideremos uma imagem representando um boxeador em posição de luta. Esta imagem pode agora ser utilizada com a finalidade de explicar a alguém como ele deve ficar de pé, se posicionar; ou como ele não deve se posicionar; ou como um determinado homem esteve aqui e ali; ou etc. etc. Poderíamos classificar essa imagem (quimicamente falando) como radical frasal.

Para a comparação entre o potencial comunicativo da linguagem e da imagem é, entretanto, importante que a abertura semântica aqui descrita não seja, em princípio, restrita somente a imagens. Frases da língua são também igualmente mensagens abertas, já que elas, como Wittgenstein continua a explicar, podem ser usadas para os mais variados atos linguísticos, como afirmações ou declarações imperativas ou interrogações. A modificação de uma imagem pelo seu contexto se mostra, dessa forma, apenas como um caso especial do fenômeno semiótico mais geral da dependência contextual de qualquer mensagem.

2. Relações entre imagem e texto

Alguns aspectos da função da imagem no contexto linguístico já foram discutidos em conexão com as questões sobre a autonomia ou dependência linguística e sobre a especificidade da imagem em relação à palavra. A seguir, as relações semióticas entre imagem e linguagem em contextos serão discutidas mais detalhadamente. Esse tema se tornou objeto de estudo de inúmeras monografias (Schapiro, 1973; Langner, 1985; Sauerbier, 1985; Muckenhaupt, 1986; Hupka, 1989; Kibédi Varga, 1989; Schnitze,r 1994) e de coletâneas (Harms (org.), 1990; Montadon (org.), 1990; Dirscherl (org.), 1993), assim como da revista *Word and Image* (desde 1985). Sobre a relação entre imagem e texto na área da análise semiótica da propaganda, há também Binder (1975), Spillner (1982), Schöberle (1984), Langner (1985) e Schmitt (1986). Burger (1990: 289-320) e Titzmann (1990) também discutem questões mais gerais e básicas sobre as relações semióticas entre imagem e texto.

2.1. Redundância, informatividade, complementaridade

Barthes (1964c: 38) pergunta: "Será que a imagem é simplesmente uma duplicata de certas informações que um texto contém e, portanto, um fenômeno de redundância, ou será que o texto acrescenta novas informações à imagem?". As formas de relação imagem-texto aqui comentadas caracterizam os dois polos extremos de um contínuo que vai da *redundância* à *informatividade*. Kalverkämper (1993: 207) diferencia, nessa escala, três casos: (1) a imagem é inferior ao texto e simplesmente o complemento, sendo, portanto, redundante. *Ilustrações* em livros preenchem ocasionalmente essa função, quando, por exemplo, existe o mesmo livro em uma outra edição sem ilustrações. (2) A imagem é superior ao texto e, portanto, o domina, já que ela é mais informativa do que ele. *Exemplificações* enciclopédicas são frequentemente deste tipo: sem a imagem, uma concepção do objeto é muito difícil de ser obtida. (3) Imagem e texto têm a mesma importância. A imagem é, nesse caso, integrada ao texto. A relação texto-imagem se encontra aqui entre redundância e informatividade.

O caso da equivalência entre texto e imagem é descrito como *complementaridade* (Molitor et al., 1989: 21-9). Spillner (1982: 96) fala de *determinação* recíproca. A vantagem da complementaridade do texto com a imagem é especialmente observada no caso em que conteúdos de imagem e de palavra utilizam os variados potenciais de expressão semióticos de ambas as mídias (cf. Titzmann, 1990: 380).

A relação de *discrepância* ou até mesmo de *contradição* entre imagem e palavra não é redundante nem informativa (cf. Rokem, 1986; Eberleh, 1990: 74). Ambos os conteúdos se encontram colocados incoerentemente lado a lado ou até se contradizem, como, por exemplo, no famoso *"Ceci n'est pas une pipe"* (frase ao lado da imagem de um cachimbo) de René Margritte. Sobre a análise semiótica desse fenômeno, há um belo ensaio de Foucault (1968).

No entanto, no caso da disposição lado a lado do texto e da imagem, não se trata de uma mera adição de duas mensagens informativas diferentes. Uma nova interpretação holística da mensagem total pode ser derivada dessa disposição (cf. Bardin, 1975: 111). Aliás, não se trata, nos meios da imprensa, meramente de uma díade entre texto e imagem, mas, como Moles (1978: 22) ressalta, de uma tríade de texto impresso, imagem ilustrativa e sua legenda: "A legenda comenta a imagem que, sozinha, não é totalmente entendida. A imagem ou a figura comenta o texto e, em alguns casos, a imagem até comenta sua própria legenda".

2.2. Relações de referência indexicais

Barthes (1964c: 38-41; cf. também Bassy, 1974) diferencia duas formas principais de referência recíproca entre texto e imagem que ele denomina *ancoragem* e *relais*: no caso da ancoragem, "o texto dirige o leitor através dos significados da imagem e o leva a considerar alguns deles e a deixar de lado outros. [...] A imagem dirige o leitor a um significado escolhido antecipadamente". Na relação de *relais*, "o texto e a imagem se encontram numa relação complementar. As palavras, assim como as imagens, são fragmentos de um sintagma mais geral e a unidade da mensagem se realiza em um nível mais avançado".

Ambas as descrições esboçam formas da referência indexical entre palavra e imagem. Na relação de ancoragem, encontramos uma estratégia de referência direcionada do texto à imagem. Na relação de *relais*, a atenção do observador é dirigida, evidentemente na mesma medida, da imagem à palavra e da palavra à imagem. Além dessas formas básicas de referência indexical de elementos imagéticos a elementos textuais fundamentadas na semântica textual, há outras formas de referência indexical entre ambas as mídias.

Em primeiro lugar, é importante aqui a função de *denominação* ou *etiquetamento* (cf. Goodman, 1968; Muckenhaupt, 1986: 48): a palavra designa a coisa ou pessoa mostrada na imagem, como no caso do nome sob uma fotografia. O aspecto indexical pode, assim, ser adicionalmente reforçado por palavras dêiticas, como aconteceria em *"Ceci est une pipe"*. Trata-se de uma relação complementar, na qual texto e imagem mantêm suas funções semânticas próprias. Por um lado, o objeto é mostrado como imagem; por outro, citado como palavra.

Uma outra forma de relação indexical entre texto e imagem, menos frequente, pode ser denominada *referência substitutiva*. Essa estratégia se aplica nos *rebus*: imagens em forma de enigmas que substituem palavras no meio do texto escrito (cf. Rohen, 1981; Spillner, 1986: 93-4; Muckenhaupt, 1986: 41-8). A indexicalidade se encontra aqui não na relação da contiguidade do texto e da imagem, mas na relação paradigmática entre palavra e imagem, que consiste numa relação de referência particular entre o signo mostrado (visual) e o não mostrado (verbal).

2.3. RELAÇÕES NO PLANO DE EXPRESSÃO

Ao contrário das relações entre texto e imagem até aqui discutidas, que se referem, em primeiro lugar, ao plano de conteúdo, Kibédi-Varga (1989: 39-42) sugere uma tipologia das relações entre a palavra e a imagem que se relaciona mais com a forma de expressão visual comum à linguagem (na forma escrita) e à imagem. Seus três tipos são: (1) *Coexistência*: palavra e escritura aparecem numa moldura comum; a palavra está inscrita na imagem. (2) *Interferência*: a palavra escrita e a imagem estão separadas uma da outra espacialmente, mas aparecem na mesma página (por exemplo, em ilustrações de textos com comentários textuais). (3) *Correferência*: palavra e imagem aparecem na mesma página, mas se referem ao mundo uma independente da outra. Como uma outra possibilidade da relação espacial entre texto e imagem, devemos acrescentar a esta tipologia o caso da *autorreferencialidade*, como ela é conhecida na poesia visual. Como exemplo, temos o poema de Robert Herrick sobre o altar, que é impresso tipograficamente em uma figura mostrando o esboço de um altar.

Junto às formas de relação entre o texto e a imagem baseadas na simultaneidade, Kibédi-Varga distingue ainda duas formas principais de contiguidade na relação entre palavra e imagem. Ele denomina *ilustração* (o caso dos quadros que se relacionam à Bíblia) a imagem que é precedida pela palavra. O texto que se segue à imagem, por exemplo, poemas que se referem a quadros famosos, é denominado *ekphrase* (ou poema visual).

3. Palavra e imagem na pintura

Os exemplos da relação palavra-imagem mencionados acima pertencem à semiótica da pintura. A pintura sofreu, ao longo de sua história, inúmeras transformações na relação texto-imagem, cujo ponto máximo provisório foi alcançado com a vanguarda artística deste século (ver Faust, 1977; Steiner, 1982). Um estudo semiótico, em sua maior parte, com exemplos de pintura medieval no contexto de contos religiosos se encontra em Schapiro (1973). O autor mostra que ilustrações de texto eram ou "reduções extremas de um conto complexo", ou "uma extensão do texto, através da qual detalhes, figuras e um contexto situativo, que faltam no texto, são acrescentados" (ibid.: 11). A ilustração se refere tanto ao sentido literal como ao sentido espiritual do texto. Tanto a imagem como o texto devem ser interpretados de acordo com o código medieval da exegese bíblica. Uma pintura clássica é o tema do estudo no qual Marin (1970) examina outros aspectos da relação texto-imagem. As regras de transformação para a transposição intersemiótica de um mito para a pintura e a relação entre descrições literárias da imagem mitológica surgidas posteriormente, assim como elementos imagéticos isolados, fazem parte de seus temas.

4. Contextos imagem-imagem

Imagens contam também entre os contextos que podem determinar a interpretação de uma imagem individual. A relação é aquela da contiguidade (como frequentemente em fotografias de imprensa ou na propaganda) ou aquela da disposição sequencial (como no filme). Uma demonstração clássica da influência contextual de imagens dispostas em sequência é o chamado efeito Kuleschow na montagem do filme (cf. Levaco, 1971). Kuleschow mostra que o significado que um público relaciona a uma imagem A (o rosto de um homem) se modifica significativamente, dependendo se ele for mostrado em contiguidade com uma imagem B (um prato de sopa), C (uma mulher morta) ou D (uma menina brincando).

Dando continuidade a esta tradição, Tardy (1964) examina o efeito semiótico da contiguidade de fotografias. Num estudo sobre efeitos contextuais de imagens em sequências, Thibault-Laulan (1971: 21) argumenta que imagens numa disposição uma ao lado da outra são relacionadas semanticamente por uma lógica da *atribuição*, enquanto imagens em ordem cronológica são antes ligadas por uma lógica da *implicação*, já que a ordem tem tipicamente como efeito a impressão de uma relação causal.

O que esses estudos demonstram é o fato de que o contexto da imagem não precisa ser necessariamente verbal. Imagens podem funcionar como contextos de imagens. Entretanto, num sentido semiótico mais geral, no qual as imagens são apenas um dos tipos possíveis, não há signo sem contexto, visto que a mera existência de um signo já indicia seu contexto.

4.

PALAVRA E IMAGEM

Este capítulo está em íntima conexão com o capítulo precedente. Mas, enquanto lá a imagem é vista na relação com o texto que a acompanha ou no contexto que a circunda, o que se pretende aqui é explorar as semelhanças e diferenças entre palavra e imagem, indagando sobre os atributos imagéticos que existem na própria palavra, assim como o seu oposto, o que a imagem tem em comum com a palavra. Para realizar esse exame das aproximações e afastamentos entre esses dois tipos de signo, a semiótica de C.S. Peirce será utilizada prioritariamente, uma vez que as variadas classificações apresentadas por ele fornecem uma gama muito sutil de ferramentas analíticas que nos permitem penetrar nos interiores dos signos visualizando sua natureza.

De fato, para a compreensão das diferenciadas naturezas, graus de referencialidade e aptidão comunicativa de toda e qualquer espécie de imagem e quase-imagem, é preciso empreender um retorno a Peirce. Fundamentando suas classificações em princípios lógicos muito mais gerais do que os usuais, sua teoria nos fornece uma rede de distinções radicalmente elementares e altamente abstratas que funcionam como um mapa de orientação para a leitura precisa e discriminatória das leis que comandam o funcionamento de todos os tipos possíveis de signo, quer eles sejam materiais ou mentais, quer imaginados, sonhados ou alucinados. Entre eles, os diversos modos de aparição da imagem e da palavra.

1. Os níveis e subníveis da iconicidade

Infelizmente, a compreensão e utilização das classificações peircianas têm sido, via de regra, comprometidas por reducionismos e esquematismos estéreis que ficam muito aquém do potencial abrangente que elas apresentam. Para as questões da imagem, por exemplo, são inestimáveis as contribuições que podem ser extraídas dos vários níveis e subníveis da iconicidade que foram trabalhados por Peirce com acuidade incomparável. Há, entretanto, na literatura semiótica, uma espécie de consenso simplificador que tende a tratar o conceito de ícone como um monolito, simplesmente como um tipo de signo que apresenta uma relação de similaridade com seu referente. Embora haja, nesse consenso, um fundo de verdade, pois, de fato, as relações de similaridade constituem o ícone, a iconicidade apresenta-se numa franja de múltiplas distinções que as simplificações desconsideram.

Peirce dividiu os ícones em ícone puro e signos icônicos ou hipoícones, que se subdividem em imagem, diagrama e metáfora. Essa subdivisão foi sistematicamente explicitada por Peirce, tendo se tornado bastante conhecida e explorada neste século. Já a noção de ícone puro, por não ter sido abertamente sistematizada por Peirce e por ter sido negligenciada pela maioria de seus leitores, deixou de render os efeitos que ela possibilita.

Um exame detido dos diferentes aspectos do ícone (ver Santaella, 1991; 1995; 1996b) revela que há três níveis de iconicidade que se apresentam em seis subníveis, que vão do ícone puro à metáfora. Essa distribuição em níveis é substancial para a resolução de muitos impasses teóricos enfrentados pelas variadas modalidades das imagens: perspectivas, óticas, gráficas, mentais e também as verbais.

Numa visão panorâmica e bastante esquemática, os níveis da iconicidade assim se apresentam:

1.1. Ícone puro

O primeiro é o nível do ícone puro. Este é uma simples qualidade de sentimento indivisível e inanalisável. Só pode ter uma natureza mental, mas como possibilidade ainda irrealizada não é nem mesmo comparável a uma ideia, apenas um *flash* de incandescência mental, quase-imagem interior, luz primeira de todos os *insights*. O ícone puro não apresenta mais subdivisões, de maneira que é ao mesmo tempo o primeiro dos seis subníveis da iconicidade.

1.2. Ícone atual

O segundo nível de iconicidade, que diz respeito à sua atualidade, refere-se às diferentes funções que o ícone adquire nos processos de percepção. Este nível divide-se, então, em dois subníveis, o passivo e o ativo.

1.2.1. Aspecto passivo

Considerando-se o percepto como tudo aquilo que se apresenta à percepção, o aspecto passivo corresponde à ação do percepto sobre a mente ou ao lado passivo da mente, em estado de disponibilidade não reativa à apreensão do percepto. Este subnível apresenta, por sua vez, dois modos.
    1.2.2.1. Qualidade de sentimento: uma qualidade exterior (cor, luz, cheiro) ou um compósito de qualidades exterior ou interior (uma visão ou lembrança de plenitude na dor ou de frêmito no regozijo) excita a mente, produzindo como efeito tão somente uma qualidade de sentimento absorvente e absoluta na faísca fora-do-tempo do lapso em que dura.
    1.2.1.2. Revelação perceptiva: trata-se aqui da experiência rara de revelação perceptiva que corresponde não apenas à identidade formal entre o percepto (o estímulo exterior) e o *percipuum* (o modo como o percepto é apreendido na mente), mas corresponde também a uma identidade, por assim dizer, material entre ambos. Um exemplo precioso dessa experiência ("visão") privilegiada está em *La rosa amarilla*, de J.L. Borges (1971). O escritor Marino, pouco antes da morte, olha para a rosa e, pela primeira vez, em sua longa e vaidosa existência, vê a rosa, "como Adão pode vê-la no paraíso", a própria rosa, sem mediações, a rosa mesma na singeleza de sua verdade. Nesse instante de milagre perceptivo, como se estivesse contido na centelha de revelação da rosa, o universo inteiro se revela. "Marino alcançou esta iluminação na véspera de sua morte, e Homero e Dante talvez a tenham alcançado também", completou Borges com sabedoria.

1.2.2. Aspecto ativo

O segundo subnível corresponde à reação da mente ao percepto, portanto à instância ativa da mente. Quando o percepto aparece apenas no seu aspecto qualitativo, a reação da mente é produzir possíveis associações sob a lei da similaridade. Essas relações se produzem de três modos:
    1.2.2.1. Uma mera comunidade de qualidades se juntam na percepção como se fosse uma só qualidade. Um acorde musical, por exemplo, ou um amálgama de cores e formas.
    1.2.2.2. Quando uma qualidade individual é tomada como objeto de outra qualidade individual: o azul dos olhos pelo azul do céu ou outras analogias desse tipo.

1.2.2.3. Quando uma hipótese ou imagem de similaridade é adotada como uma regra geral que pode ser coletivamente aceita. E o que ocorre, por exemplo, quando qualificamos personalidades humanas como "napoleônicas" ou "chaplinescas" ou "quixotescas" etc.

Fala por si a importância desses dois subníveis e modos de iconicidade perceptiva para a formação de imagens mentais que, aliás, não são necessariamente nem exclusivamente pictóricas, muito menos descritivas, no sentido verbal do termo, como querem os cognitivistas (ver Block, org. 1981). Importância fundamental esses níveis de iconicidade também desempenham na fruição estética, de poemas especialmente, e das formas não-representativas, puramente qualitativas, presentes na chamada arte abstrata.

1.3. Hipoícones

O nível dos signos icônicos ou hipoícones foi sistematizado por Peirce em três subníveis. Diferentemente dos níveis anteriores, estes agem propriamente como signos porque representam algo, sendo, portanto, intrinsecamente triádicos, quer dizer, embora a tríade não seja genuína, pois é governada pela similaridade e relações de comparação. Os subníveis são: (1.3.1) a imagem propriamente dita, (1.3.2) o diagrama e (1.3.3) a metáfora, os quais Peirce definiu do seguinte modo:

1.3.1. As imagens propriamente ditas participam de simples qualidades ou Primeiras Primeiridades. Essa definição de imagem, à primeira vista enigmática, fica mais simples quando se traduz "primeiras primeiridades" por similaridade na aparência. As imagens representam seus objetos porque apresentam similaridades no nível de qualidade. "Qualquer imagem material, como uma pintura, por exemplo, é amplamente convencional em seu modo de representação; contudo, em si mesma, sem legenda ou rótulo, pode ser denominada um hipoícone" (CP 2.276).

1.3.2. Os diagramas representam as relações — principalmente relações diádicas ou relações assim consideradas — das partes de uma coisa, utilizando-se de relações análogas em suas próprias partes. Assim sendo, os diagramas representam por similaridade nas relações internas entre signo e objeto (gráficos de qualquer espécie, por exemplo).

1.3.3. As metáforas representam o caráter representativo de um signo, trançando-lhe um paralelismo com algo diverso (CP 2.277). É por isso que a metáfora faz um paralelo entre o caráter representativo do signo, isto é, seu significado, e algo diverso dele.

Em síntese, pode-se afirmar que a imagem é uma similaridade na aparência, o diagrama, nas relações, e a metáfora, no significado. Pela lógica peirciana, no entanto, quando passamos da imagem para o diagrama, este embute aquela, assim como a metáfora engloba, dentro de si, tanto o diagrama quanto a imagem. Daí que as cintilações conotativas da metáfora produzam nítidos efeitos imagéticos, assim como a metáfora sempre se engendra num processo de condensação tipicamente diagramático. Essa mesma lógica de encapsulamento dos níveis mais simples pelo mais complexo também vai ocorrer nas relações entre o ícone, índice e símbolo. É por isso que o símbolo não é senão uma síntese dos três níveis sígnicos: o icônico, indicial e o próprio simbólico. A afirmação de que a imagem é sempre e meramente ícone já é relativamente enganadora; a de que a palavra é pura e simplesmente símbolo é decididamente equivocada. Os níveis de convencionalidade, que estão presentes, em maior ou menor medida, nas imagens, correspondem ao seu caráter simbólico, além de que há imagens alegóricas que figuram simbolicamente aquilo que denotam. Assim, também há necessariamente imagem no símbolo, pois sem a imagem o símbolo não poderia significar.

2. O SÍMBOLO COMO SÍNTESE

O significado que Peirce dá ao termo símbolo, "o de um signo que depende de um hábito nato ou adquirido", não tem nada de novo, correspondendo a um retorno ao seu significado original. Em grego, significava celebração de um contrato ou convenção. Para Aristóteles, um nome é um símbolo, ou seja, um signo convencional. Eram também símbolos, para os gregos, uma fogueira como sinal combinado, um estandarte ou insígnia, uma senha, um emblema, um credo religioso quando serve como distintivo ou traço característico; eram ainda símbolos uma entrada de teatro ou qualquer bilhete ou documento que dá a alguém o direito de receber alguma coisa (CP 2.297).

Assim também, para Peirce, qualquer palavra comum — "estrela", "pássaro", "casamento" — é exemplo de símbolo, e "o símbolo aplicável a tudo aquilo que possa concretizar a ideia relacionada com a palavra". Por si mesmo o símbolo não é capaz de identificar as coisas às quais se refere ou é aplicável, isto é, não nos faz ver uma estrela no céu, não nos mostra um pássaro voando, nem celebra um casamento diante de nossos olhos, mas supõe que somos capazes de imaginar tais coisas, tendo a elas associado a palavra (CP 2.298).

Assim sendo, é por força de uma ideia na mente do usuário que o símbolo se relaciona com seu objeto. Ele não está ligado àquilo que representa através de alguma similaridade (caso do ícone), nem por conexão causal, fatual, física, concreta (caso do índice). A relação entre o símbolo e seu objeto se dá através de uma mediação, normalmente uma associação de ideias que opera de modo a fazer com que o símbolo seja interpretado como se referindo àquele objeto. Essa associação de ideias é um hábito ou lei adquirida que fará com que o símbolo seja tomado como representativo de algo diferente dele. Para assim funcionar, o símbolo tem de estar constituído por uma tríade de leis. Em si mesmo ele é uma lei ou legi-signo, conforme Peirce o batizou, isto é, uma regra que determinará que seja interpretado como se referindo a um dado objeto. Em si mesmo o símbolo não tem existência concreta. Não é uma coisa singular, existente, mas um tipo geral. A ilustração que Peirce dá a isso é precisa.

Podemos escrever a palavra "estrela", por exemplo, mas isso não nos faz criadores dessa ou de qualquer outra palavra. Se apagarmos o que escrevemos, a palavra não terá sido destruída. "O vocábulo continuará vivendo no espírito daqueles que o empregam. Ainda que todos estejam adormecidos, existe em suas memórias" (CP 2.301). E mesmo que a palavra não esteja mais viva, em uso por seus falantes, como é o caso das línguas mortas, nem assim ela perderá seu poder de denotar e significar, pois este poder lhe é dado por seu caráter de lei, num sistema de leis que é a língua de que ela é parte.

O objeto do símbolo não é menos abstrato do que o próprio símbolo. Não é uma coisa particular, mas um tipo de coisa. Corresponde a uma ideia ou lei geral a que a palavra, também como lei (de um sistema de leis que é a língua), está associada através de uma regra ou hábito associativo que Peirce chamava de interpretante lógico. Enfim, o símbolo é uma lei, tanto quanto seu objeto e seu significado são leis. Mas, uma vez que as leis não têm existência concreta, de onde vem o poder denotativo e qualitativo do símbolo? Como pode a palavra expressar e se referir ao universo que está fora dela?

Tudo que é geral tem seu ser nos casos que determina (CP 2.249). Tomemos a palavra "homem". Não esta palavra "homem" (que, de resto, já é uma segunda palavra em relação à anterior) aqui e agora manifesta, mas o tipo geral de sucessão de sons e representação escrita de sons em relação aos quais cada manifestação concreta e singular de "homem" será sempre e apenas uma réplica. Ora, o tipo geral é a lei que fará as réplicas se conformarem a ela. Por mais variações qualitativas que possam existir nas manifestações concretas, réplicas orais ou escritas, da palavra "homem", elas sempre se conformarão a uma invariância que é a da palavra enquanto lei. Justamente a essa invariância

Saussure deu o nome de significante ou imagem acústica, que é a forma psíquica de uma combinatória abstrata e geral, governando as ocorrências concretas, ou seja, manifestações sonoras dessa combinatória. No coração da lei reside, portanto, a forma, a mais abstrata encarnação da imagem.

O símbolo ou lei que governa os individuais depende de casos individuais para se materializar, assim como deve haver casos existentes daquilo que o símbolo denota. O objeto do símbolo é tão geral quanto ele próprio, mas há casos singulares a que o geral se aplica, embora "existente" e "singular" tenham de ser considerados dentro de um universo possivelmente imaginário ao qual o símbolo se refere (CP 2.249). Quando dizemos a palavra "floresta", por exemplo, o referente ou objeto dessa palavra é um tipo geral que nenhum caso particular de floresta pode completamente recobrir. Ao contrário, quando dizemos "florestas do Amazonas", aí está o caso a que o geral se aplica. Contudo, o Amazonas como existente depende do universo imaginário, do ícone mental daqueles que utilizam a palavra. É por isso que, sem o ícone, o símbolo seria impotente para significar e, sem o índice, perderia seu poder de referência. Peirce nos fornece muitos exemplos disso. Segue-se um deles:

> Um homem, caminhando junto a uma criança, levanta o braço, aponta e diz: "Ali vai um balão". Apontar é parte essencial do símbolo, sem o que este não veiculada informação. A criança, entretanto, pergunta: "O que é um balão?", e o homem responde: "É algo como uma grande bolha de sabão", tornando a imagem parte do símbolo. Assim, embora o objeto integral de um símbolo, isto é, seu significado, tenha a natureza de uma lei, ele deve *denotar* um individual e *expressar* um caráter. (CP 2.293)

O primeiro estudioso a perceber e explorar a dialética do ícone e do índice no interior do símbolo foi, sem dúvida, R. Jakobson. Mencionando a perspicácia com que Peirce "reconheceu que a diferença entre as três classes fundamentais de signos era apenas uma diferença de lugar no seio de uma hierarquia toda relativa", seu "À procura da essência da linguagem" (1971) é um verdadeiro manual de exemplos dos componentes indicativos e icônicos operando no seio do símbolo. Se a palavra isoladamente já é suficientemente demonstrativa da constituição icônica e também indicial do símbolo, o que dizer das combinações entre palavras? Peirce (ibid.) respondeu a isso do seguinte modo:

> Tomemos o exemplo de um símbolo, a palavra "ama". Associada a essa palavra, está a ideia, o ícone mental da pessoa que ama outra. Convém deixar acentuado que "ama" ocorre numa sentença; aquilo que a palavra pode significar por si mesma, se alguma coisa significa, não vem agora ao caso. Tomemos, então, a sentença "Ezequiel ama Huldah". Ezequiel e Huldah devem, portanto, ser ou conter Indicadores, de vez que

sem indicadores é impossível designar aquilo acerca de que se fala. Qualquer simples descrição deixaria incerto se não são eles meros caracteres de uma palavra; contudo, sejam-no ou não, os indicadores podem designá-los. Ora, o efeito da palavra "ama" é o de que o par de objetos denotado pelo par de indicadores Ezequiel e Huldah é representado pelo ícone, ou imagem que guardamos em nossos espíritos de um amante e de sua amada.

Da palavra à sentença, da sentença às combinações entre sentenças, os papéis desempenhados pela indexicalidade e iconicidade vão se acentuando e se representando sob novas facetas, compondo uma complexa e intrincada sincronização entre verbo e imagem.

3. Imagens verbais e mentais

As imagens verbais podem ser tratadas de dois pontos de vista: (1) como linguagem figurada, metafórica ou (2) no sentido empregado por Wittgenstein do *Tractatus* (1971), ao definir a proposição como um "retrato", "figuração" (*picture*) da realidade, um "modelo da realidade" (§§ 2.12, 4.01) que tem em comum com essa realidade (o afigurado) "a forma lógica da afiguração" (§ 2.2).

> À primeira vista, a proposição — em particular tal como está impressa no papel — não parece ser figuração da realidade de que trata. Mas tampouco a escrita musical parece à primeira vista ser figuração da música, e nossa escrita fonética (letras), figuração da linguagem falada. No entanto, essas linguagens simbólicas se manifestam, também no sentido comum, como figurações do que representam. (§ 4.011)
> Para compreender a essência da proposição convém pensar na escrita hieroglífica que figura os fatos que descreve. (§ 4.016)

As figurações (*pictures*) de que fala Wittgenstein não podem ser confundidas com imagens gráficas, no sentido literal do termo. Trata-se, isto sim, de isomorfismos, homologias estruturais, formas simbólicas que obedecem a um sistema de regras tradutórias, também chamadas de "espaços lógicos". As semelhanças formais existentes entre a proposição e o "afigurado" também se apresentam no pensamento como "figuração lógica dos fatos" (§3.). E aqui as imagens e figurações mentais não devem ser entendidas como entidades imateriais, privadas e metafísicas (Wittgenstein lutou para extirpar qualquer bagagem metafísica da noção de imagem mental), mas no sentido de espaços lógicos interligados por processo de tradução.

Muito próxima do sentido que Wittgenstein dá a figurações encontra-se a noção de diagrama em Peirce, também chamado de ícone diagramático, de importância fundamental no raciocínio e linguagem matemáticos e lógicos: "O raciocínio deve estar especialmente relacionado com as formas que são os principais objetos do *insight* racional. Por isso mesmo, ícones são particularmente requisitados para o raciocínio" (CP 4.331). Além disso, os diagramas estão presentes em qualquer tipo de pensamento, até o ponto de podermos afirmar, a partir de Peirce, que todo pensamento é essencialmente diagramático. Sem os ícones, seria impossível captar as formas da "síntese dos elementos do pensamento" (CP 4.544). São os ícones diagramáticos que constituem também o que se costuma chamar de padrões sintáticos, tanto na linguagem verbal quanto na musical, e mesmo visual, especialmente na arquitetura. No caso da linguagem verbal, o sentimento ou imagem desses diagramas torna-se quase visível no ofício da tradução de uma língua para outra. O que se traduz não é uma palavra depois de outra, mas a imagem do diagrama sintático de uma língua para a imagem do diagrama de outra. É exatamente similar a esse processo o que ocorre quando compreendemos um enunciado. O entendimento não se dá palavra após palavra, mas na captação da forma sintática, diagrama sintético dos elementos frásicos.

Foi no campo da literatura, entretanto, que o conceito de imagem verbal disseminou-se. Conforme nos informa W.J.T. Mitchell (1986: 24), até o século XVII, a visão da língua em geral, e da poesia mais particularmente, como produção figurada era dominante devido ao prestígio da retórica, teoria dos tropos ou figuras. Pouco a pouco, a genérica noção da imagem foi substituindo as figuras de linguagem, que passaram a ser consideradas como antiquados ornamentos e artifícios. No Romantismo, todas as variações de imagem, tanto pictóricas quanto verbais e mentais, foram sublimadas nas brumas mais misteriosas e refinadas da imaginação, até que, no Modernismo, a sublimação progressiva da imagem alcançou sua culminação lógica quando o poema inteiro ou texto passou a ser considerado como uma imagem ou "ícone verbal". Esta imagem não mais concebida como impressão ou semelhança pictórica, mas como estrutura sincrônica num espaço metafórico, apresenta, segundo Pound, um complexo intelectual e emocional num instante de tempo.

Tornou-se famosa a tríade poundiana (Pound 1970) dos modos caracterizados da poesia: melopeia, fanopeia e logopeia. Aparentemente só o segundo modo, fanopeia (projeção de uma imagem na retina mental), estaria relacionado com a imagem. Contudo, tanto a melopeia (propriedades musicais do som e ritmo orientando o sentido) quanto a logopeia (dança do intelecto entre as palavras) seriam também modalidades do ícone musical e mental respectivamente. Mas um dos mais admiráveis formuladores da moderna concepção do poema como imagem é, sem dúvida, Octavio Paz (1972).

Fortemente marcada pelas fulgurações da natureza solar de suas ideias, que reverberam, no tom e na luminosidade, as teses mitopoéticas de Vico, sua noção de imagem poética como limiar do sentido está condensada no texto "A imagem" e reorquestrada em "A consagração do instante" (ibid.: 37-50, 51-62).

Ao caráter metafórico da imagem, no reino alquímico da poesia, contrapõe-se um sentido mais literal, o da qualidade imagética da palavra escrita que, não obstante a diversidade do percurso, acaba desembocando com força similar nas questões da poesia, conforme será visto a seguir.

4. A IMAGEM DA PALAVRA

Quando se faz referência à linguagem verbal, via de regra, isso é feito no esquecimento ou negligência de que, com efeito, há duas linguagens, uma falada, outra escrita, e de que há várias formas de escrita. Há escrituras que brotam da mímica e do gesto. Estas mantêm um vínculo ancestral com os primórdios da própria fala, a qual deve ter nascido do desenvolvimento mais especializado de sons originalmente indiscerníveis que acompanhavam os gestos. Há outras formas de escrita vinculadas mais prioritariamente ao olhar. Divorciados da fala, os pictogramas são figuras, imagens fixas das coisas, enquanto os ideogramas realizam o amálgama perfeito entre os traços estilizados das coisas e as ideias abstratas da mente. Quase a meio caminho da tradução alfabética do som que seria realizada pela escrita fonética, os hieróglifos são figuras abreviadas que podem representar objetos referenciais, mas usualmente representam sons ou grupos de sons.

A maquinaria da escritura mais fantasticamente econômica, no entanto, foi descoberta quando se deu a invenção do alfabeto fonético. Longe de ser uma simples cópia do som numa imagem do som, o alfabeto codificou visualmente a descoberta de que os idiomas nascem de uma bateria combinatória, isto é, de um sistema de regras para a combinação basicamente arbitrária de um número finito e altamente reduzido de sons.

Duramente criticada, desde sua implantação no mundo grego, por sua natureza fria, impessoal e monótona e desprovida do sopro vital da fala (ver McLuhan, 1962), a escrita fonética, ao contrário, serviu, entre outras coisas, para trazer, à superfície do olhar, o potencial que subjaz à sua aparente uniformidade: os labirínticos jogos de espelhos, palavras dentro, sob, entre palavras, que regem a combinatória da fala prescrita pela língua. São os regramentos desse jogo sem substância, onde só imperam as diferenças, que levaram J. Derrida, radicalizando Saussure, a postular que a língua em abstrato é um sistema de escritura que preexiste e pré-escreve a fala. Com os conceitos inaugurais de grama, traço, intervalo, espaçamento, diferença e diferência, Derrida (1973) pôs em evidência o funcionamento de um jogo paradoxal, sem começo nem fim, cego na sua arbitrariedade, mas exato nas suas regras, que funda o pensamento e a fala, sem que possa ser pensado. Descentrando o sujeito da arrogante posição de senhor do seu discurso, a "gramatologia" veio trazer mais munição para a revolução freudiana que já havia deposto o sujeito como senhor da consciência.

Estava em Freud a apreensão do sonho como uma espécie de escritura, mais propriamente hieroglífica. Num retorno radical às descobertas freudianas e no contexto das novas cenas da linguagem, trazidas à baila pela linguística, J. Lacan (1978) buscou, nos tropeços e desfalecimentos da fala, irrupções da letra do inconsciente.

Pode-se concluir, a partir disso, que a fala nos aparece hoje como uma camada intermediária, fluxo audível entre duas formas de escritura, a da língua à qual está prescrita e que é também condição do inconsciente, de um lado, e, de outro, na superfície material dos meios, oferecendo-se ao olhar, aparece a escritura fonética. Assiste-se, assim, em ambos os lados, a uma formidável sublevação da escrita contra qualquer exclusivismo e sobrevalorização da fala. Enquanto a linguística e a psicanálise adensam a exploração do traço e da letra nos interstícios da fala, o surpreendente desenvolvimento dos meios de impressão e o advento de novos suportes para a escritura alfabética vêm também, a seu modo, reduzindo a pó as tradicionais oposições da riqueza vitalista da fala contra a uniformidade tediosa da escrita.

Com o crescimento e a sofisticação da imprensa e da publicidade, a partir do início do século, novos campos de possibilidades, no tamanho e na variação dos tipos gráficos e no uso substantivo do espaço, foram se abrindo rumo à exploração da natureza plástica, imagética, do código alfabético. Mais revolucionária, no entanto, seria a recente introdução desse código nos meios eletrônicos. Desde o videotexto, com a lenta varredura das letras em luz-cor, até a chegada dos computadores pessoais e domésticos, "recursos antes restritos aos profissionais do *design* gráfico, técnicos em tipografia ou em fotocomposição, complicados de usar ou com alto custo de produção se ampliaram e deixaram de ser obscuros para qualquer usuário de um Macintosh" (Stephan, 1992).

Além disso, já nos meios gráficos, impressos, também se assistia ao desabrochar de uma nova linguagem híbrida, entretecida nas misturas entre a palavra e a imagem diagramática e fotográfica. Agora, com a nova geração de *designers* gráficos que se deliciam na manipulação das letras, palavras, configurações e desenhos nas telas informatizadas movidas a luz e cores que se multiplicam ao infinito, esse código híbrido já preenche todas as condições para se tornar dominante.

Não fosse pelo peso da presença da fala, da oralidade no cinema e televisão, que faz equilibrar na balança a abrangência da escrita e imagem, a fala estaria reduzida hoje às situações de comunicação face a face. No entanto, o mesmo hibridismo que aparece nas relações entre o texto escrito e imagem também se apresenta tanto no cinema quanto na televisão. Nesta especialmente já é possível se pensar numa gramática dos tipos possíveis de funções desempenhadas pela imagem em relação à fala: função condutora, substitutiva, complementar, subordinada, ilustrativa etc. Disso se pode concluir que o código hegemônico deste século não está nem na imagem, nem na palavra oral ou escrita, mas nas suas interfaces, sobreposições e intercursos, ou seja, naquilo que sempre foi do domínio da poesia.

5. ENTRE A PALAVRA E A IMAGEM

Pound (1970) insistia na afirmação de que a poesia está mais próxima da visualidade e da música do que da linguagem verbal. D. Pignatari (1974) também chamou o poeta de *designer* da linguagem e defendeu a tese de que o poema é um ícone. De fato, é na poesia que os interstícios da palavra e da imagem visual e sonora sempre foram levados a níveis de engenhosidade surpreendentes. Muito antes de a linguística ter colocado em evidência (graças, aliás, às prodigiosas aventuras do poético) os regramentos significantes que comandam o engendramento dos signos linguísticos, a poesia trazia, desde suas origens, à flor da pele da linguagem, os labirínticos jogos de palavras, fragmentos de palavras, quase-palavras, fluxos e refluxos de vocábulos, forças de atração e repulsão do som, da letra e do sentido que constituem o campo magnético da poesia.

Num ensaio publicado postumamente por Pound, em 1919, E. Fenollosa lançou a polêmica tese dos "caracteres da escrita chinesa como instrumento de poesia". Conforme foi brilhante e competentemente relida por Haroldo de Campos (1977), pondo de lado *parti pris* naturalista de Fenollosa, o argumento central dessa tese propõe que a propensão da escrita chinesa para as construções paratáticas e para os esquemas paralelísticos inspirados numa "lógica da correlação" parece coincidir com os modos de composição da poesia ocidental que, através de aliterações, paronomásias, rimas, anagramas, configuram processos relacionais, diagramas internos, constelações de sentido animadas pelas leis das correspondências e analogias. O modelo chinês, transformado em método ideogrâmico de compor, para Pound, e em metáfora cinematográfica, para Eisenstein, foi expandido por Haroldo de Campos no circuito da função poética de Jackobson, dos anagramas saussurianos e diagramas icônicos de Peirce. Atualizando a tese de Fenollosa, na "rosácea de convergências" das modernas teorias da linguagem e do poético, Haroldo de Campos deu novo corpo argumentativo para a compreensão da teia intersticial da palavra e imagem (inscrição e canto) em que a poesia se tece. Existem, ademais, evidências mais palpáveis e tendências históricas para corroborar essa tese.

A sofisticação crescente dos meios de impressão, especialmente no jornal, ampliando-se nas revistas e publicidade de rua, produziu uma sensível mudança no corpo da escrita (ver Santaella, 1992a; 1996d). Quando a dimensão plástica, a pregnância visual da escritura alfabética, começou a se impor na sua sensorialidade, a poesia foi a primeira a levar, até as últimas consequências, essa mutação no cerne da escrita. O abalo sísmico do "Lance de dados" não poderia ser inconsequente. Valéry anteviu, num misto de lucidez e assombro, o mergulho reflexivo que o "jamais" entre o "lance" e o "acaso" estaria fadado a produzir no mundo da poesia. Evidentemente, o aspecto visual do poema mallarmaico é apenas um dos fatores, o mais aparente, dos seus germes de futuro. De qualquer modo, depois de Mallarmé a página branca nunca mais deixou de proscrever o sonho da ingenuidade do verso.

No Brasil, o polêmico movimento da poesia concreta foi o primeiro a pôr programaticamente em discussão a visualidade na poesia, juntamente com a criação de poemas que trouxeram, para a superfície do espaço em branco, diagramas de som e de sentido multiplamente direcionados, formas desenhando significados, que sempre estiveram no vetor para a condensação (*Dichtung*) de onde o poético extrai a essência do seu caráter. Antecipando a explosão das variadas manifestações da poesia visual (poema processo, poesia experimental, alternativa, arte postal, gestual, poesia visiva, grafismo, letrismo), a poesia concreta, especialmente nos desdobramentos por que viria passar na obra de Augusto de Campos, antecipou também o pulsar dos movimentos em luz ou som de uma poética eletrônica na era da automação.

A tal ponto a imagem está hoje introjetada na palavra poética que a mera menção do tema — palavra e imagem — parece conduzir o pensamento inexoravelmente para a poesia. No Brasil contemporâneo, as produções poéticas ficaram tão profundamente marcadas pela visualidade que não é mais possível pensar a imagem à margem das aquisições poéticas. As variações de procedimento utilizadas, que já eram muitas, tendem agora a crescer com as facilidades, enriquecimento qualitativo e movimentos dinâmicos que os computadores e seus programas gráficos e multimídia oferecem aos novos *designers* da linguagem.

Há alguns trabalhos recentes que podem funcionar como sinalizadores das tendências e tipos principais de procedimentos imagéticos na poesia. Philadelpho Menezes (1991) analisou a trajetória da poesia visual contemporânea, no Brasil, a partir de três parâmetros: o signo ante o objeto que representa (a questão da figuratividade), suas relações com outros signos (a sintaxe definidora) e o que dessa relação se projeta para a mente do leitor. Chegou, assim, às principais categorias distintivas dos procedimentos: o poema colagem, o poema embalagem e o poema montagem. Valdevino S. Oliveira (1993), num estudo sobre as interações entre pintura e poesia, com base nas tríades peirceanas, determinou três grandes matrizes dessa interação: (1) a semelhança como traço caracterizador da imagem, que se divide em semelhança na qualidade, semelhança por justaposição e semelhança por mediação; (2) a relação, como traço definidor do diagrama, divide-se em relação topológica, referencial e convencional; e, por fim, (3) a justaposição, como traço característico da metáfora, divide-se em metáfora fenotextual, genotextual e alegórica. Mais recentemente, Omar Khoury (1996) defendeu uma tese sobre a "Poesia visual na era pós-verso", verdadeira enciclopédia crítica da visualidade na poesia do Brasil.

Se a visualidade explícita se constitui em tendência dominante na poesia contemporânea, não resta dúvida que, desde tempos imemoriais, antes de esse seu pendor para a contenção plástica, na síntese do "olhouvido", ter marcado nossa história, foi sempre no seio da palavra poética que a imagem, em todas as suas multiformes manifestações (perceptivas, mentais, verbais, sonoras, alegóricas), fez e continua fazendo seu ninho onírico.

5.
IMAGEM, PERCEPÇÃO E TEMPO

Embora a física moderna nos tenha ensinado que as noções de espaço e tempo não podem ser tomadas como absolutas nem independentes, não se pode negar e, de resto, já se tornou lugar-comum, a afirmação de que alguns sistemas de signos se materializam, tomam corpo na simultaneidade do espaço, como é o caso do desenho, da pintura, gravura, escultura, arquitetura etc., enquanto outros se desenrolam, tomam corpo e se dissolvem na sequencialidade do tempo, como a oralidade, a música, o cinema e a imagem eletrônica em geral.

De um ponto de vista similar, no seu exaustivo ensaio sobre *A imagem*, Jacques Aumont (1993: 160) estabelece uma primeira e mais importante clivagem que coloca, de um lado, as imagens não-temporalizadas e, de outro, as temporalizadas. As primeiras são aquelas "que existem idênticas a si próprias no tempo". As segundas "modificam-se ao longo do tempo, sem a intervenção do espectador e apenas pelo efeito do dispositivo que as produz e apresenta". Reconhecendo, porém, que essa divisão é simples demais, Aumont (ibid.: 161-2) estabelece algumas outras divisões que, embora não tenham "relação direta com o tempo, influem na dimensão temporal do dispositivo". Essas subdivisões são as seguintes: (1) imagem fixa *versus* imagem móvel, (2) imagem única *versus* imagem múltipla e (3) imagem autônoma *versus* imagem em sequência.

Está certo Aumont ao dizer que a divisão entre imagem não-temporalizada e imagem temporalizada é muito simplificada para dar conta da complexidade das questões relativas ao tempo na imagem. Também parecem importantes as subdivisões pelas quais ele procura compreender essa complexidade. Contudo, diferentemente das variações, por ele apresentadas, referentes a aspectos da imagem que influem na dimensão temporal, sem estarem diretamente ligadas a ela, as subdivisões que serão propostas e discutidas a seguir têm a pretensão de referir a aspectos da imagem mais diretamente ligados ao tempo. Longe de terem um objetivo meramente classificatório, essas subdivisões visam discriminar e colocar em discussão algumas distinções sem as quais muitos equívocos desnecessários costumam proliferar.

Antes de tudo, no entanto, é preciso discutir, mesmo que brevemente, a própria noção de tempo. Fortemente influenciados pelas teorias bergsonianas da duração, os teóricos da imagem, especialmente os de linha francesa, tendem a considerar o tempo como uma dimensão inseparável da nossa experiência, quer dizer, como uma dimensão inextricavelmente psicológica. Sem negar a importância da vivência psicológica do tempo, leva-se em conta aqui que a tentativa de considerar a instância de um tempo, que não é dependente do modo como o tempo é percebido e experimentado pelo ser humano, é de fundamental importância para se compreender as imagens cuja temporalidade se constitui num traço objetivo, isto é, num aspecto que faz parte de suas próprias naturezas, não devendo, portanto, ser confundido com os atributos que o ato de perceber uma imagem a ela acrescenta.

Não cabe aqui uma longa digressão sobre a questão do tempo. Mas para justificar a primeira grande distinção que merece ser feita entre tempo objetivo e tempo experimentado, não se pode recusar a evidência de que há um tempo fora de nós. Se teorizar sobre esse tempo externo parece bastante complicado, é, no entanto, bem simples constatá-lo nos efeitos que ele produz sobre a natureza e sobre nós mesmos, efeitos esses que, evidentemente, independem de nossa vontade, ação e pensamento. Esse tempo cuja existência tem autonomia própria apresenta pelo menos três dimensões: (1) a dimensão cíclica, (2) a dimensão das grandes ou pequenas rupturas e (3) a dimensão cumulativa. A primeira aparece nas fases de um ambiente periodicamente mutável, dentro do qual as espécies vivas biologicamente se adaptaram: o dia e a noite, as estações do ano etc. (ver Szamosi, 1988: 97). Para essa adaptação, as espécies desenvolvem relógios biológicos. Sobrepostos a eles, a espécie humana, mais complexa, criou o tempo medido, tempo formal (Harweg, 1994), dos relógios e dos calendários. A segunda dimensão, que se manifesta nos cataclismos ou rupturas de continuidade, pode aparecer tanto no mundo biológico quanto no físico-cosmológico. Em uma escala de transformação menos dramática, esse é também o tempo dos eventos, que se aproximaria daquilo que Harweg chama de tempo material em oposição ao tempo formal. Já a terceira dimensão do tempo objetivo tem sua forma mais clara de expressão nas camadas geológicas, por exemplo.

Enfim, o tempo que existe fora de nossa interioridade e que independe de nós é, no seu aspecto mais perceptível, algo que afeta, que deixa marcas na matéria. E por isso que a casca e o tronco de uma árvore envelhecem, assim como envelhecem o nosso rosto e o nosso corpo. Embora o ser humano, como ser simbólico, ser de linguagem, seja inseparável do tempo, pois o tempo é a matéria de que é feita a linguagem (Santaella, 1992b), o tempo que fisicamente nos marca não é o da linguagem, mas um outro tempo, o dos grandes projetos ou programas da vida e do cosmos, sobre o qual não temos poder de exercer controle.

Tendo a distinção fundamental entre tempo objetivo e tempo experimentado em vista, podemos agora passar à primeira grande clivagem que se pode estabelecer para o tempo na imagem e que, na falta de nomes melhores, estamos denominando de (1) tempo intrínseco à imagem e (2) tempo extrínseco a ela. A caracterização do tempo intrínseco não diferiria muito da definição que Aumont dá a imagens temporalizadas, caso ele não tivesse restringido a noção de temporalização apenas ao dispositivo. É em função dessa limitação que, para ele, a dimensão temporal depende apenas do dispositivo ou suporte em que a imagem é produzida e apresentada. Mas além desse nível de temporalidade também deve ser levado em conta, ainda intrínseco à imagem, de um lado, aquilo que Michel Lussault (1994: 68) chama de nível de sua fatura, isto é, um nível que corresponderia a algo semelhante àquilo que nas teorias linguísticas e teorias do discurso costuma ser chamado de tempo da enunciação. De outro lado, deve ser levado em conta o tempo dos esquemas e dos estilos que, sendo formais, estruturais, dizem respeito a caracteres internos das imagens (ver Gombrich, 1979: 68-91).

Assim sendo, o tempo intrínseco nas imagens fica subdividido, portanto, em: (1.1.) tempo do dispositivo ou suporte, (1.2.) tempo da fatura ou enunciação e (1.3.) tempo dos esquemas e estilos.

Quanto ao tempo extrínseco, este se refere às formas de temporalidade que estão fora da imagem, o que não significa que, por estar fora, a imagem não possa indicá-las, de um lado, ou absorvê-las, de outro. Desse modo, o tempo extrínseco pode ser de três ordens: (2.1.) o tempo do desgaste, isto é, o tempo que age sobre a matéria e os suportes das imagens, provocando seu envelhecimento e deterioração; (2.2.) o tempo do referente ou enunciado, que pode também ser chamado de tempo representado; (2.3.) a ausência de tempo das imagens abstratas, não-figurativas.

Por fim, da relação entre o intrínseco e o extrínseco nasce a terceira divisão do tempo na imagem: (3.) o tempo intersticial, quer dizer, o tempo da percepção, esta que é, antes de tudo, habitada de tempo, funcionando, consequentemente, como a grande provedora de tempo, como será visto mais adiante.

A partir das duas primeiras grandes divisões e suas respectivas subdivisões, não é difícil perceber por que a denominação de tempo intrínseco *versus* tempo extrínseco é preferível à oposição estabelecida por Aumont entre imagens temporalizadas e não-temporalizadas, visto que "não-temporalizadas" é uma caracterização muito sujeita a ambiguidades quando se considera, conforme veremos à frente, que nenhuma imagem, nem mesmo aquelas que costumam ser chamadas de imagens fixas, pode prescindir do tempo, visto que toda imagem, de um modo ou de outro, está impregnada de tempo. Não fica também difícil perceber, em função disso, que a denominação de imagem temporalizada em oposição a não-temporalizada advém de uma identificação estrita e exclusiva — bastante aristotélica e que deve ser evitada — entre tempo e movimento. É por isso que, sob esse aspecto, faz muito sentido a distinção que G. Deleuze (1985; 1989) estabeleceu, à luz de Bergson, entre "imagem-movimento" e "imagem-tempo".

1. O TEMPO INTRÍNSECO: DISPOSITIVO, FATURA E ESTILO

Conforme o próprio nome expressa, tempo intrínseco refere-se à imagem que é constituída de tempo. Essa constituição depende, de um lado, das características do dispositivo através do qual a imagem é produzida e apresentada. Inseparável do dispositivo, mas irredutível a ele, também devem ser levados em consideração tanto o tempo da feitura da imagem, tempo de sua enunciação, quanto o tempo dos esquemas e dos estilos que é inseparável da composição e estrutura das imagens.

1.1. O DISPOSITIVO

Dispositivo é o meio através do qual a imagem é produzida, transmitida e apresentada ao receptor. Os dispositivos são históricos e se transformam historicamente, dependendo, portanto, do nível de desenvolvimento produtivo das sociedades nas quais as tecnologias de produção são empregadas. São as seguintes as principais tecnologias de produção: (1) as artesanais, no ciclo pré-industrial, (2) as mecânicas, no ciclo industrial e (3) as eletrônicas, no ciclo pós-industrial (Laurentiz, 1991: 69-115).

1.1.1. AS IMAGENS FIXAS

Para se considerar o problema do tempo intrínseco à imagem, em primeiro lugar, apresentam-se os dispositivos que registram a imagem num suporte fixo, na maior parte das vezes madeira ou pedra para as imagens tridimensionais e tecido ou papel para as bidimensionais. Sendo fixo, por limitações do próprio suporte, esse tipo de imagem organiza-se muito mais sob a dominância do espaço do que do tempo. Ao contrário, as imagens em movimento só podem se desenvolver no tempo. Mas não é com muita facilidade que a noção de tempo se desprende da noção de espaço. Em relação a isso, parecem instrutivas as conclusões que Piaget (apud Szamosi, 1988: 100) extraiu de suas experiências. Há necessidade de uma considerável maturidade para uma criança ser capaz de separar os julgamentos temporais dos espaciais, pois a ordem temporal dos acontecimentos "é confundida com a ordem espacial dos pontos dos caminhos, a duração com o espaço percorrido, e assim por diante". A princípio, portanto, a percepção do espaço sempre deriva da percepção de movimento, a passagem do tempo sendo percebida não abstratamente, mas através do movimento dos corpos. É desse modo, aliás, que parece funcionar, pelo menos num primeiro nível, a temporalidade das imagens cinematográficas.

1.1.2. Cinema e ilusão do movimento

De fato, o cinema utiliza imagens fixas, "projetadas em uma tela com certa cadência regular e separadas por faixas pretas resultantes da ocultação da objetiva do projetor por uma paleta rotativa, quando da passagem da película de um fotograma ao seguinte" (Aumont, 1993: 51). O cinema fornece, assim, um estímulo luminoso descontínuo, que dá uma impressão de continuidade e uma ilusão de movimento interno à imagem. Desse modo, "no filme, a imagem é inscrita em fotogramas separados: entre um quadro e outro, o obturador se fecha impedindo a entrada de luz, e uma nova porção de película virgem é empurrada para a abertura. Esse movimento fragmentário, que denuncia a base fotográfica do cinema, é dissimulado, entretanto, por um dispositivo técnico para que se possa recompor a ilusão do movimento" (Machado, 1988: 41). É por isso que a transformação temporal mais fundamental que irá se operar na passagem do cinema ao vídeo encontra-se no movimento real, mudança, alteração, deslocamento de formas, de cores e de intensidade luminosa inscritos na morfogênese mesma da imagem videográfica.

1.1.3. Videografia e movimento real

Conforme Arlindo Machado (1988: 43), "o vídeo, por consequência de sua própria constituição, é o primeiro mídia a trabalhar concretamente com o movimento, isto é, com a relação espaço-tempo".

> [A imagem videográfica] que as lentes refratam é projetada numa superfície fotossensível reticulada (*target*), cuja capacidade para conduzir eletricidade varia de acordo com a quantidade de luz que incide sobre cada um de seus pontos. Dessa forma, ao ser varrida pelo feixe de elétrons, a luminosidade da imagem em qualquer ponto é traduzida em amplitude de um sinal elétrico, de modo que cada ponto ou retícula do espaço bidimensional é convertido em nível de voltagem de um impulso elétrico na sequência temporal. À medida que a intensidade luminosa da imagem varia de um ponto ao outro da linha de varredura, a amplitude do sinal se modifica de forma sincronizada. Assim, uma imagem projetada no suporte fotocondutor é traduzida em mudanças na voltagem de um sinal elétrico durante o tempo necessário para fazer o seu esquadrinhamento completo. (Machado, 1988: 41)

No entanto, um salto de transformação ainda mais radical viria com a infografia ou computação gráfica, provocando uma verdadeira mutação no regime de temporalidade da imagem, introduzindo um "regime espectral do tempo", expressão que foi cunhada por Derrida (apud Lussault, 1994: 70) num outro contexto, mas que caberia com justeza para a descrição das imagens sintéticas.

1.1.4. Infografia e o movimento na dimensão do tempo

Na computação gráfica, a estocagem numérica compensa o caráter volátil de uma imagem de caráter imaterial, que não se fixa na tela, imagem presente, mas sem traço físico, material. Imagem formal e formalizável, mas permanentemente modificável graças à capacidade do instrumento de codificar rapidamente os elementos de representação através da transformação sucessiva de parâmetros. Nessa multiplicidade de possíveis, sempre reversível, o virtual subverte o registro do tempo tradicional, pois o tempo que corre e perpetuamente recomeça é constitutivo dessa imagem.

Em síntese, o que se apresenta na passagem da imagem cinematográfica à videográfica até a infográfica é uma gradativa transformação que, partindo de corpos em movimento no tempo, vem atingir o movimento que ocorre na dimensão do tempo. Ou melhor, com a infografia, o tempo na imagem parece estar cada vez mais se aproximando do tempo audível, o tempo sonoro ou musical, tempo que não se confunde com atributos espaciais, no sentido de que é um fenômeno puramente temporal, não dependendo de componentes nem de dimensões espaciais, tal como ocorre na música (ver cap. 6).

1.2. A FATURA

As teorias linguísticas estabelecem uma distinção entre dois planos do discurso: o plano da enunciação e o plano do enunciado (ver Ducrot e Todorov, 1972: 405-7). Este último concerne àquilo que o discurso enuncia, aquilo a que ele se refere, o que é nele descrito, narrado, sobre o que ele disserta, argumenta etc. Já o plano da enunciação marca as posições do sujeito perante ou dentro do discurso que enuncia, seus pontos de vista, suas interferências pessoais ou sua impessoalidade em relação àquilo que é enunciado. Os tempos do enunciado e da enunciação não são coincidentes, pois, enquanto o tempo do enunciado é o tempo daquilo que está referido no discurso, o tempo da enunciação é o tempo do próprio discurso, de sua consecução e das marcas que esta deixa no discurso.

Correspondendo ao tempo da enunciação no universo do discurso, o tempo do fazer, da fatura da imagem, é muito difícil de ser precisamente estipulado, pois, de fato, só aquele que produz a imagem pode ter o registro do tempo de sua consecução.

1.2.1. O TEMPO DO GESTO

O caso do desenho e da pintura, por exemplo, é bastante ilustrativo das dificuldades para se conhecer o tempo da feitura de uma imagem, pois como medir, nesses casos, se sua consecução foi lenta ou rápida? Quantas interrupções e retomadas, quantos retoques foram exigidos para sua realização? Fica mais fácil conceber o tempo da consecução quando o produtor deixa, inclusive com datas, os esboços, rascunhos, correções, numa verdadeira exposição do tempo envolvido no processo de criação da imagem, como é o caso da *Guernica,* de Picasso. No entanto, mesmo quando não há esse tipo de registro, pelo menos alguns sinais do processo sempre ficam registrados na materialidade do produto, tais como repetição de traços, camadas de tinta etc. Enfim, há um tempo manual para cada traço, cada pincelada. Mas não é um tempo que pode ser medido, apenas inferido através do exame minucioso das marcas, dos índices que foram se inscrevendo no decorrer do processo de produção de uma imagem artesanal.

Mais clara se torna a noção do tempo de fatura, no entanto, quando se comparam os diferentes modos de facção da imagem entre si, quer dizer, as imagens artesanais com as fotográficas, estas com as cinematográficas, estas, então, com as videográficas e, por fim, as videográficas com as infográficas.

1.2.2. O INSTANTE DO CORTE

Enquanto as imagens manualmente produzidas têm o tempo dos gestos que nelas deixam marcas, as fotográficas são necessariamente imagens do instante. Como instantâneos que são, guardam em si o momento irrepetível do disparo em que o obturador corta de um só golpe, para sempre, inexoravelmente, o fluxo do tempo. É certo que há, na feitura da fotografia, algumas formas subsidiárias de tempo, tais como o tempo da exposição e o da revelação, principalmente, mas isso não transforma sua marca temporal básica que é a do instantâneo.

1.2.3. O RASTRO DOS FOTOGRAMAS

No caso das imagens cinematográficas, a enunciação pressupõe vários tempos, que, como no teatro, envolvem, inclusive, o tempo dos bastidores, de que *Noite americana*, de Truffaut, funciona como uma interessante ilustração. Contudo, embora o tempo da feitura seja muito mais complexo do que o tempo que os fotogramas deixam inscritos no rolo do filme, este é, de fato, o tempo mais palpável da enunciação fílmica. É certo que a montagem, que aparecerá no produto final, será fruto de muitos cortes de edição que, tradicionalmente, o cinema realizava através de tesoura e cola. Mas a comparação entre os rolos originais, as sobras que são cortadas para serem eliminadas e o produto final podem fornecer pistas mais ou menos precisas do tempo da feitura, que se divide, assim, em dois tempos descontínuos: o tempo bruto da filmagem e o tempo construído da montagem; esta, por sua vez, apresentando uma nova subdivisão: (1.2.3.1.) A enunciação narrativa: o tempo da enunciação refere-se à duração dos planos e das sequências, tempo das cenas tal como aparecem na projeção. E o tempo de duração de um *traveling*, por exemplo, ou de duração de uma cena longa em oposição a uma outra cena curta. E o tempo, enfim, das construções fílmicas (ver Metz, 1972: 173-216). (1.2.3.2.) O enunciado narrativo: o tempo do enunciado ou referente diz respeito ao transcurso de tempo do acontecimento que o filme pretende narrar. É o tempo da história, da ação das personagens, tempo diegético, dos eventos que o filme narra (ver Martin, 1963: 22).

1.2.4. Os cortes no *continuum*

Caracterizando-se basicamente como registro de imagens em tempo real, que, diferentemente da foto e do cinema, pode dispensar os processamentos intermediários, a fatura videográfica permite, antes de tudo, a coincidência do tempo da emissão com o tempo da recepção. Entretanto, o tempo mais característico da enunciação televisiva nasce do contraste entre o *continuum* do real que a câmera registra e os cortes nesse *continuum* que a produção e edição executam. E a escolha da cena e da sua duração no ar, diante de um leque de possibilidades, que só tende a aumentar quanto mais câmeras estiverem cobrindo uma dada situação, aquilo que se constitui no traço básico do tempo televisivo: as montagens das escolhas aqui e agora, recortando a continuidade do presente.

1.2.5. O tempo interativo

A libertação da imagem infográfica, imagem computacional, do registro do real trouxe como uma de suas consequências mais fundamentais o aparecimento do tempo virtual. Entre outras, a grande revolução propiciada pelo tempo virtual está na inserção do papel a ser desempenhado pelo usuário nos destinos da imagem. Graças às mudanças de parâmetros da imagem infográfica que ficam disponíveis ao usuário, um poder impensável lhe é conferido para interferir, em brevíssimos lapsos de tempo, no tempo de enunciação da imagem, um tempo sem começo, meio e fim, tempo do *perpetuum mobile*.

1.3. O estilo

Toda imagem depende de convenções as mais diversas que se dividem basicamente em convenções de composição e convenções de representação. Tomando como referência o universo da arte, no capítulo sobre "Verdade e estereótipo", de *Arte e ilusão*, Gombrich (1979) teorizou largamente sobre a função do esquema como categoria preexistente sem a qual nenhuma forma nova seria possível, pois esta é sempre o resultado de uma adaptação a esquemas que o artista recebeu da tradição e aprendeu a manejar. A necessária escolha de um esquema inicial, que é adaptado e corrigido de acordo com os novos desafios que se apresentam ao artista, é um indicador do caminho para a compreensão dos enigmas do estilo. Aquilo que o artista recebe da tradição e o modo como ele readapta o usual ao não-familiar imprimem à obra o sinal do estilo. E em função disso que todo estilo já nasce inelutavelmente marcado pelo tempo.

Não obstante as diferenças que separam as artes plásticas da fotografia, cinema, videografia e infografia, as interações entre os esquemas recebidos e as preferências, escolhas e adaptações realizadas sobre o legado da tradição caracterizam o estilo em quaisquer formas de produção da imagem.

2. O TEMPO EXTRÍNSECO: DESGASTE, REFERENTE E ATEMPORALIDADE

Tempo extrínseco é o tempo que está fora da imagem e, de um modo ou de outro, age sobre ela. A modalidade mais evidente do tempo extrínseco aparece no desgaste ou envelhecimento da imagem. A modalidade menos explícita comparece no tempo do referente, isto é, em todos os traços de época das figuras representadas, aquilo também que, no cinema e televisão, costuma ser chamado de *décor*. Sob esse aspecto, as imagens são temporalmente marcadas, quando são figurativas, ou temporalmente não-marcadas, quando são simbólicas ou abstratas. Mas vejamos essas modalidades em mais detalhes.

2.1. A AÇÃO DO TEMPO: DESGASTE

De acordo com Arnheim (1962: 307), "o tempo é a dimensão da mudança. Contribui para a descrição da mudança e não existe sem ela". Ora, a forma mais perceptível do tempo como mudança, do trabalho do tempo, está no envelhecimento, resultado das afecções da matéria sob ação do tempo. É assim que uma tela pintada envelhece, seus pigmentos se alteram. É assim que as cores de uma fotografia irremediavelmente mudarão, especialmente se a foto ficar exposta a uma luz muito intensa. Enfim, não há matéria que possa resistir à corrosão do tempo. Uma vez que toda imagem existe em algum tipo de suporte, não há imagem que, na sua materialidade, possa deixar de sofrer a intervenção do tempo. Contudo, um certo nível de exceção deve ser aberto para a infografia, pois devido à estocagem numérica e ao caráter imaterial, pura luminiscência fugidia, essa imagem não fica mais fisicamente exposta à erosão do tempo.

2.2. O TEMPO REFERENCIAL

Quando se leva em conta a relação da imagem com o referente, isto é, com o(s) objeto(s) que a imagem representa, há três tipos fundamentais de imagem: as não-representativas, as figurativas e as simbólicas (ver cap. 10).

As não-representativas, comumente chamadas de abstratas, reduzem a declaração visual a elementos puros: tons, cores, manchas, brilhos, contornos, movimentos, ritmos etc., enfim, são formas que não representam, *a priori*, nada que está fora delas.

As imagens figurativas são aquelas que transpõem para o plano bidimensional ou criam no espaço tridimensional réplicas de objetos preexistentes e, no mais das vezes, visíveis no mundo externo, quer dizer, apontam com maior ou menor ambiguidade para objetos ou situações reconhecíveis.

As simbólicas são imagens que, mesmo sendo figurativas, representam algo de caráter abstrato e geral.

Do ponto de vista do tempo, essa tipologia de imagens divide-se em dois grupos distintos: de um lado, as figurativas, fortemente marcadas pelo tempo do seu referente; de outro, as abstratas e as simbólicas, fracamente marcadas pelo tempo do referente, até o extremo da atemporalidade.

Na imagem figurativa, como o próprio nome diz, a relação referencial é explícita, quer dizer, trata-se de imagens que sugerem, indicam, designam objetos ou situações existentes. Sendo existentes, esses objetos e situações estão marcados por uma historicidade que lhes é própria. Ora, ao representar o referente, a imagem acaba inevitavelmente por trazer para dentro de si a historicidade que pertence ao referente. É nesse sentido que imagens figurativas podem funcionar como documentos de época. Figurinos, cenários, arquiteturas, decorações, costumam aparecer como indicadores inequívocos de uma época. Para se constatar isso, basta comparar as Figuras 5.1. e 5.2.

Sendo imagens que registram acontecimentos reais ou fictícios que se desenvolvem no tempo, o cinema, televisão e vídeo apresentam, sob o aspecto do referente, uma complexidade adicional se comparados às imagens fixas, pois há neles uma distinção entre o tempo interno da enunciação narrativa e o tempo externo do enunciado, tempo real do acontecimento, que a enunciação fílmica manipula e transforma.

Figura 5.1. *Suzana e os velhos* (1600), Jacopo da Emboli, Florença.

Figura 5.2. *A cantora da rua* (1862), Edouard Manet, Paris.

2.3. A AUSÊNCIA E A OPACIDADE DO REFERENTE

Não representando algo extrínseco, as imagens abstratas não podem funcionar como indicadoras do tempo do referente. São, por isso, sob esse aspecto, imagens atemporais, que só são habitadas de tempo pela mediação do tempo intersticial, perceptivo.

Já as imagens simbólicas, embora possam sugerir a temporalidade de possíveis referentes, essa temporalidade é sempre tão geral e vaga quanto é genérica e universalizante a função referencial desse tipo de imagem.

3. O TEMPO INTERSTICIAL

O adjetivo intersticial qualifica aqui o tempo que nasce no cruzamento entre um sujeito perceptor e um objeto percebido, quer dizer, o tempo que é construído na e pela percepção. Em todos os seus níveis, a percepção é feita de tempo. Entre os tempos da percepção, os mais importantes são o tempo fisiológico, o biológico e o tempo lógico.

3.1. O TEMPO FISIOLÓGICO

Já no nível fisiológico, perceber não é um fenômeno instantâneo, pois o processamento da informação, que está envolvido em todo ato perceptivo, desenvolve-se no tempo. É certo que alguns estágios da percepção são tão rápidos a ponto de criarem a ilusão de que ocorrem fora do tempo. Contudo, mesmo que aparentemente imperceptível, há sempre uma duração envolvida na recepção e processamento de estímulos pelos órgãos sensórios e pelo cérebro, sendo até possível quantificar as durações exigidas por diversos processos neurológicos, tais como reação dos receptores retinianos, excitação do córtex etc.

Curioso, por exemplo, é detectar o modo como exploramos uma imagem, o que é feito não de modo global, mas por fixações sucessivas que duram alguns décimos de segundo cada uma e limitam-se estritamente às partes da imagem mais providas de informação. "Não há varredura regular da imagem do alto para baixo, nem da esquerda para a direita; não há esquema visual de conjunto, mas, ao contrário, várias fixações muito próximas em cada região densamente informativa" (Aumont, 1993: 60-1).

3.2. O TEMPO BIOLÓGICO

Szamosi (1988) nos diz que o cérebro mamífero evoluiu para ter a propriedade de perceber o mundo exterior segundo as estruturas do espaço e do tempo. É assim que, para os mamíferos, a partir de programas evolutivos, o mundo conhecido se tornou um mundo de objetos distintos, individuais e permanentes, movendo-se em um espaço e tempo ampliados, expandidos. No reino dos mamíferos, a evolução biológica equipou-nos com uma capacidade inata, antecipadamente montada, de apreender o sentido imediato de padrões de espaço e tempo muito complicados para um processo inteligente consciente. Desse modo, sem qualquer intervenção de uma reflexão consciente, sabemos usar os sentidos para encontrar medidas confiáveis de intervalos de tempo, distâncias espaciais e suas diversas relações.

Se o cérebro de qualquer mamífero organiza os *inputs* sensoriais, a percepção do mundo, a partir de modelos internos de espaço e tempo formados pelo processo de adaptação ao mundo real, a diferença do ser humano em relação a todos os outros mamíferos está no fato de que os humanos não apenas percebem objetos no tempo e no espaço, mas os percebem dentro de esquemas lógicos, além de que também criam símbolos para os objetos, para o espaço e para o tempo. A capacidade simbólica, que nos é dada pela linguagem, transcende o espaço e tempo biológicos, criando novos padrões, os padrões de significados.

3.3. O TEMPO LÓGICO

Uma das mais complexas teorias da percepção foi aquela que se desenvolveu dentro dos esquemas lógicos da semiótica; esta, por sua vez, inserida na filosofia científica de C.S. Peirce. Por ser uma teoria lógica da percepção, ela nos permite compreender em detalhes o funcionamento da temporalidade lógica da percepção. Não havendo espaço para uma explanação mais panorâmica da semiótica da percepção (ver Santaella, 1993b), serão dela aqui mencionados apenas alguns dos aspectos mais relevantes.

A grande novidade da teoria da percepção de Peirce está no seu caráter triádico. Em todo processo perceptivo há três elementos envolvidos:

3.3.1. A INSISTÊNCIA DO PERCEPTO

O percepto refere-se àquilo que é comumente chamado de estímulo. Peirce o define como o elemento de compulsão e insistência na percepção. Esse elemento corresponde à teimosia com que o percepto, ou aquilo que está fora de nós, apresentando-se à porta dos sentidos, insiste na sua singularidade, compelindo-nos a atentar para ele.

3.3.2. O PAPEL DOS SENTIDOS

Tão logo o percepto, ou um feixe de perceptos, atinge os nossos sentidos, ele é imediatamente convertido em *percipuum*, ou seja, o modo como o percepto se apresenta àquele que percebe, ao ser filtrado pelos sentidos. É o percepto tal como aparece, traduzido na forma e de acordo com os limites e determinações que nossos sensores lhe impõem.

Há, contudo, algumas subdivisões no *percipuum* que valeria a pena mencionar. Ao atingir os nossos sentidos, o percepto pode fazê-lo de três modos: (3.3.2.1.) Como qualidade de sentir. Quando a consciência de quem percebe está em estado de disponibilidade, pouco reativa, porosa e desarmada, o *percipuum* traduz o percepto como mera qualidade de sentimento, vaga e indefinível. (3.3.2.2.) Na forma de um choque, quando o percepto atinge os sentidos de modo surpreendente, compelindo nossa atenção com menor ou maior brutalidade. Nesse caso, o *percipuum* tem um caráter fortemente reativo. (3.3.2.3.) Através do automatismo dos hábitos. Em estados perceptivos usuais, o *percipuum* se conforma aos esquemas gerais reguladores da ação perceptiva, desembocando numa interpretação que corresponde ao julgamento de percepção, ou seja, o terceiro ingrediente do processo perceptivo, conforme será melhor explicitado mais à frente.

Esses três níveis do *percipuum* são interligados, mas há uma lógica de diferenciação que é, em menor ou maior medida, infinitesimalmente temporal e cuja duração irá depender da intensidade dos níveis de sentimento e de surpresa do *percipuum*, pois ambos produzem necessariamente uma certa hesitação perceptiva. Além desses três níveis, a lógica de todo *percipuum* inclui outros elementos de temporalidade que Peirce chama de *antecipuum* e *ponecipuum*. Isso quer dizer que não há extensão de tempo presente tão curto a ponto de não conter algo lembrado, ou de não conter algo esperado com cuja confirmação contamos. Esse ingrediente, quase infinitesimal de memória que está incluso em todo ato perceptivo, é chamado de *ponecipuum*, enquanto o ingrediente antecipatório é chamado de *antecipuum*. A importância desses ingredientes pode ser avaliada, quando compreendemos que, sem memória e antecipação, nenhum reconhecimento e identificação, estes que se constituem no coração mesmo da percepção, seriam possíveis.

3.3.3. O JULGAMENTO DE PERCEPÇÃO

O terceiro nível do *percipuum*, mencionado acima (3.3.2.3.), aquele que é dominado pelo automatismo dos esquemas mentais com que somos dotados, corresponde exatamente ao terceiro ingrediente do processo perceptivo, responsável pela formação do juízo perceptivo.

Estamos continuamente recebendo uma chuva de perceptos que flui dentro de nós como *percipua*, os quais, tão logo afluem, são imediatamente colhidos e absorvidos nas malhas dos esquemas interpretativos com que estamos aparelhados, convertendo-se assim em julgamentos de percepção. É só através desse julgamento que identificamos e reconhecemos o estímulo percebido.

Em síntese, o percepto bate à nossa porta, insiste, mas é mudo. O *percipuum* é o percepto já traduzido pelos sentidos. Essa tradução pelos sentidos tem três níveis, o do sentimento, o do choque e o do automatismo interpretativo, este correspondendo exatamente ao juízo perceptivo, o qual, por sua natureza interpretativa, é aquele que nos diz o que é que está sendo percebido.

Entretanto, de importância fundamental para a compreensão da lógica temporal da percepção, uma temporalidade, aliás, infinitesimal, é a consideração dos dois elementos de todo *percipuum*: o *antecipuum* e o *ponecipuum*. Sem eles, o juízo perceptivo não seria possível.

A partir disso, pode-se extrair uma conclusão cujas implicações são fundamentais para a percepção da imagem: onde quer que o ser humano ponha seu olhar, esse ato estará irremediavelmente impregnado de temporalidade.

6.

COMPUTAÇÃO GRÁFICA E MÚSICA

O estatuto sígnico da imagem computacional tem desafiado os teóricos da imagem (ver cap. 11.). Como uma resposta possível a esse desafio, o presente capítulo visa discutir que as complexidades que se apresentam para a leitura da infografia devem-se ao fato de que a chave semiótica da computação gráfica não está só na imagem, mas nas ligações indissolúveis da imagem computacional com a forma de engendramento que é constitutiva da sintaxe sonora. A rigor, a questão do tempo como passagem, sucessividade, evanescência, não pertence à lógica da visualidade, mas sim à lógica da narrativa, que é eminentemente verbal, e muito mais especialmente à lógica da música, que se constitui no território onde o tempo reina soberano.

A palavra tempo, nesse contexto, não quer se referir ao tempo intersticial (ver o item 3., cap. 5.) isto é, ao tempo que é construído no processo perceptivo, uma vez que a percepção tem o poder de injetar temporalidade em tudo que cai sob seu domínio. A referência aqui é ao tempo intrínseco, que é constitutivo da natureza mesma de um dado signo ou linguagem. Embora as noções de tempo e espaço não possam mais ser tomadas como absolutas, não há como negar que alguns sistemas de signos se materializam (tomam corpo) na simultaneidade do espaço, tais como o desenho, a pintura, a gravura, escultura, arquitetura etc., enquanto outros se desenrolam (tomam corpo e se dissolvem) na sequencialidade do tempo, tais como a oralidade, a música, o cinema, a imagem eletrônica em geral etc. A negação dessa distinção ocorre porque se costuma ignorar que o signo, qualquer signo ou linguagem, tem um grau de objetividade que lhe é próprio e independe, até certo ponto, da existência de um sujeito percebedor, que, por sua própria natureza, é um provedor de tempo.

1. Analogias estruturais

Mais ou menos na mesma linha da proposta acima enunciada, já em 1977 Hollis Frampton (apud Arlindo Machado, 1989: 78) dizia que toda a substância do vídeo pode ser descrita em termos de temporalidade, ritmo, frequência, quer dizer, de acordo com parâmetros que pertencem preponderantemente ao universo da música. Nesse artigo em que cita Frampton, na passagem com o subtítulo de "Música com imagens", Machado universaliza ainda mais a afirmação, ao dizer que "por existir apenas no tempo real e presente, a imagem eletrônica é pura duração, pura dromosfera, inscrição da velocidade, guardando, portanto, um parentesco muito maior com a música, estética por excelência da duração, do que com as artes plásticas ou visuais".

Assim sendo, embora o título deste artigo possa criar a falsa impressão de que a pretendida relação entre computação gráfica e música esteja num mero estudo comparativo de ambas, ou, mais simplesmente ainda, em alguma discussão dos problemas que surgem e dos recursos técnicos existentes para a sincronização da pista de som na sequencialidade das imagens computadorizadas, não é disso de que se trata aqui. Nem se trata de demonstrar as semelhanças existentes entre a imagem eletrônica e o som eletrônico, isto é, as analogias entre os programas de som e de imagens sintéticas. Ao contrário, o que buscamos são relações menos óbvias e analogias mais viscerais, quer dizer, penetrar nas entranhas constitutivas e estruturais da computação gráfica como processo de signos. É nesse nível que se encontram as semelhanças fundamentais da computação gráfica ou imagem sintética ou digital com os modos de constituição da música em geral. De resto, o estudo dessas semelhanças pode nos levar além disso: a partir do cinema, então com o vídeo, e agora com a computação gráfica, os processos visuais, ao se inseminarem cada vez mais de tempo, adensando sua dinamicidade, estão ficando cada vez mais parecidos com a música.

C.S. Peirce chegou a insinuar que a tendência de todas as ciências é aumentar gradualmente seu nível de abstração até se saturar na matemática, quer dizer, a tendência de todas as ciências é se tornarem ciências matemáticas. O conglomerado de ciências, que hoje recebe o nome de ciência cognitiva, parece estar no caminho de comprovar essa sugestão. Do mesmo modo, parece haver uma tendência atual, em todas as linguagens, de caminhar para um modo de estruturação, para uma morfogênese semelhante à da música, que sempre foi, aliás, no seu movimento de puras relações, a mais matemática dentre todas as linguagens.

2. Uma nova gramática dos meios audiovisuais

Num outro artigo sob o título de "Formas expressivas da contemporaneidade", Arlindo Machado (1993c) diz que "o cinema pós-Godard ou pós-Greenaway e as modalidades computadorizadas de multimídia ou hipermídia apontam hoje para a possibilidade de uma nova "gramática" dos meios audiovisuais e também para a necessidade de novos parâmetros de leitura por parte do sujeito receptor". A discussão que este capítulo leva a efeito indica que um desses parâmetros pode ser encontrado nos modos de engendramento da música, especialmente da música pós-vanguarda, aquela que se libertou dos constrangimentos e hierarquias de quaisquer regras ou sistemas predeterminados, que H.J. Koellreutter (1988) chama de "estética relativista do impreciso e do paradoxal" e Brian Ferneyhough (1990) chama de "nova complexidade", para a elaboração e compreensão de uma música pós--Berio/Ligeti (compositores que já haviam ido além dos sistemas encruados do serialismo integral, cf. S. Ferraz, 1993: 1). Não é por mera coincidência que algumas das mais decisivas formas expressivas da contemporaneidade que Machado (ibid.) levantou, a saber, a multiplicidade, a metamorfose e a permutabilidade, são, antes de tudo, características estruturantes fundamentais da música. Não é de estranhar consequentemente que as explicações e descrições que Machado fornece dessas formas coincidem grandemente com as descrições que Koellreutter nos oferece dos chamados "campos sonoros", nos quais, entre outras coisas, "o processo de desenvolvimento cede lugar ao processo de transformação [...] dependendo principalmente do equilíbrio das relações entre ordem e desordem, entre as camadas de pontos, linhas, grupos e complexos sonoros e entre os graus de adensamento e rarefação" (apud Santaella, 2001: 13).

3. Dissolução das fronteiras entre o visual e o sonoro

A rigor, o que parece estar acontecendo não é simplesmente o fato de que a visualidade está caminhando na direção das formas musicais, como se estas fossem um modelo estático. Ao contrário, a partir de princípios do século, a música também foi passando por modificações decisivas que se acentuaram com o advento do som eletrônico. Desse modo, o que se tem hoje, na realidade, é uma dissolução de fronteiras entre visualidade e sonoridade, dissolução que se exacerba a um ponto tal que, no universo digital do som e da imagem, não há mais diferenças em seus modos de formar, mas só nos seus modos de aparição, isto é, na maneira como se apresentam para os sentidos. Trocando em miúdos: ambos dependem de programas, de valores numéricos, e de procedimentos específicos, algoritmos de simulação do som ou da imagem, para serem transmitidos nos terminais específicos de efeito sensível para o olho ou para o ouvido.

Embora ambos, som e imagem, caminhem para uma identificação conceitual e construtiva, é a imagem que, por estar se convertendo em processos cada vez mais dinâmicos, está indo crescentemente ao encontro da morfogênese, forma que se engendra no tempo, própria da música. Todos os elementos da linguagem musical são, sem exceção, elementos de ordem temporal: tanto o som e sua altura, como fenômeno acústico que consiste na propagação de ondas sonoras, produzidas por um corpo que vibra em meio material elástico (especialmente o ar), quanto o timbre colorido, qualidade de som caracterizada pelo conjunto de sons harmônicos perceptíveis que acompanham o som gerador; tanto a graduação dos níveis de intensidade do som, que depende da amplitude da onda sonora, quanto os elementos de duração de que o tempo se constitui (cf. Koellreutter apud Santaella, 2001: 14). Enfim, qualquer outra coisa que qualquer elemento musical possa ser, ele também é tempo. Mas o mais importante para se perceber o caráter crescentemente musical, que a imagem veio gradativamente adquirindo até culminar no estatuto eminentemente musical da computação gráfica, está na sintaxe temporal, verdadeiro eixo estruturador da música.

4. A SINTAXE TEMPORAL

A tendência da imagem para se converter em tempo não ocorreu abruptamente, mas foi fruto de uma trajetória gradual. Especialmente de fins do século passado para cá, essa trajetória veio se tornando cada vez mais evidente. Quando a linguagem pictórica (e mesmo a escultórica) começou a se libertar da servidão a um referente, isto é, quando começou a se desprender das obrigações figurativas, não mais indicando algo que está fora da própria linguagem, mas explorando as qualidades sensíveis de seus próprios materiais: cor, luz, textura, brilho, massas, proporções, volumes e especialmente ritmo (ver item 4.2., cap. 11.), essa linguagem já estava nitidamente indo ao encontro dos princípios constitutivos da música. Infelizmente, isso costuma ser chamado de arte abstrata, tanto na sua vertente expressionista quanto na geométrica, construtiva. Dizemos infelizmente porque o rótulo de abstrato oculta a dimensão sensorial e sensual que as cores, linhas, sobreposições, direções e movimentos, pontos de tensão, polaridade, equilíbrio e relaxamento configuram.

Não foi senão como consequência das afinidades naturais que brotam entre a música e a visualidade não-figurativa que Kandinsky, ao descobrir ou ser surpreendido pela pureza sensual dos materiais pictóricos, encontrou na música o território privilegiado das correspondências e analogias entre as combinatórias cromáticas e sonoras. É por isso que seu "espiritual na arte" (Kandinsky, 1960) tem muito mais a ver com o espírito das formas do que com as vicissitudes do espírito. Assim também não foi por acaso que Mondrian, na sua obstinada perseguição da harmonia e do ritmo nas variações entre linhas retas e cores primárias, acabou por encontrar no *Booggie Wooggie* um paradigma rítmico que ele buscou plasmar em forma sensível.

5. Inscrições do tempo na imagem

Se a correspondência entre as formas da música com a música das formas já pode ser estabelecida tomando-se por base o território das linguagens plásticas, o que dizer do cinema, e principalmente do vídeo, uma vez que essas linguagens colocam concreta e materialmente as imagens em movimento? Quando se menciona a música das formas no cinema e no vídeo, isso não tem por referência a trilha sonora, mas sim o movimento das próprias imagens, quer dizer, o movimento plástico no tempo. São imagens, tomadas e planos que duram um certo tempo, e desvanescem na pontuação dos cortes, para reaparecerem, sob uma outra forma, na duração de um novo plano, e assim por diante. Isso é ritmo, subdivisão do tempo em durações, tal como na música (ver Nestrovski ,1986), mas com a diferença de que nas imagens em movimento são os olhos que apalpam e auscultam o ritmo. Na maior parte das vezes, quando assistimos a um filme, ficamos tão hipnotizados pelo interesse no enredo, no entrecho narrativo, que perdemos esse lance sensível de atenção ao tempo das imagens, à subdivisão de suas durações, atenção ao seu ritmo que se constitui no verdadeiro sistema nervoso central das imagens em movimento (ver Martin, 1963: 112-39).

Há, contudo, diferenças fundamentais no tratamento do tempo, quando se compara a distância que vai da imagem fixa pictórica, escultórica ou fotográfica para a imagem cinematográfica, também quando se compara a distância que separa o cinema do vídeo e, por fim, dentro do universo das imagens eletrônicas, as diferenças fundamentais, no caráter temporal, das imagens analógicas e das digitais, estas sim as imagens verdadeiramente pós-

-fotográficas, que ultrapassaram, em definitivo, o último limiar do paradigma da fotografia, conforme será discutido mais adiante.

Enquanto na imagem fixa o máximo que se pode ter é a representação do tempo, no cinema tem-se a ilusão do tempo. No vídeo, entretanto, entramos no universo das imagens em movimento-tempo real, quando começam a se ampliar enormemente as possibilidades de manipulação temporal das imagens. Mas é só com o computador que o tempo passou a ser introjetado dentro da imagem em si mesma, imagem que, finalmente, adquire o poder de se comportar exatamente como o som na sua natureza de puro tempo e para a qual caberia com justeza, do mesmo modo que sempre coube ao som, a caracterização de "pluralidade de devires imediatos", com que Pierre Lévy (1993: 127) nomeia a dinâmica cronológica do polo informático-mediático em contraste com o polo da escrita, de um lado, e o polo da oralidade primária, de outro.

No seu ensaio sobre "Anamorfoses cronotópicas ou a quarta dimensão da imagem", Arlindo Machado (1993d) nos fornece uma preciosa análise comparativa das potencialidades e limites das inscrições do tempo nas imagens fotográficas, cinematográficas e videográficas ou eletrônicas. A rigor, a fotografia é sempre tempo aprisionado, congelamento do devir, conjunção paradoxal da morte e da eternidade (ver cap. 9.). Por isso mesmo, não são poucas as pirotecnias necessárias e as deformações consequentes para se efetuar a inscrição do tempo na imagem fotográfica, inscrições que Machado muito propriamente chama de "anamorfoses cronotópicas" para caracterizar "o tempo como um elemento transformador capaz de abalar a própria estrutura da matéria, de comprimi-la, dilatá-la, multiplicá-la, torcê-la até o limite da transfiguração".

Se o tempo parece estar mais em casa no cinema, a impressão de movimento que ele nos dá não passa, contudo, de um efeito de percepção, quer dizer, o cinema não deixa de ser tão só e ainda fotogramas em movimento, fragmentação da duração em instantes separados que são mecanicamente fundidos, gerando a ilusão do tempo real. É por isso que, conforme foi muito bem apontado por Machado, mesmo quando o cinema "violenta a percepção habitual do tempo, através de procedimentos sintáticos tais como o retrocesso de ações por montagem invertida, câmera lenta ou acelerada, dilatação ou condensação de movimentos, na verdade ele está intervindo sobre a sucessão de imagens, sobre o ordenamento dos fotogramas e planos, mas nenhum desses gestos pode afetar estruturalmente a própria imagem". No cinema, ela ainda é algo plasticamente íntegro, intocável pelo tempo que só pode agir entre as imagens, mas não nos interiores da imagem.

Na passagem das câmeras fotográfica e cinematográfica para a câmera eletrônica, o que a imagem perde de substância matérica, ela começa a ganhar em termos de aparição e evanescência temporal, num caminho cada vez mais inexorável de aproximação da natureza constitutiva do som. "Tecnicamente", como nos informa mais uma vez Machado (1989: 76), "a imagem eletrônica se resume a um ponto luminoso que corre a tela, enquanto variam sua intensidade e seus valores cromáticos. Isso significa que, em cada fração de tempo, não existe propriamente uma imagem na tela, mas um único pixel, um ponto elementar de informação de luz. A imagem completa, o quadro videográfico, não existe mais no espaço, mas na duração de uma varredura completa da tela, portanto, no tempo. A imagem eletrônica não é mais, como eram todas as imagens anteriores, ocupação da topografia de um quadro, mas síntese temporal de um conjunto de formas em mutação". Daí que, segundo Machado (1993d), "a imagem eletrônica é sempre e necessariamente uma anamorfose cronotópica", de onde advém sua "extraordinária capacidade de metamorfose [...], sujeita a todas as transformações, a todas as anamorfoses e a todas as distorções" (Machado, 1993c). Ora, o que na imagem é anamorfose, manipulação da sua integridade formal, constitui-se justamente na sua conversão morfológica a algo que se assemelha à natureza constitutiva do som, que só se estrutura na medida mesma em que são geradas interferências nos seus parâmetros e valores de intensidade, altura, duração e timbre.

6. Computação gráfica e campos sonoros

É só com os recursos de pós-produção, entretanto, quando as imagens analógicas passam por processamento digital, e principalmente no caso das imagens pós-fotográficas, geradas sinteticamente, que a imagem irá finalmente encontrar seu ponto de maior coincidência com a morfogênese do som. Daí o título deste capítulo ter se restringido à computação gráfica. Embora analogias com a música já possam começar a ser encontradas em quaisquer linguagens plásticas não-figurativas (foi Goethe quem chamou a arquitetura de música congelada), é só na computação gráfica que, finalmente, a imagem passa a se comportar quase que exatamente à maneira das texturas, figurações, gestos, adensamentos e rarefações, enfim, mutações ou evoluções no tempo que são próprias dos campos sonoros.

É em razão disso que as imagens pós-fotográficas são justamente aquelas que se libertaram do trinômio olho-mediação-registro, saltando para um novo trinômio inaugurado pela imagem gerada por computador: cérebro-programa-

-expressão sensível, servindo este novo trinômio como modelo para caracterizar tanto a música quanto a imagem. As consequências para a espécie humana deste novo modelo não deverão ser poucas. Afinal, o trinômio anterior, olho--mediação-registro, cabia à caracterização não só das imagens fotográficas quanto das pré-fotográficas. Desde as inscrições nas grutas, sempre se tratou de alguma forma de registro que parte de um olhar que observa o mundo e utiliza algum tipo de meio e de suporte em busca da fixação e eternização do observado. Ânsia de captura de um instante essencial, repúdio e vingança humana contra o perecível, o provisório, o acidental, contra a mortalidade da vida em cada instante em que é vivida. A música, ao contrário, porque só pode por fatalidade passar, evanescer, soar e desaparecer, é, tal como a vida, devir irremediável. É dessa mesma evanescência, dissolvência e puro devir a antimatéria luminescente de que é feita a imagem eletrônica. E quanto mais ela se desprende de qualquer tipo de referencialidade, promessa e nostalgia de um registro do mundo, mais se aproxima da natureza dos campos sonoros. E em consequência disso que as imagens digitais são as únicas verdadeiramente pós-fotográficas, aquelas que não mais dependem de quaisquer formas de registro do observável.

Embora as imagens eletrônicas analógicas já sejam eminentemente musicais na sua potencialidade para introjetar as figurações do tempo, afastando--se definitivamente das formas fixas de que a fotografia é o exemplar mais bem acabado, elas ainda estão aparentadas aos paradigmas pré-fotográfico e fotográfico porque ainda são uma forma de registro de fragmentos, recortes no devir do mundo. As imagens digitais, ao contrário, mesmo quando buscam imitar a realidade visível, não são mais figuras de registro, mas simulações, produzidas pelo cérebro e mediadas por programas numéricos. É em razão disso que é na simulação de processos dinâmicos puramente hipotéticos que esse tipo de imagem atinge o limite mais otimizado de seu potencial. É justamente aí, nesse limite, que imagem e música, olho e ouvido, se encontram, numa homologia quase perfeita. Não é por acaso que o princípio da simulação, variações de parâmetros em torno de um modelo, sempre esteve no coração da música.

7.
SEMIÓTICA DA PINTURA

Este capítulo é, de certa maneira, uma complementação do capítulo 2, sobre a "Semiótica da imagem". O tópico mais geral relacionado à essência da representação pictorial é discutido lá, enquanto o presente capítulo apresenta um panorama dos precursores, das abordagens principais e alguns tópicos da semiótica da pintura.

1. Estado da arte

O estado da arte na semiótica da pintura pode ainda ser caracterizado como estando pouco desenvolvido. Como argumenta Calabrese, o progresso na semiótica da pintura foi impedido por vários obstáculos delimitacionais, assim como por algumas abordagens improdutivas (1980: 3-6). Um dos problemas delimitacionais está na tendência de discutir a pintura sob a designação de arte e, assim, não se diferenciar entre a semiótica da arte e a semiótica da pintura. Outro problema está na delimitação dos estudos semióticos da pintura e de seus precursores em relação a outras abordagens da teoria da pintura. Também não foi sempre possível marcar os limites entre o começo de uma semiótica implícita e uma semiótica explícita da pintura e seus precursores. Gombrich, por exemplo, já era um clássico na teoria e na psicologia da arte antes de também se manifestar a respeito da semiótica da pintura.

Panoramas críticos e apresentações gerais de abordagens semióticas da pintura são Gerlach (1977: 262), Raffa (1976: 87-126), Dufrenne (1979: 156--74), Calabrese (1980), Mounin (1985: 101-17; 1993), Smith (1990), Bal & Bryson (1991) e Zunzunegui (1992: 113-20). Calabrese, org. (1980), Steiner, org. (1981), *Versus* 31 (1984), Borbé, org. (1984, v. 3) e *Image & Word* 1.2 (1985) são antologias e relatórios de congresso sobre a semiótica da pintura. Introduções curtas são Kristeva (1969: 308-11), Toussaint (1978: 116-31) e Innis, org. (1985: 206-25). Marin (1971a) e Damisch (1978) possuem um conteúdo programático em relação à semiótica da pintura. Alguns relatórios críticos sobre análises semióticas de pinturas encontram-se também em Sonesson (1989, 1993b). Monografias sobre a semiótica da pintura são Thürlemann (1982; 1990) e Gandelmann (1991). Indicações bibliográficas e relatórios atuais sobre o tema encontram-se em *Eidos* e *Visio* (ver item 1.2., cap. 2.).

2. DA ICONOLOGIA À SEMIÓTICA DA PINTURA

A iconologia é tanto uma precursora de uma semiótica explícita da pintura (cf. Calabrese, 1980: 11-12) quanto um campo de pesquisa dentro da semiótica (cf. Damisch, 1975; Calabrese, 1986).

2.1. ESTUDO ICONOLÓGICO DA PINTURA

A iconologia, no sentido do seu fundador, Panofsky (1939, 1955), é uma hermenêutica das artes plásticas (cf. Gombrich, 1972; Gerlach, 1978; Kaemmerling (org.), 1979). Panofsky distingue a *iconografia* e a *iconologia* como dois estágios sucessivos no ato de interpretação da arte (1955: 66). Em sua definição (ibid.: 51, 66), iconografia refere-se ao "significado das obras de arte enquanto oposto à sua forma". Nesse estágio, o historiador da arte estuda "o mundo das imagens, as histórias e alegorias". No próximo estágio da iconologia, a interpretação reporta-se ao "significado intrínseco [...] que constitui o mundo dos valores 'simbólicos'". Este nível mais profundo de pesquisa "revela a maneira pela qual, sob condições históricas variantes, as tendências essenciais da mente humana foram expressas através de temas e conceitos específicos".

Nessa direção, a iconologia tem objetivos comuns aos da semiótica da arte, ou seja, o interesse na dimensão semântica da arte. Mas a semiótica não exclui o aspecto da forma e está envolvida com outras dimensões da semiose estética. Como coloca Damisch, "enquanto a iconografia objetiva essencialmente o estado do que as imagens *representam*", a semiótica busca "descortinar os mecanismos da significação" e do "processo de significação" (1975: 29). No entanto, Veltrusky ressalta que "a maioria dos estudos da semiótica da imagem não vai muito além da iconologia" (1976: 252).

2.2. O CONVENCIONALISMO DE GOMBRICH

Um precursor importante das teorias explicitamente semióticas da pintura é Gombrich (1960; 1972; 1981). Seus estudos da ilusão pictórica tornaram-se particularmente influentes na discussão semiótica da iconicidade. Assim, Calabrese considera Gombrich "uma verdadeira 'ponte' entre a iconologia e a semiótica" (1986: 331). Sobre revisões da obra de Gombrich, ver também Tomas (1965) e Mitchell (1986: 75-94).

Gombrich (1960) enfatiza o traço de *convencionalidade* nas pinturas e concorda com o pintor Constable, para quem "a arte de ver a natureza é algo quase tão passível de ser adquirido quanto a arte de ler os hieróglifos egípcios" (ibid.: 12). Em sua concepção teórica, os pintores nunca tiveram a "ótica natural" de um "olho inocente". Ao contrário, como mostra a história da pintura, sua visão do mundo sempre foi determinada e mediada por aquilo que Gombrich define como *schemata* — o modo estilístico e outros convencionais —, ou, como diriam os semioticistas, códigos da percepção e da representação. A partir dessas premissas, Gombrich conclui que "a frase 'a linguagem da arte' é mais do que uma metáfora solta" (ibid.: 76).

2.3. ICONOLOGIA SEMIÓTICA

Dentro da semiótica da pintura, a tradição iconológica é retomada e desenvolvida em maior grau por Schapiro (1969; 1973), Uspenskij (1971; 1972) e Wallis (1975). Wallis, por exemplo, interpreta a pintura medieval como um sistema de signos icônicos e simbólicos com uma dimensão sintática e lexical. Ele mostra como as pinturas medievais foram estruturadas em "campos semânticos", zonas de significação (tais como direita vs. esquerda, acima vs. abaixo, centro vs. periferia) que codificam o significado de seus elementos pictoriais. Schapiro (1969) e Uspenskij (1972: 16-9) mostram que mesmo a moldura mudou em sua função semiótica no curso da arte histórica. Sobre este tópico, ver também Marin (1979).

Em *Semiótica do ícone russo*, Uspenskij descreve a "linguagem da pintura icônica" como um sistema semiótico de quatro níveis (1971: 12-7). O primeiro nível dessa linguagem, o verdadeiro *alfabeto* pictórico, é o "sistema de restrições óptico-geométricas determinado pelo sistema perspectivo". (Sobre a semiótica da perspectiva na pintura, ver também Gerlach [1978] e Uspenskij [1972], cujo estudo envolve também isomorfismos entre a perspectiva pictórica e literária.) Em analogia com a língua, o nível *semântico* articula a "especificidade dos objetos representados", o nível *gramatical* é constituído por dispositivos representacionais ideográficos do ícone e o nível *fraseológico* corresponde ao nível simbólico do ícone.

3. Abordagens e tópicos

A semiologia francesa foi a fonte da pesquisa explicitamente semiótica da pintura. A discussão estruturalista voltou-se primeiramente à questão das analogias entre a pintura e a língua. Após essa busca por um código pictorial, a semiótica começou a estudar as pinturas como discurso e como um sistema intertextual de leituras. Outras abordagens cobrem o amplo espectro que vai da retórica e do estruturalismo até a teoria da informação.

3.1. Pintura, linguagem, código e estilo

Em resposta ao programa semiológico iniciado por Barthes, os estruturalistas introduziram uma discussão controversa sobre a questão "A arte é uma linguagem?" (Dufrenne, 1966) ou ainda "A pintura é uma linguagem?" (Zemsz, 1967; Barthes, 1969). A maioria dos estudiosos respondeu negativamente à questão assim colocada, mas o problema subjacente foi logo aceito como digno de discussão: a pintura é um sistema de signos (cf. Damisch, 1978: 2)? Qual é sua estrutura em comparação com a língua (Paris, 1975)?

Entre os proponentes de homologias de grande amplitude entre o código verbal e o pictorial, Zemsz descreve as pinturas como "sendo articuladas pelos sistemas da pertinência que caracteriza uma dada convenção estilística" e argumenta que essas convenções constituem uma "ótica codificada coerente" (1967: 46, 54). A pintura não é, assim, *uma* linguagem, mas há tantas linguagens pictoriais quanto estilos. Os estilos pictoriais são definidos como "sistemas de regras que permitem dar significado aos eventos representados e visíveis" (ibid.: 59). Referindo-se implicitamente a seu próprio código estilístico, uma pintura contém "um sumário parcial do sistema de contrastes característico de seu estilo: [...] Sem a transmissão da linguagem", [uma pintura] "contém, então, seu próprio comentário" (ibid.: 46-7, 65).

Enquanto Zemsz se limita, com suas analogias entre pintura e linguagem, ao aspecto geral da Codificidade de traços de estilo, Paris (1975: 21) vai mais além, ao aplicar o modelo da gramática gerativa na pintura, a fim de passar das "enganadoras" estruturas de superfície do visível às estruturas profundas invisíveis do sistema de significação. Paris (ibid.: 66) utiliza o método da gramática transformativa de reduzir frases complexas por meio de regras de transformação como apagamento ou substituição não de maneira sincrônica, mas sim diacrônica, a fim de descrever as transformações históricas na representação de motivos imagéticos. Tais transformações de elementos imagéticos são estudadas como processos gerativos no quadro de uma retórica semiótica geral da pintura também, sem a recorrência ao modelo sintático linguístico no campo da retórica semiótica da imagem (Edeline et al., 1992).

Entre os críticos de uma homologia língua-pintura, Dufrenne formulou duas importantes objeções, uma estrutural e outra estética (1966: 20-3). O argumento estrutural é que a pintura, ao contrário da língua, não é um sistema com duas articulações. Um corolário dessa tese é que a arte "não escreve sua própria gramática. Ela a inventa e a subverte em sua invenção". O argumento estético diz que a pintura não tem a função de significar, mas a de mostrar: a função semântica "não é um critério de sua qualidade estética" (ibid.: 20).

3.2. Pintura como texto e discurso interpretativo

Em seu *Elementos de uma semiótica pictórica*, Marin descreve a pintura como "um sistema aberto de leituras" (1971a: 28): apesar de sujeita "às exigências de uma 'gramática pictorial'", a "trajetória do olhar do observador", de uma leitura a outra, sempre detecta novas diferenças na articulação pictorial. Com base em um "nível primário de legibilidade", os elementos pictoriais, no segundo nível de leitura, associam-se a um potencial ilimitado de figuras *in absentia* (ibid.: 26). Essa dimensão paradigmática da pintura abre uma terceira dimensão dos códigos pictoriais que é seu espaço cultural (ibid.).

Um tópico central da semiótica da pintura de Marin (1971a, 1978) é novamente o papel da linguagem na análise pictorial. Seguindo Hjelmslev, ele define o discurso sobre a pintura como uma metalinguagem científica (1971a: 19). O abismo aparente entre o objeto visual de estudo e sua articulação verbal, de acordo com Marin, tem como ponte seu axioma da "indissociabilidade do visível e do nomeável como fonte de significado" (ibid.: 23). Ele diz que o significado existe somente por verbalização e "o mundo dos significados não é nada além do mundo da linguagem". Portanto, é o discurso verbal sobre a pintura que "permite sua articulação e a constitui como um todo significante" (ibid.: 24). Muitas das categorias semióticas que Marin (1978) aplica em seus estudos das pinturas são consequentemente categorias da análise do discurso e da semântica estrutural.

Outras analogias entre linguagem e pintura de Marin (1975; cf. Careri, 1992) se baseiam no modelo sígnico diádico de Port Royal, assim como na distinção de Benveniste entre o texto como história e como discurso. Na semiótica de Port Royal, o signo é, por um lado, um objeto material, por outro, um meio de representação. Como objeto, ele dirige a observação para si mesmo, não representa, mas se apresenta. Ele é reflexivo e opaco. Como representação, ele é transitivo e transparente. Essas oposições valem, de maneira semelhante, para a dicotomia de Benveniste do texto como discurso, que se ocupa de si mesmo e do seu autor e leitor de maneira reflexiva, e o texto como história, que é voltado aos acontecimentos no mundo de maneira transparente. Marin (1989) utiliza-as na pintura histórica do *Quattrocento*, cuja transparência histórica e opacidade cenográfica ele examina detalhadamente.

3.2.2. ESTRUTURA IMAGÉTICA COMO ESTRUTURA DISCURSIVA INTERTEXTUAL

Baseado na premissa de que a pintura *não* é uma linguagem, Schefer desenvolveu uma semiótica da pintura para a qual a linguagem é, entretanto, de fundamental importância (1969: 7; cf. Barthes, 1969; Marin, 1971b). Ele rejeita a heurística da analogia língua-pintura e a busca do código pictorial, voltando-se, ao contrário, para o estudo do discurso sobre a pintura a fim de descrever "o sistema" formado pela "relação entre pintura, leitura e texto" (ibid.: 167). Para Schefer, uma pintura é sempre a soma total de suas próprias descrições: "A pintura não tem estruturas *a priori*. Ela tem estruturas textuais [...] das quais ela é o sistema" (ibid.: 162). Através dessas teses logocêntricas, esta abordagem revela seu débito para com o pensamento pós--estruturalista de Derrida e Kristeva. Quando Schefer, entretanto, analisa o sistema e a estrutura da pintura, suas premissas opõem-se diametralmente ao estruturalismo estático. Para Schefer, "a estrutura de uma pintura é definida por sua mobilidade. É o sistema que permanentemente modifica seu aparato de análise" (1969: 158). A estrutura é "não o invariante, mas o diagrama de uma variabilidade".

3.3. CONSTITUIÇÃO SIGNIFICATIVA E CÓDIGO SEMI-SIMBÓLICO NA PINTURA ABSTRATA

A semiótica da pintura procura mostrar que ela é mais que uma semântica iconográfica ou iconológica das imagens a partir do exemplo de análises de pinturas abstratas. Exemplares são, nesse sentido, as interpretações das imagens de P. Klee, W. Kandinsky e K. Malevitch feitas por Thürlemann (1981a, b, 1982, 1990), Floch (1985) e Costantini (1980) no quadro da semiótica de Greimas. O caderno especial *L'art abstrait* dos *Actes sémiotiques: Le Bulletin* 10.44 (1987) também se dedica a esse tema. Uma análise exemplar de uma obra de pintura figurativa no quadro da semiótica de Greimas é Assis da Silva (1980).

Básica para essas análises semióticas de pinturas abstratas é a distinção entre a dimensão de significação plástica (ou abstrata) e a icônica (ou figurativa) da imagem, já que imagens não-figurativas mostram que significações abstratas são facultativas a significações fundamentais e figurativas, que são pressuposto para o reconhecimento de objetos. Nesse sentido, é importante notar que a dicotomia abstrato vs. figurativo não é idêntica aos níveis de expressão e de conteúdo das imagens, mas que esses níveis do signo hjelmsleviano podem ser aplicados em ambas as dimensões semióticas da pintura. Assim, a principal tese de Thürlemann (1990: 20) é:

> Um exame científico da pintura — isto também vale para a escultura — não pode começar pelo reconhecimento das figuras representadas. Assim como para qualquer sistema semiótico, é necessária, para a pintura, uma análise independente dos níveis de expressão e de conteúdo. Não são as figuras reconhecíveis que são os elementos primários das artes plásticas — isto também vale para a pintura figurativa tradicional —, mas sim os contrastes expressivos elementares, que pertencem aos campos cor (contrastes cromáticos) e forma (contrastes eidéticos).

Após essa consideração básica, a análise de uma obra de arte abstrata é feita de acordo com o *parcours* gerativo de Greimas da produção significativa em vários níveis, partindo de oposições semânticas elementares até significações temáticas e figurativas complexas, na qual o reconhecimento de significação já começa no nível abstrato, sem o reconhecimento figurativo de objetos, com a associação de oposições significativas, como, por exemplo, "mineral: vegetal", a categorias eidéticas como "reto: contornos retos e redondos" ou "subterrâneo: supraterrâneo" a "parte de baixo da imagem: parte de cima da imagem". Thürlemann (1990:187) interpreta tais correlações de pares de oposição do nível do conteúdo com oposições do nível de expressão de um sistema semiótico, de acordo com Greimas, como exemplos de sistemas semissimbólicos, pois, em oposição a sistemas simbólicos, não se trata de associações um por um entre elementos de expressão e de conteúdo, mas sim de homologias de pares binários ou redes de elementos em ambos os níveis. Inúmeros desses códigos sobrepõem-se e impõem-se, na pintura abstrata, a estruturas textuais poéticas complexas.

3.4. Retórica semiótica da pintura

A abordagem semiótico-imagética do grupo μ (Klinkenberg et al., 1980; 1985; Edeline et al., 1992) oferece a análise de pinturas figurativas e abstratas com base na distinção entre signos icônicos e plásticos. Ponto de partida dessa abordagem é a constatação de um "nível zero" geral da imagem, a partir do qual as formas de expressão e de conteúdo específicas a uma pintura particular podem ser descritas como um desvio retórico específico. Nesse caso, há um *grau zero genérico* da pintura. Este se constitui do conhecimento sobre convenções gerais acerca do pictorial e expectativas gerais sobre como objetos devem ser "normalmente" representados imageticamente. Além disso, há um *grau zero local*, que se constitui através da estruturação de regularidades contextuais internas de uma imagem particular.

A partir desse horizonte de expectativa, a estrutura icônica e plástica de uma pintura é descrita como resultado de quatro operações retóricas (Edeline et al., 1992: 272): (1) *Tropos* picturais originam-se a partir de "conjunções *in absentia*". Exemplo de um tropo icônico é a substituição do nariz por uma pera no famoso *portrait* de G. Arcimboldo *Vertumnus Rudolf II*. (2) A partir de "conjunções *in praesentia*", interpenetrações picturais se originam quando, numa pintura surrealista, o retrato da cabeça de uma mulher é apresentado com as características da cabeça de um pássaro. (3) Através de "disjunções *in praesentia*" acoplamentos (*couplages*) são originados. A estrutura plástica ou icônica, que se espera única, aparece aqui, como, por exemplo, na rima ou na comparação linguística, duas ou mais vezes na imagem, por exemplo, na forma de simetrias, espelhamentos ou outras recorrências visuais. (4) *Tropos projetados* originam-se a partir de "conjunções *in praesentia*". Como no provérbio, o sentido da imagem se desdobra aqui somente em um segundo nível de significação figurado.

O modelo da constituição imagética por meio de operações retóricas parece especialmente promissor, quando se trata, por exemplo, no caso do surrealismo, de desvios de signos icônicos do grau zero genérico da pintura, porém padrões estruturais puramente formais, como, por exemplo, na *Op Art*, também podem ser interpretados como desvios de signos plásticos do grau zero local, rompimentos de padrões de expectativas, que somente a própria imagem produz.

3.5. Algumas outras abordagens da semiótica da pintura

Algumas outras abordagens da semiótica da pintura serão somente brevemente enumeradas a seguir:

1. Estudos semióticos da pintura na tradição da teoria imagético-marxista do significado são os de Kondratow (1964), Bassin (1965) e Karbusicky (1973).

2. Um estudo semiótico das obras de Dürer baseado na teoria da informação e da estética numérica é o de Brög (1968). Sobre outra aplicação da semiótica matemática nas artes visuais, ver Marcus, org. (1982).

3. Burnham (1971; 1974) aplica os métodos do estruturalismo e o modelo de Lévi-Strauss da lógica mitológica em seus estudos das pinturas modernas.

4. Sobre uma abordagem da pintura com base no estruturalismo de Praga, ver Veltrusky (1976).

5. Brög & Stiebing (1980) desenvolveram uma tipologia da pintura do ponto de vista da semiótica de Peirce. A relevância da semiótica de Peirce para a análise de pinturas é discutida também por Deledalle (1979: 115-29) e Iverson (1986) numa comparação com a abordagem de uma semiologia da pintura baseada em Saussure. (Ver também cap. 10.)

6. Sobre aspectos da filosofia da pintura de Derrida (1978), assim como de uma semiótica psicoanalítica da pintura partindo de Lacan, ver Bal & Bryson (1991).

7. Abordagens da semiótica cultural evolucionária à semiótica da pintura são Schenk (1982) e Koch (1984).

8. Kibédi-Varga (1983) examina os princípios semióticos da *mimesis* na pintura em comparação à literatura.

9. Gandelman (1991) desenvolve uma teoria semiótica da pintura como arte ótica e tátil. A dicotomia se baseia em uma teoria do historiador da arte Alois Riegel (1858-1905). A leitura *ótica* de uma imagem é dirigida a suas estruturas da linearidade e dos contornos. Os movimentos dos olhos dirigidos a essas estruturas não são, contudo, continuamente lineares, mas sacádicos e, por isso, para Gandelman (1991: 8), a leitura ótica de uma imagem está associada ao princípio jakobsoniano do metafórico, que também se baseia em uma transmissão semântica sacádica. A leitura *tátil* da imagem dirige-se, por outro lado, de certa forma, a estruturas imagéticas profundas (textura, pigmento cromático). Enquanto o olho examina essas estruturas imagéticas, ele se demora em uma superfície fixada visualmente e a interpreta *metonimicamente*, e "não semanticamente, mas sim como um índice da mão do pintor, de sua técnica, seu estilo, muito mais como uma assinatura do que como uma representação" (ibid.: 10).

8.
SEMIÓTICA DA FOTOGRAFIA

A semiótica da fotografia se baseia na semiótica da imagem. Os aspectos genéricos da semiótica da imagem com respeito a esse tema são discutidos no capítulo 2. O presente capítulo sobre a semiótica da fotografia coloca em questão a especificidade da fotografia em relação a outros tipos de imagem.

A característica semiótica mais notável da fotografia reside no fato de que a foto funciona, ao mesmo tempo, como ícone e índice (cf. Sonesson, 1993b: 153-4). Por um lado, ela reproduz a realidade através de (aparente) semelhança; por outro, ela tem uma relação causal com a realidade devido às leis da ótica. Por esse motivo, Schaeffer (1987: 59) definiu a imagem fotográfica como um "ícone indexical". Um outro tema, a questão sobre a existência de um código de percepção da fotografia, é antes uma continuação e, somente em parte, uma especificação do debate mais geral sobre o problema da codificação da imagem visual.

1. Sobre o estado da arte

A pesquisa semiótica sobre a fotografia é dominada por quatro linhas da semiótica aplicada, cujas bases são encontradas nos trabalhos de Peirce, Hjelmslev, Greimas e Barthes. Seguindo a tradição de Peirce e da Escola de Stuttgart de Max Bense (1965), encontram-se os trabalhos de Brög (1979) e Schmalriede (1981). A semiótica glossemática de Hjelmslev é o fundamento dos trabalhos de Lindekens (1971, 1973, 1976, 1978). Floch se orienta pela semiótica estrutural de Greimas (Floch, 1980, 1985: 21-38; 1986), e o próprio Barthes conta como um dos clássicos da semiótica da fotografia (Barthes, 1961, 1964a, 1980a, b).

Uma introdução à semiótica da fotografia se encontra em Berger (1984: 114--26). Panoramas gerais e relatórios de pesquisa sobre o tema são fornecidos por Mounin (1980), Calabrese (1986), Loubier & Paquin (1990), Tomas (1990) e Zunzunegui (1992). Algumas considerações básicas sobre a semiótica e a teoria do signo aplicadas à fotografia são encontradas em McLean (1973), Tomas (1982), Metz (1985), Martino (1985), Cohen (1989), assim como no número especial *La réproduction photographique comme signe* da revista *Protée* (18.3 [1990]). Coletâneas tratando, em parte, aspectos semióticos da fotografia são Mounin (1980) e Burgin, org. (1982). Mais direcionada para a prática é a "gramática" da fotografia de Plécy (1971).

2. O SIGNO FOTOGRÁFICO ENTRE ICONICIDADE E ARBITRARIEDADE

Como imagem, cuja substância de expressão foi produzida através da reflexão da luz do objeto por ela retratado numa relação de causalidade, a fotografia parece, para alguns, ser o protótipo de um signo icônico com o mais alto grau de iconicidade (cf. Cohen, 1989: 458). Todavia, ou talvez exatamente devido a essa evidência da iconicidade fotográfica, muitos teóricos têm enfatizado o aspecto da arbitrariedade da fotografia.

2.1. SOBRE A ARBITRARIEDADE DA FOTO

> Para os atuais comentaristas da fotografia (sociólogos e semiólogos), a relatividade semântica é de enorme importância: não existe nada "real" (grande é o desprezo pelos "realistas", que não veem que uma fotografia é sempre codificada); só existe o artefato: *thésis*, não *physis*. A fotografia, segundo eles, não é uma analogia do mundo que ela reproduz; ela é produzida artificialmente, pois a ótica fotográfica na perspectiva (completamente histórica) de Alberti é secundária, e a exposição da película faz de um objeto tridimensional uma imagem bidimensional.

A partir das observações acima, Barthes (1980: 97) apresenta argumentos essenciais dos defensores da tese sobre a arbitrariedade relativa da imagem fotográfica. A relatividade semântica da foto se refere ao fato de que a percepção de imagens fotográficas possui elementos culturais. Crianças precisam primeiramente aprender a reconhecer fotos (cf. Eco, 1984: 223), e antropólogos como Herskovits (1948: 381) relatam:

> Mais de um etnógrafo relatou a experiência de mostrar uma fotografia clara de uma casa, de uma pessoa, de uma paisagem familiar a pessoas vivendo numa cultura que desconhece a fotografia, e dessas pessoas observarem a fotografia de todos os ângulos possíveis, ou de virarem-na do lado contrário para inspeção das suas costas brancas, a fim de interpretar esse arranjo, para elas, sem sentido de tons variados de cinza em um pedaço de papel.

Adversários da tese da iconicidade fotográfica, como Goodman (1968: 26-8), acrescentam a esses argumentos com base na relatividade cultural o aspecto da distorção ótica da imagem fotográfica, que aparentemente diminui o grau de iconicidade da foto. Gubern (1974: 50-2) lista, nesse contexto, as seguintes características da foto, que contradizem uma iconicidade ótima da imagem fotográfica: (a) perda da terceira dimensão, (b) limite dado pela moldura, (c) perda do movimento, (d) perda da cor e da estrutura granular da superfície da foto, (e) mudança de escala e (f) perda dos estímulos não--visuais.

Além disso, Eco (1984: 233) argumenta que, em fotografias, não existe o ideal de equivalência um por um entre o signo e o mundo, logo que elas podem mentir: "Nós sabemos que é possível — com a ajuda de encenações, truques óticos, emulsão, solarização, entre outros — produzir a imagem de algo que não existe". A partir desse repertório de possibilidades com o qual os fotógrafos modificam a representação da realidade, Berger (1984: 120-1) conclui que a fotografia não só representa a realidade, como também a cria e, finalmente, é capaz de distorcer nossa imagem do mundo representado.

2.2. SOBRE A ICONICIDADE DA FOTOGRAFIA

Embora os argumentos introduzidos a favor da arbitrariedade da fotografia sejam apropriados para indicar a ingenuidade da suposição de uma correspondência icônica ponto a ponto entre foto e mundo, eles não são suficientes para definir a foto como um símbolo no sentido de Peirce. Muito mais, eles tornam claro que fotos podem ter diferentes graus de iconicidade. Um dos teóricos que assinalou esse aspecto da iconicidade gradual da foto foi Gombrich. Segundo ele, mesmo quando a leitura da foto deve primeiro ser aprendida, esse processo de aprendizagem é sensivelmente mais fácil que o aprendizado de um código realmente arbitrário, como, por exemplo, uma língua natural. Provavelmente, não se trata realmente de um aprendizado, mas, muito mais, de um processo de acomodação dos olhos, como no caso da percepção de uma imagem microscópica, a qual ninguém classificaria como arbitrária. Gombrich também fundamenta o fato de que a iconicidade contribui decisivamente para a percepção da foto com a observação de que nós preferimos observar o positivo de uma fotografia. A percepção de negativos, com sua pouca correspondência com as relações óticas dos objetos representados, deve ser, em uma escala muito maior, primeiramente estudada.

A iconicidade da fotografia também pode ser provada por meios geométricos. De acordo com Martino (1985), o conceito-chave aqui é o da *invariância*. Esta consiste no fato de que certas características do objeto tridimensional projetado sobre a superfície fotográfica também não se modificam geometricamente na foto.

Barthes (1980: 86) também menciona vários argumentos a favor da iconicidade relativa da foto. Segundo ele, a foto, ao contrário da pintura, remete não somente a um objeto "possivelmente real", mas também a um objeto "necessariamente real", e não se pode negar que "o objeto exista". A foto é uma "emanação do referente" e testemunha um "aconteceu assim" (ibid.: 90). Resumindo, a imagem fotográfica "não é a realidade, mas, pelo menos, sua perfeita *analogia*, e é exatamente essa perfeição analógica que geralmente define a fotografia" (Barthes, 1961: 128).

2.3. Peirce sobre o signo fotográfico

Peirce destacou diversos aspectos da qualidade sígnica da fotografia. Os trabalhos sobre a semiótica da fotografia de Brög (1979) e Schmalriede (1981) seguem suas ideias fundamentais, assim como outros postulados da Escola de Stuttgart de Bense.

Peirce define o signo fotográfico com respeito à sua relação com o objeto (a secundidade do signo), por um lado, como um ícone; por outro, como índice. E assim que fotos são, "de certo modo, exatamente como os objetos que elas representam e, portanto, icônicas. Por outro lado, elas mantêm uma 'ligação física' com seu objeto, o que as torna indexicais, pois a imagem fotográfica é obrigada fisicamente a corresponder ponto por ponto à natureza" (CP 2.281).

Um outro aspecto da foto que Peirce interpreta semioticamente é a possibilidade de sua reprodução técnica. A partir dessa perspectiva da primeiridade, ele define o negativo de uma foto como um legi-signo, já que de um único negativo podem ser produzidas inúmeras cópias como réplicas do mesmo. Em sua unicidade, cada cópia é então um sin-signo (CP 2.246).

Com respeito à sua "terceiridade", isto é, à questão se um signo pode atuar somente como uma palavra (rema) ou também como uma proposição (dicente) ou até como uma conclusão, Peirce argumenta que a imagem fotográfica é como um predicado que faz uma afirmação sobre o objeto representado, o qual atua, por conseguinte, quase como seu argumento:

A mera impressão não transmite, em si mesma, nenhuma informação. Mas o fato de que ela é virtualmente uma secção de raios projetados de um objeto conhecido de outro modo, faz dela um Dici-signo. [...] Essa conexão da impressão, que é o quase-predicado da fotografia, com a secção dos raios, que é o quase-sujeito, constitui a sintaxe do Dici--signo.

2.4. A INDEXICALIDADE DA FOTO

Com referência a Peirce, principalmente Dubois (1983: 60-107) e Schaeffer (1987: 46-104) acentuam a indexicalidade da fotografia. Também na análise de outros semioticistas e teóricos da fotografia (por exemplo, Vanlier, 1983: 22-34) características semióticas da foto correspondentes aos critérios de indexicalidade de Peirce são discutidas. Eco (1984: 223), por exemplo, caracteriza a foto como uma impressão ou um vestígio, "um signo motivado", mas "heteromaterial", pois "a chapa fotográfica transforma raios de luz em outra matéria".

Barthes (1980) cita, além do aspecto da iconicidade (ver 2.2.), outras características que possibilitam a manifestação do signo como um índice: (1) a causalidade da relação imagem-objeto, já que a foto é uma "emanação do real passado" (ibid.: 99); (2) a temporalidade da função referencial, pois o "aconteceu assim" é um noema da fotografia (ibid.: 87); (3) a relação *pars-pro-toto* entre imagem e realidade, pois "poder-se-ia considerar que a fotografia tem sempre seus referentes como consequência e ambos [...] são ligados um ao outro" (ibid.: 13).

Aspectos indexicais semelhantes são expressos também em uma das observações de Berger (1984: 121) sobre a semiótica da fotografia de família: "Elas têm um significado existencial. Elas dizem, 'Olhe aqui, nós existimos! [...] Eu vi coisas, eu fiz coisas'". A função indexical do signo é, no entanto, somente uma das funções da imagem fotográfica. Schaeffer (1987: 130-9) desenvolveu uma tipologia das funções pragmáticas da foto de acordo com a qual tanto a indexicalidade como a iconicidade são aspectos da utilização comunicativa da fotografia. A indexicalidade predomina na fotografia como um vestígio, como o protocolo de uma experiência, como uma descrição, um testemunho. A iconicidade, por outro lado, predomina na fotografia como um *souvenir*, como uma lembrança, uma apresentação e uma demonstração. Resumindo, de acordo com Schaeffer (1987: 101), o signo fotográfico é, portanto, "ao mesmo tempo, um índice icônico e um ícone indexical".

2.5. A FOTOGRAFIA E A REFERÊNCIA

A ligação entre os aspectos da iconicidade e da indexicalidade leva ao aspecto da referência na fotografia. A questão sobre até que ponto a foto desempenha uma função referencial é o ponto de partida de uma tipologia da foto feita por Floch (1986). A foto referencial ou "interpretativa" é, nessa tipologia, somente uma entre os quatro tipos principais de fotografia. Os três outros tipos são gerados por Floch a partir do modelo do quadrado semiótico de Greimas. Em relação contrária à foto referencial, Floch postula a foto "utópica" ou "mítica". Esta é determinada por construtividade e criatividade. Floch define a foto utópica em oposição à foto "substancial". Nesta, o utópico é negado. Por outro lado, em oposição à foto referencial, se encontra a foto "indireta". Ela nega a função interpretativa, por exemplo, através de efeitos surrealistas.

3. EXISTE UM CÓDIGO FOTOGRÁFICO?

A questão sobre se a imagem fotográfica é codificada está ligada à questão mais geral sobre a possibilidade de codificação da imagem e acrescenta aspectos mais específicos ao debate sobre esse tema. Enquanto Barthes se declara contra a suposição de um código fotográfico, defensores dessa hipótese argumentam que há um código fotográfico no repertório específico dos meios de expressão e representação fotográficos com seus efeitos específicos sobre o observador (ver Espe, 1985: 69). Lindekens (1971, 1973, 1976, 1978) defendeu a tese da possibilidade de codificação da fotografia da forma mais consequente.

3.1. O PARADOXO FOTOGRÁFICO DE BARTHES

Barthes, que considera uma característica essencial das fotos o fato de elas serem uma "perfeita analogia" da realidade, conclui, deste fato, que a fotografia é "uma mensagem sem código". Como uma "analogia mecânica da realidade", a foto apresenta uma tal "perfeição e plenitude de analogia" que ela parece conter uma mensagem puramente denotativa, pois nada parece ser complementável com conotações. Contudo, uma foto de imprensa é "trabalhada, escolhida, produzida, construída e editada de acordo com normas profissionais, estéticas e ideológicas, que contêm fatores conotativos" (ibid.: 130). Já que, apesar disso, conotações são sempre derivadas de um código,

Barthes conclui que há na fotografia de imprensa, no mínimo, uma mensagem análoga e não-codificada junto a uma mensagem codificada. Para Barthes (1961: 30), o paradoxo estrutural da fotografia reside no fato de que "uma mensagem conotada (ou codificada) pode desenvolver-se a partir de uma mensagem sem código".

3.2. O CÓDIGO FOTOGRÁFICO

Lindekens (1971: 262; 1973: 513; 1976: 13-4, 53; 1978: 15) descreve a imagem fotográfica como uma mensagem *multicodificada*. Ao lado da verdadeira informação icônico-fotográfica, a foto transmite outras mensagens que já apresentam suas próprias codificações "biossociais", "psicossociais", simbólicas, retóricas ou linguísticas no nível da realidade representada (da analogia referencial), assim como da verbalização da imagem independente da fotografia. Apesar dessa intervenção múltipla do código, Lindekens insiste na suposição da autonomia semiótica do código icônico-fotográfico. Em oposição aos outros códigos que fazem parte da mensagem fotográfica, o código icônico-fotográfico formula *stricto sensu* as condições específicas somente para a percepção pré-verbal da imagem fotográfica.

3.2.1. A GLOSSEMÁTICA DO SIGNO FOTOGRÁFICO

Com base no modelo de signo de Hjelmslev, Lindekens (1971: 250, 264; 1976: 97; 1978: 17-8) descreve o signo fotográfico como o resultado de um processo de iconização da realidade. A "realidade visível" dos objetos visuais é a *matéria de expressão* da imagem fotográfica. Essa matéria de expressão recebe, como "objeto iconizado", uma primeira estruturação ainda não específica da foto, mas já específica da imagem. Esta representa a substância de expressão da foto. Ela consiste nas estruturas de superfície óticas da imagem e é ainda pré-semiótica, mas descritível com base em aspectos físicos e químicos. A primeira forma de expressão da foto realmente semiótica consiste nos traços relevantes (distintivos) para o reconhecimento da imagem, que são selecionados da oferta ótica da substância de expressão durante o processo de percepção e são reconhecidos como relevantes formas de uma mensagem fotográfica. Exemplos de estruturas da forma de expressão são oposições como "nuançado vs. contrastado", "+/- tramado" ou "+/- revelação por emulsão" (Lindekens, 1973: 516).

Os significados ligados ao assim definido plano de expressão do signo fotográfico constituem seu plano de conteúdo. A substância de conteúdo é a "conceituação informativa", neste caso ainda não verbalizada e não estruturada por esquemas de oposição culturais, a *"l'en-deçà de la parole du monde"* (Lindekens, 1971: 250; 1973: 516). Assim que essa substância, organizada em oposições e estruturas, se coordena em esquemas conceituais, o nível da forma de conteúdo é alcançado. Lindekens (1971: 218) examina a forma de conteúdo de uma fotografia através do método do diferencial semântico, no qual ele, por exemplo, pergunta a informantes como eles classificariam uma dada foto em escalas semânticas como "ativo-passivo", "puro-impuro" ou "certo-incerto". Lindekens (1971: 250) considera, entretanto, a estrutura de tais verbalizações somente como indícios secundários (ou transcodificações) de um conteúdo "puro" e pré-verbal.

3.2.2. Estruturas do código

Os signos icônicos da fotografia consistem, de acordo com Lindekens (1971: 263-6), em um código, uma linguagem no sentido de Hjelmslev, com primeiro e segundo plano de articulação (1976: 77-81). No primeiro plano, esse código contém os chamados *morfemas icônicos* como unidades mínimas portadoras de significado da foto. Estas são unidades definidas somente pelas condições de percepção da imagem e ainda não por sua analogia referencial. Somente em relações mais complexas entre esses morfemas, nos chamados *supermorfemas*, é que se criam unidades que tanto são icônicas como também possuem correspondentes análogo-verbais. No segundo plano de articulação, o código fotográfico consiste, então, em unidades de imagem fotográfica distintivas e de forma diferenciada, ou seja, em unidades mínimas da forma de expressão atrás citadas, assim como de outros princípios de percepção da teoria da *gestalt*.

9.
A FOTOGRAFIA ENTRE A MORTE E A ETERNIDADE

Há uma multiplicidade de aspectos pelos quais a fotografia pode ser abordada, numa gama que se estende desde um ponto de vista puramente material e técnico, visando à mera descrição da máquina e dos potenciais do dispositivo em si, até atingir, num outro extremo mais abstrato, uma filosofia da fotografia, que busca explorar, entre outras questões, a fotografia como forma de representação e conhecimento do mundo.

Uma vez que a bibliografia que ficou mais conhecida sobre o assunto é capaz de nos fornecer um itinerário dos muitos pontos de vista sobre a fotografia, a discussão introdutória que será feita a seguir cumprirá duas finalidades simultaneamente: apresentar os textos relevantes, enquanto mapeia a diversidade do território fotográfico. Ao mesmo tempo, isso permitirá que se possa ir gradativamente delineando o aspecto específico que este artigo tem por finalidade colocar em relevo: a relação dialética entre a morte e a eternidade que, na fotografia, consubstancia-se de maneira exemplar, magistral.

1. Aspectos do processo fotográfico

Embora as descrições técnicas do aparato fotográfico, de um lado, e as numerosas histórias da fotografia, de outro, sejam ângulos, sem dúvida, imprescindíveis para iluminar qualquer reflexão sobre a fotografia, esses dois lados não serão aqui abordados, pois aquilo que se pretende colocar primeiramente em foco de aproximação são os ingredientes que compõem o processo fotográfico, tais como: (1.1.) o fotógrafo como agente, quer dizer, os traços específicos que caracterizam esse agente como essencialmente diferente de um pintor, de um cineasta etc.; (1.2.) o fotógrafo, a máquina e o mundo, isto é, o ato ou gesto fotográfico, a fenomenologia desse ato; (1.3.) a máquina como meio; (1.4.) a fotografia em si, o ato revelado; (1.5.) a relação da foto com o referente; (1.6.) a distribuição fotográfica; (1.7.) a recepção da fotografia.

1.1. O FOTÓGRAFO COMO AGENTE

Com maior ou menor ênfase, os estudos sobre fotografia costumam dispensar alguma atenção ao perfil e papel do fotógrafo. O que parece ter ficado delineado como uma constante nesse perfil é a figura do fotógrafo como caçador. É o que afirmou V. Flusser (1985: 35), por exemplo:

> Quem observar os movimentos de um fotógrafo munido de aparelho (ou de um aparelho munido de fotógrafo) estará observando movimento de caça. O antiquíssimo gesto do caçador paleolítico que persegue a caça na tundra. Com a diferença de que o fotógrafo não se movimenta em pradaria aberta, mas na floresta densa da cultura.

A mesma analogia entre o fotógrafo e o caçador também foi feita por S. Zunzunegui (1992: 134), ao dizer que "a câmera outorga um poder fático ao fotógrafo, que se constitui em *voyeur universal*; o mundo é entendido como território de caça fotográfica que se divide em dois grupos, observadores e observados. Controlar as imagens se converte, assim, em uma forma potencial de poder". Não se trata, entretanto, de um caçador neutro, mas sim de um caçador compulsivo, conforme declarou A. Omar (1988: B-3, 4):

> Há uma compulsão de tomar a câmera entre as mãos, uma compulsão de praticar o ato (aparentemente inconfessável). [...] Qualquer repórter fotográfico já experimentou esse pequeno estar fora de si, esse pequeno êxtase, quando a pulsão fotográfica o transforma numa espécie de caçador feroz e puramente instintivo, um animal fótico, um predador visual de coisas diáfanas, com todo o seu ser em estado de total eriçamento, um Rambo das sensações delicadas. As narinas latejam e ele avança com sua ativíssima, especialíssima e secreta passividade. Não se trata de captar a realidade. É apenas o ato que está circulando em suas veias. A fotografia não é a arte de captar, ao contrário, é uma arte de soltar. Como se a cada disparo da máquina fosse o fotógrafo que se esvaísse em disparada. Fotografia: o esvair-se. O fotógrafo nada recebe, ao contrário, é como se, através do obturador aberto, ele se permitisse um voo cego, um mergulho de se expor. Clic!

No mesmo campo semântico de uma caça compulsiva, S. Sontag (1986: 32, 65) chegou a falar no fotógrafo como saqueador, atributo que só pode ser mais satisfatoriamente compreendido quando se coloca sob foco de observação o fotógrafo em ato.

1.2. O GESTO FOTOGRÁFICO

P. Dubois foi, sem dúvida, o autor que mais exaustivamente tratou do "ato fotográfico", expressão que, aliás, dá título a um dos capítulos e ao próprio livro de sua autoria. Para Dubois (1994: 59), é impossível dissociar a imagem fotográfica do ato que a define.

> Com a fotografia, não nos é mais possível pensar a imagem fora de seu modo constitutivo, fora do que a faz ser como é, estando entendido, por um lado, que essa "gênese" pode ser tanto um ato de produção propriamente dito (a "tomada") quanto um ato de recepção ou de difusão e, por outro, que essa indistinção do ato e da imagem em nada exclui a necessidade de uma *distância* fundamental, de um recuo em seu próprio centro.

No seu magnífico ensaio "Kodak-gnose: grandeza e mistério de uma caixinha sagaz", A. Omar (1988: B-3) também chamou a atenção para a necessidade de se realizar a anatomia do ato fotográfico que seja capaz de detalhar a sua estranha especificidade, fazendo "a taxionomia dos elementos vindos de outras zonas da cultura que se entrecruzam e se recombinam de forma original quando ele eclode". Sob esse aspecto, o mais importante e o que costuma ser mais esquecido, segundo Omar, é a "transfiguração subjetiva proporcionada pelo ato", "a transfixação da consciência pelas virtudes mesmas desse ato, na reposturação indispensável e inevitável, na relação entre pensamento e luz, na alteração de ser que ocorre quando o pensamento e a luz se encontram no interior da câmera".

Sem deixar de apontar para aquilo que também há, ao mesmo tempo, de preservação e de consagração no gesto de fotografar, Sontag (1986: 31) o caracterizou como "um simulacro de apropriação, um simulacro de violação". Para Flusser (1985: 39-40), trata-se de um gesto quântico, feito de saltos. São paradas e tomadas de decisão, que se manifestam por manipulação do aparelho:

> Toda vez que o fotógrafo esbarra contra um limite de determinada categoria fotográfica, hesita, porque está descobrindo a limitação inerente em todo ponto de vista, porque está descobrindo que há outros pontos de vista disponíveis no programa. Está descobrindo a equivalência de todos os pontos de vista programados, em relação à cena a ser produzida. [...] Com efeito, o fotógrafo hesita, porque está descobrindo que seu gesto de caçar é movimento de escolha entre pontos de vista equivalentes, e o que vale não é determinado ponto de vista, mas um número máximo de pontos de vista.

Os caracteres do ato fotográfico, que foram abordados pelos autores acima, receberam uma de suas mais primorosas manifestações literárias no conto de Júlio Cortázar (1974), "Las babas del diablo", uma esplêndida fenomenologia do gesto de fotografar realizada na forma de ficção criadora. Foi nesse conto, aliás, que Antonioni se inspirou para o seu famoso *Blow up*. Para se ter uma ideia do alto teor fenomenológico de "Las babas del diablo", algumas das passagens do conto relativas ao ato de fotografar serão sinalizadas a seguir.

Michel, um fotógrafo, sai para um passeio, em Paris, numa manhã de um domingo com sol e vento. Calculando que até às onze teria uma boa luz, a melhor possível no outono, apressa-se na busca de locais para tirar umas fotos. "Entre as muitas maneiras de combater o nada", pensa o fotógrafo, "uma das melhores é tirar fotografias, atividade que deveria ser, desde muito cedo, ensinada às crianças, pois exige disciplina, educação estética, bons olhos e dedos seguros" (ibid.: 81).

Enquanto prossegue na busca de uma cena fotografável, o personagem vai elaborando pensamentos que se tecem como uma espécie de teoria da fotografia sutilmente inserida nos entremeios do conto, que versa justamente sobre um fotógrafo nas vicissitudes do seu ato. "Creio que sei olhar, se é algo que sei", reflete o personagem, "e que todo olhar se resume em falsidade, porque é o que nos lança mais para fora de nós mesmos, sem a menor garantia [...]. De todo modo, se, de antemão, se prevê a provável falsidade, o olhar se torna possível; basta talvez escolher bem entre o olhar e o olhado, desnudar as coisas de tanta roupa alheia" (ibid.: 83).

Entre reflexões e eleições de paisagens e cenas, preguiçosamente o fotógrafo acaba por fixar seu olhar sobre um casal incomum, um jovem, quase ainda menino, e uma mulher mais velha. Imaginou, a partir de sinais aparentemente inconfundíveis, uma cena de sedução. "Penso que naquela manhã não olhei nenhuma vez mais para o céu, porque assim que pressenti o que se passava com o menino e a mulher não pude fazer outra coisa senão olhar para eles e esperar, olhar para eles e..." (ibid.: 85). Conjecturando compulsivamente sobre qual seria o destino do par, "perversamente Michel esperava, sentado no peitoril, aprontando, quase sem se dar conta, a câmera para tirar uma foto pitoresca em um rincão da ilha com um casal nada comum conversando e se olhando" (ibid.: 86).

Seguro da sabedoria do seu olhar, o fotógrafo não punha dúvidas nas interpretações que induziria: "Era curioso que a cena [...] tinha como uma aura inquietante. Pensei que isso era algo que eu colocava, e que minha foto, se fosse tomada, restituiria as coisas à sua tonta verdade". Por que esperar, quando o momento parecia exato? "Levantei a câmera", relata Michel, "fingi estudar um enfoque que não os incluía, e fiquei espiando, seguro de que flagraria por fim o gesto revelador, a expressão que tudo resume, a vida que o movimento acompanha, mas que uma imagem rígida destrói ao seccionar o tempo, se não escolhemos a imperceptível fração essencial" (ibid.: 87-8). Certo da captura do instante revelador, Michel coloca tudo no visor (com a árvore, o peitoril, o sol das onze) e tira a foto.

Apertado o gatilho, nada mais pode mudar (Barthes, 1981: 126, 129; Sontag, 1986: 110). Eis, no entanto, que aquilo que deveria ter sido o flagrante de uma verdade revelada se converte em farsa incorrigível. Antes de tirar a foto, o olhar atento de Michel não havia deixado de notar, num carro bem perto do casal, um homem que distraidamente lia seu jornal. Tão absorvido estava o fotógrafo na força interpretativa de seu olhar que jamais poderia supor que aquele homem naquele carro era, na verdade, o pivô da cena entre o garoto e a mulher sedutora. A foto, pretensa fonte da verdade, converte-se para ele, então, em fonte de tormento. Como restituir a verdade ao engano?

A passagem final do conto põe em cena uma situação fantástica em que a foto, ampliada até ocupar o espaço de uma parede, inexplicavelmente se coloca em movimento, inserindo o personagem faltante de modo a reconstituir a verdade do flagrante. Assombrado com a magia do acontecimento testemunhado, mal podia o fotógrafo supor, nos anos 1970, que essa situação então fantástica, a transformação da fotografia em uma cena com personagens e situações acrescentadas ou apagadas, iria se tornar, em menos de vinte anos, uma possibilidade real através das manipulações que os programas de computação gráfica podem hoje imprimir sobre uma foto (ver, por exemplo, Ritchin, 1990; Machado, 1993b; Fadon Vicente, 1993; Fernandes Jr., 1994).

1.3. O APARELHO OU DISPOSITIVO COMO MEIO

A câmera fotográfica como dispositivo técnico para a produção de imagens foi inaugural daquilo que viria se tornar uma família cada vez mais povoada de novos membros, a família das imagens técnicas. Flusser (1985: 19) definiu as imagens técnicas como aquelas que são produzidas por aparelhos que, por sua vez, são produtos da técnica. Com a fotografia deu-se a invenção da primeira imagem técnica, trazendo em si os atributos de um novo paradigma na produção das imagens (ver sobre isso cap 11.):

> O aparelho fotográfico pode servir de modelo para todos os aparelhos característicos da atualidade e do futuro imediato. Analisá-lo é método eficaz para captar o essencial de

todos os aparelhos, desde os gigantescos (como os administrativos) até os minúsculos (como os *chips*), que se instalam por toda parte. Pode-se perfeitamente supor que todos os traços aparelhísticos já estão prefigurados no aparelho fotográfico, aparentemente tão inócuo e "primitivo". (Flusser, 1985: 25)

Entre os teóricos da fotografia, foi Flusser, de fato, quem dedicou grande atenção às questões implicadas no trinômio instrumento, máquina e aparelho. Para ele, os instrumentos se caracterizam como prolongamentos dos órgãos dos sentidos, simulando o órgão que prolongam. A partir da revolução industrial, quando os instrumentos começaram a fazer uso de teorias científicas para a simulação dos órgãos sensórios, eles se tornaram técnicos, passando a se chamar máquinas. Ainda segundo Flusser (1985: 28-9), a diferença fundamental entre os instrumentos e os aparelhos é que, enquanto os primeiros trabalham, os segundos não trabalham. E por isso que, para ele, os fotógrafos não trabalham, agem, pois produzem símbolos, manipulando-os e armazenando-os.

Na realidade, o que Flusser buscava aí estabelecer é a diferença entre as máquinas que são utilizadas para a produção industrial de bens materiais, os instrumentos, de um lado, e, de outro, as máquinas capazes de produzir e reproduzir signos, os aparelhos, que foram inaugurados pela câmera fotográfica. Essa capacidade de produção sígnica, inscrita na própria materialidade dos aparelhos, Flusser chamou de programação. Por esse prisma, o que caracteriza o aparelho fotográfico é estar programado, sendo as fotografias realizações de potencialidades inscritas no aparelho. Disso decorre a complementaridade entre fotógrafo e aparelho, a competência do fotógrafo e sua habilidade lúdica para explorar os potenciais da programação, devendo ser parte da competência do aparelho.

Também centralizado nos potenciais e limites da câmera fotográfica como meio diferencial para a produção de imagens, mas de um ponto de vista admiravelmente original, encontra-se a obra de A. Machado, *A ilusão especular* (1984), onde é defendida a tese de que o espelho da câmera nada tem de inocente. De quaisquer pontos de vista, angulação, enquadramento, proximidade ou distância, a fotografia é sempre um feixe de indicadores da posição ideológica, consciente ou inconsciente, ocupada pelo fotógrafo em relação àquilo que é fotografado.

1.4. A FOTOGRAFIA: ATO REVELADO

O texto que focalizou mais frente a frente a fotografia em si, buscando sua característica fundamental, o universal, foi R. Barthes no seu famoso livro *La chambre claire*, de 1980 (*A câmara clara*, na sua tradução para o português, de 1981). Ficaram muito conhecidos, de um lado, seu conceito de *studium*, o interesse que uma fotografia é capaz de despertar, uma espécie de investimento geral, apelo ao receptor, e, de outro lado, o conceito de *punctum*, este bem mais complicado. Barthes (1981: 46-7, 64-5) chamou-o de *punctimi* para transmitir a ideia de "picada, pequeno orifício, pequena mancha, pequeno corte — e também lance de dados", pois o *punctum* numa fotografia é aquele acaso que nela fere, mortifica, apunhala, pormenor que salta da cena, como uma seta ferida, marca feita por um instrumento aguçado.

Numa outra passagem, Barthes (1981: 54-5) indicou, como princípio da fotografia, o choque, que é bem diferente do *punctum*, pois "consiste menos em traumatizar do que em revelar o que estava tão bem escondido, que o próprio autor desconhecia ou de que não estava consciente". Assim, Barthes enumerou toda uma gama de surpresas para o espectador que, do ponto de vista do fotógrafo, são performances. A primeira surpresa é o raro, a raridade do referente. A segunda está na reprodução de "um gesto colhido num momento da sua execução em que o olhar normal não pode imobilizá-lo", quer dizer, quando "a foto imobiliza uma cena rápida no seu tempo decisivo". A terceira surpresa é a proeza. A quarta é aquela que o fotógrafo espera das contorções da técnica, enquanto a quinta é a descoberta, "uma cena natural que o bom repórter teve o gênio, isto é, a oportunidade de surpreender".

Também voltados, com alguma prioridade, para a foto em si, encontram-se os ensaios de Susan Sontag (1986). Numa série de temas despertados pela onipresença da imagem fotográfica no mundo atual, a sugestividade e complexidade dessas imagens foram exploradas pela autora com ênfase, sobretudo, nos problemas estéticos e morais propostos pela fotografia.

Ainda nos aspectos da fotografia em si enquadram-se quase todos os títulos dedicados à semiótica da fotografia, conforme está exposto no capítulo precedente. Mas, uma vez que uma das principais preocupações da semiótica encontra-se direcionada para as questões da representação e, no caso da fotografia, para seu funcionamento como signo, os estudos semióticos ficam no limite entre os aspectos da fotografia em si e os das relações da foto com o referente.

1.5. FOTOGRAFIA E REFERENTE

Não há dúvida de que a aderência do referente na fotografia tem sido o aspecto sobre o qual costuma reinar um consenso quase absoluto entre os teóricos da imagem fotográfica, "imagem que procede mais por contato do que por mímese" (Dubois, 1994: 81). "O referente real é sentido como dominante na fotografia, [...] vestígio deixado sobre uma superfície especial pela combinação de luz e ação química" (Metz, 1985: 82).

Foi justamente sobre o caráter da fotografia como emanação do referente que a interpretação barthesiana em *A câmara clara* se debruçou detidamente:

> Chamo "referente fotográfico" não à coisa *facultativamente* real para que remete uma imagem ou um signo, mas a coisa *necessariamente* real que foi colocada diante da objetiva sem a qual não haveria fotografia. A pintura, essa pode simular a realidade sem a ter visto. O discurso combina signos que têm, certamente, referentes, mas esses referentes podem ser (e, na maior parte das vezes são) "quimeras". Ao contrário dessas imitações, na fotografia não posso nunca negar que *a coisa esteve lá*. [...] Aquele ou aquilo que é fotografado é o alvo, o referente, uma espécie de pequeno simulacro, de *eidôlon* emitido pelo objeto. (Barthes, 1980: 109, 23)

O registro fotográfico do referente foi, de fato, abordado com tal ênfase por Barthes a ponto de se poder afirmar que *A câmara clara* é um ensaio dominado pela interpretação da fotografia sob o ângulo das aparições do referente, conforme pode atestar a seleção de passagens transcrita a seguir:

> A fotografia nunca é mais do que um canto alternado de "Olhe", "Veja", "Aqui está"; ela aponta com o dedo um certo frente a frente, e não pode sair desta pura linguagem deíctica. [...] teimosia do referente em estar sempre presente. [...] o referente adere. [...] a Referência é a ordem fundadora da Fotografia. [...] esta coisa, que nenhuma pintura realista poderia dar-me: a certeza de que *eles estavam* lá; aquilo que vejo não é uma recordação, uma imaginação, uma reconstituição, um fragmento da Maya, como a arte prodigaliza, mas o real no estado passado: simultaneamente o passado e o real. [...] A fotografia é crua, em todos os sentidos da palavra [...] é toda evidência. (Barthes, 1980: 18-20, 109, 117, 147, 149)

Três anos depois da publicação de *A câmara clara*, que se deu em 1980, P. Dubois, no seu *O ato fotográfico* veio dar à aderência do referente na fotografia uma leitura baseada na teoria dos signos de Peirce. Desde então, tornou-se frequente entre os teóricos da imagem a referência ao caráter indexical da fotografia (ver também cap. 8., item 2.4.). Segundo Peirce (CP 2.281), a semelhança fotográfica, ou melhor, seu caráter icônico, deve-se ao fato de que as fotografias foram produzidas em tais circunstâncias que estavam *fisicamente forçadas* a corresponder ponto a ponto à natureza.

Assim sendo, conforme afirmou Zunzunegui (1992: 140-1), ao tomar como ponto de partida a distinção peirceana entre ícone, índice e símbolo, Dubois descartou as teorias da fotografia como espelho do real, de um lado, ou como transformação do real, de outro, para situar sua especificidade semiótica no seu caráter de *traço do real*. Abandonando a ênfase estrita na ideia da fotografia como criação convencional, cultural, ideológica e perceptivamente codificada, que corresponde aos aspectos simbólicos da fotografia, Dubois efetuou um retorno ao referente ao afirmar que, enquanto signo indicial, a fotografia aparece marcada pelos quatro princípios de *conexão física*, *singularidade*, *designação* e *testemunho*. Com isso ele reencontrou algumas das posições de Barthes, com a diferença de que as ideias de analogia ou semelhança da foto em relação ao referente, quer dizer, seus aspectos icônicos, foram por ele mais relativizadas e, consequentemente, desembaraçadas de qualquer tipo de obsessão pelo ilusionismo mimético. Em suma, além de se constituir em torno da noção de conexão física, contiguidade, o índice fotográfico, para Dubois, também envolve as noções de distância, separação e corte, conforme será discutido mais adiante.

Embora não tenha feito uso do termo índice, Sontag (1986: 15, 121, 136) também caracterizou a fotografia de acordo com a lógica da indexicalidade:

> As fotografias fornecem provas. [...] Uma fotografia passa por ser uma prova incontroversa de que uma determinada coisa aconteceu. [...] o que exigimos primariamente à fotografia: que registre, diagnostique, informe. [...] As imagens fotográficas são, de fato, capazes de usurpar a realidade, porque, antes de mais nada, uma fotografia não é só uma imagem (no sentido em que a pintura é uma imagem), uma interpretação do real; é também uma marca, um rastro direto do real, como uma pegada ou uma máscara mortuária. Enquanto uma pintura, ainda que conforme aos padrões fotográficos da semelhança, nunca é mais do que a afirmação de uma interpretação, uma fotografia nunca é menos do que o registro de uma emanação (ondas de luz refletidas pelos objetos), um vestígio material daquilo que foi fotografado e que é inacessível a qualquer pintura.

1.6. A DISTRIBUIÇÃO FOTOGRÁFICA

Talvez o traço mais revolucionário, que marcou o salto de transformação da fotografia em relação às imagens produzidas manualmente, não se encontra tanto na mediação do aparelho interpondo-se entre o fotógrafo e a realidade a ser registrada, nem na automatização do ato que esse aparelho permitiu, mas na possibilidade de multiplicação infinita de fotos a partir de uma matriz reprodutora, o negativo. Foi essa característica inaudita que veio trazer como consequência o advento de um novo processo para as imagens — similar àquele que a prensa manual, e mais tarde mecânica, havia trazido para a linguagem escrita —, a possibilidade de a imagem ser distribuída, seu potencial democrático. Foram questões dessa ordem que W. Benjamin discutiu com sagacidade no seu célebre ensaio sobre "A obra de arte na época de sua reprodutibilidade técnica" (1975).

Sontag (1986: 14) lembrou muito bem que, ao mesmo tempo que armazenam o mundo, as fotografias incitam ao seu próprio armazenamento. "São guardadas em álbuns, emolduradas e colocadas sobre a mesa, postas nas paredes, projetadas sob a forma de diapositivos. São exibidas em jornais e revistas; classificadas pela polícia; expostas em museus e coligidas pelos editores."

No capítulo dedicado à "distribuição da fotografia", Flusser (1985: 51-58) caracterizou as fotos como folhas, "superfícies imóveis e mudas que esperam, pacientemente, serem distribuídas pelo processo de multiplicação ao infinito". Embora existam diapositivos e, mais recentemente, a manipulação eletrônica tenha permitido o deslocamento da fotografia para um novo suporte, o computador, as fotografias têm algo de arcaico: sua subordinação ao suporte matérico, papel ou coisa parecida. Nesse aspecto, cada fotografia é única, constitui-se num objeto singular. Mas, por outro lado, cada fotografia pode ser multiplicada ao infinito. Sob esse aspecto, então, sem deixarem de ser objetos, fotografias são informações e isso lhes confere valor. Daí a importância da distribuição fotográfica, que ilustra a decadência do conceito de propriedade.

Embora não necessitem, *a priori*, de aparelhos técnicos para sua distribuição, "as fotografias provocaram a construção de aparelhos de distribuição gigantescos e sofisticados" (Flusser, 1985: 55). A distribuição acabou por predeterminar a produção. Quando fotografa, o fotógrafo o faz em função do canal em que sua foto será distribuída, quer dizer, em função de determinada publicação científica ou não, determinado jornal, revista, determinada exposição ou, simplesmente, em função do seu álbum particular.

1.7. A RECEPÇÃO DA FOTOGRAFIA

A reflexão sobre a fotografia em si, realizada em *A câmara clara*, é indissociável do ato de percebê-la, quer dizer, as características intrínsecas da foto foram aí, de certa forma, extraídas ou inferidas dos efeitos que ela produz no receptor. Os conceitos de *studium* e de *punctum*, por exemplo, seriam impossíveis sem a consideração das agitações e aventuras interiores que as fotos são capazes de provocar. Assim também as modalidades de choque ou surpresa fotográficas (raridade, gesto decisivo, proeza, técnica, descoberta), que, do ponto de vista do fotógrafo, são performances, chegam ao receptor como rupturas de expectativa, surpresas perceptivas.

Sontag também dedicou todo um capítulo do seu livro (1986: 81-104) às reflexões sobre as novas visões da realidade inauguradas pelas fotografias. Ao longo de mais de uma dezena de décadas, foi tal a atração exercida pela beleza sobre a fotografia que, hoje, todas as coisas belas que vemos acabaram por adquirir a aparência de fotografias. Foi tal a crença no valor de veracidade, registro da realidade, permitido pela fotografia que, longe de apenas registrar a realidade, as fotografias tornaram-se normas para o modo como as coisas nos aparecem. Isso levou Sontag (1986: 93) à seguinte conclusão:

> À medida que arranca os antolhos da visão habitual, a fotografia cria outros hábitos de visão: simultaneamente intensa e fria, solícita e desprendida, atraída pelo detalhe insignificante e viciada pela incongruência. Mas a visão fotográfica tem de ser constantemente renovada por novos choques, quer nos seus temas, quer nas suas técnicas, para dar a impressão de infringir a visão habitual.

Num sentido menos intensamente psicológico do que o barthesiano, a recepção fotográfica foi discutida em um capítulo inteiro que Flusser (1985: 59-66) dedicou a esse tema. Embora o ponto de vista por ele adotado seja tão social quanto o de Sontag, as diferenças de prismas entre ambos são evidentes. Partindo da distinção entre o ato de fotografar e o ato de decifração fotográfica, Flusser concluiu pela distinção imprescindível entre esses dois processos, sobretudo quando o ato fotográfico é realizado amadoristicamente. Fotografar pode virar mania de que resultam torrentes de fotografias. "Quem escreve precisa dominar as regras da gramática e ortografia. Fotógrafo amador apenas obedece a *modos de usar*, cada vez mais simples, inscritos ao lado externo do aparelho. Democracia é isto. De maneira que quem fotografa como amador não pode decifrar fotografias".

A seguir, Flusser colocou em discussão as ações ritualizadas pelas quais são recebidas as torrentes de fotografias que sobre nós se derramam. Concluiu pelo poder da fotografia em ir modelando seus receptores, manipulando-os para um comportamento ritual. Contemplar esse universo, visando quebrar o círculo mágico da inconsciência automatizada que ele alimenta, é atividade emancipatória.

Em alguns de seus aspectos também voltado para as questões da recepção da fotografia encontra-se o artigo de Walter Benjamin "A obra de arte na era da reprodutibilidade técnica". As discussões sobre a quebra da aura, proporcionada pelo caráter reprodutível da fotografia, dizem respeito às mudanças perceptivas e dos processos de recepção em geral que a fotografia ocasionou.

É bem verdade que muito se tem discutido, a partir de Benjamin, se a fotografia não acabou por criar um novo tipo de aura. É o que afirmou, por exemplo, Sontag (1986: 93):

> Benjamin pensava que uma fotografia, sendo um objeto reproduzido mecanicamente, não podia ter uma presença genuína. Poder-se-ia argumentar, contudo, que a própria situação que hoje determina o gosto fotográfico, a sua exibição em museus e galerias, revelou que as fotografias possuem uma espécie de autenticidade.

2. As duplicidades da fotografia

Qualquer que seja o ângulo adotado para a observação da fotografia, o resultado parece sempre conduzir à constatação de sua natureza diádica, opositiva, até mesmo contraditória. De fato, a convivência de contrários nela se apresenta como uma constante, que se estende desde o nível de materialidade mais evidente até o nível de maior complexidade e abstração. Já no seu aspecto puramente técnico, conforme nos lembrou Barthes (1981: 24), a fotografia "está na encruzilhada de dois processos absolutamente distintos: um de ordem química, a ação da luz sobre certas substâncias; o outro de ordem física, a formação da imagem através de um dispositivo ótico".

2.1. O físico e o simbólico

Embora seja fruto de uma conexão física, real, com o referente, sendo, portanto, um registro mais ou menos fiel de sua existência, a fotografia não é apenas física, mas também simbólica e mesmo convencional. A câmera não é uma simples máquina indiferente e neutra, mas sim dotada de uma certa inteligência, sendo o resultado da aplicação de séculos de conhecimentos óticos, assim como físicos e químicos. Desse modo, embora o fotógrafo possa aparentemente registrar qualquer coisa, ele, na realidade, só pode fotografar dentro dos limites daquilo que o aparelho permite. Dependendo, por exemplo, do tipo de objetiva escolhida, normal, grande angular, teleobjetiva ou uma panorâmica em olho-de-peixe, em cada uma delas tem--se um modo de transcrição do espaço radicalmente diferente. Enfim, aquilo que é registrado pela foto necessariamente obedece a leis de codificação da visualidade que estão já inscritas na câmera. Isso sem mencionarmos os pontos de vista do fotógrafo, que são sempre histórica e culturalmente convencionados.

2.2. O ÚNICO E O INFINITO

Outra dualidade da fotografia encontra-se na oposição entre os dois extremos que nela se conciliam: de um lado, o único, singular; de outro, o infinito. Cada cópia fotográfica revelada é única e, como objeto único, ela pode ser guardada, tornar-se valiosa, objeto de compra e venda. Mas uma cópia também gasta-se, envelhece, perde o brilho, racha, desbota e pode até mesmo morrer, quando atacada pela luz, pela umidade, pelas doenças habituais dos objetos de papel (Sontag, 1986: 14, 78; Barthes, 1981: 131). Há, entretanto, uma grande diferença entre o objeto singular que é uma cópia fotográfica e outros tipos de objetos únicos. Uma cópia fotográfica é, por natureza, desprezível, pois pode ser substituída por outra e infinitas cópias.

Se a coexistência do único e do infinito já está inscrita no próprio processo de revelação, mais se acentua ainda essa coexistência na relação da imagem fotográfica com o referente: "Aquilo que a fotografia reproduz até o infinito só aconteceu uma vez; ela repete mecanicamente o que nunca mais poderá repertir-se existencialmente" (Barthes, 1981: 17). Mas dentro dessa repetição mecânica infinita insinua-se uma outra relação entre dois termos opostos, a imobilidade e o movimento, que a fotografia, mais uma vez, realiza a proeza de colocar em convivência: a imobilização do movimento, o congelamento do instante capturado do fluxo incessante do mundo. E aqui surge uma outra dualidade.

2.3. FRAGMENTO E INTENSIFICAÇÃO

Um instante no tempo corresponde, na fotografia, também a um fragmento do espaço. É a vastidão ilimitada da realidade que a fotografia secciona e formata. "Toda imagem fotográfica pressupõe de maneira automática a eleição de um espaço que se decide mostrar e a eliminação simultânea do espaço que fica mais além dos limites do enquadramento" (Zunzunegui, 1992: 133). Assim sendo, a foto é sempre uma espécie de miniatura, uma pequena fração sobre o pano de fundo vasto do tempo e do espaço, dualidade dentro da qual se desdobra uma nova oposição.

Embora a fotografia tenha a natureza inegável de um fragmento, trata-se de um recorte intensificador. O que a foto perde em extensão, na sua relação com o mundo lá fora, ela ganha em intensidade. "De fato", disse Sontag (1986: 96), "o triunfo mais duradouro da fotografia tem sido a sua capacidade para descobrir beleza no humilde, no inepto, no decrépito. Na pior das hipóteses o real tem um *pathos*. Esse *pathos* é beleza." É por isso que fotografar é também um modo de redimir o simples, o banal e o modesto, pois "a fotografia é uma espécie de ênfase, uma cópula heróica com o mundo material". Ao mesmo tempo que imobilizam e aprisionam, as fotografias também ampliam "uma realidade considerada rebelde e inacessível" (Sontag, 1986: 36, 144). Tendo o enquadramento como um limite intransponível, o fotógrafo pode tirar tal partido desses limites a ponto de ser capaz — através de angulações, afastamentos, aproximações, iluminação, tempo de abertura do obturador etc. — de alargar os limites do próprio visível. Vem daí a luta inexaurível de todo fotógrafo pelo encontro com um instante de visão essencial, o átimo exato em que algo pode se revelar de uma maneira ainda não vista, como queria Michel, em "Las babas del diablo", de Cortázar (1974).

2.4. O REAL E SUA TRANSFIGURAÇÃO

Sem deixar de estar submetida à aderência tirânica do referente, o real que nela se cola, a fotografia é também capaz de transfigurá-lo. Ela é registro, traço, porém, ao mesmo tempo, capaz de mostrar a realidade como jamais havia sido vista antes. Fotografia é vestígio, mas também revelação. E esse poder revelatório está já inscrito de tal forma na própria natureza da imagem fotográfica que basta o flagrante da câmera para que as coisas adquiram um caráter singular, o aspecto diferente que as coisas têm quando fotografadas. "A fotografia desborda o real de sua realidade" (Arrouye, 1978: 76).

"O gesto fotográfico desmente todo realismo e idealismo" (Flusser, 1985: 38). Tendo se tornado norma para o modo como as coisas nos aparecem, as fotografias transformaram "as próprias noções de realidade e realismo" (Sontag, 1986: 83). Mais do que isso, no entanto, as noções de imagem fotográfica e realidade são inseparáveis e complementares. Do mesmo modo que as fotografias alteram nossa apreensão da realidade, essa apreensão alterada cria novos modos de produzir e interpretar as próprias fotos. Como resultado dessa indissociabilidade, o que se transforma não é só a visão ou noção que temos da realidade, mas a natureza mesma da realidade.

As fotografias não são meros espelhos mudos e inocentes daquilo que flagram, nem são habitantes de um reino paralelo à realidade. Embora tenham, de fato, um certo poder de duplicar o real, essa duplicação é geradora de ambiguidades insolúveis. O fato de funcionarem como réplicas não significa que as fotografias deixam de ser partes, habitantes legítimos da realidade mesma que replicam. Fotografias, assim como quaisquer outros tipos de signos imagéticos ou não, agregam-se à realidade, aumentando sua complexidade e tornando-a mais densa.

2.5. Presença e ausência

Não há dúvida de que uma das mais perturbadoras contradições a se aninhar no seio da fotografia está na convivência dos termos opostos — presença e ausência — que nela se realiza. Tal contradição já se faz sentir no nível de um constrangimento imediatamente perceptível: "Na fotografia não posso nunca negar que *a coisa esteve lá*. Há uma dupla posição conjunta: de realidade e de passado. [...] Real no estado passado: simultaneamente o passado e o real" (Barthes, 1981: 109, 117). Muito similar à de Barthes é a observação de W. Benjamin (1985: 93), ao comentar sobre as imagens humanas anônimas que começaram a surgir com a fotografia:

> Mas na fotografia surge algo de estranho e de novo: na vendedora de peixes de New Haven, olhando o chão com um recato tão displicente e tão sedutor, preserva-se algo que não se reduz ao gênio artístico do fotógrafo [David Octavius] Hill, algo que não pode ser silenciado, que reclama com insistência o nome daquela que viveu ali, que também na foto é real, e que não quer extinguir-se na "arte".

Enfim, continuou Barthes (1981: 157), a fotografia "realiza a confusão inaudita da realidade ('isto foi') e da verdade ('É isto!'). Passa a ser simultaneamente verificativa e exclamativa; leva a efígie a esse ponto louco em que o afeto (o amor, a compaixão, o luto, o entusiasmo, o desejo) é garantia do ser. Aproxima-se, então, efetivamente da loucura, junta-se à 'verdade louca'". Foi essa confusão, reinando com soberania na natureza mais íntima da fotografia, que levou Barthes (1981: 133) a chamá-la de "um novo *punctum*, que já não é forma, mas intensidade, é o Tempo, é a ênfase dolorosa do noema ('isto foi'), a sua representação pura".

Ora, a dor daquilo que foi e que jamais voltará a ser só se intensifica porque as fotos funcionam ao mesmo tempo como "certificados de presença" (Barthes ,1981:122). Ou melhor, toda fotografia "é simultaneamente uma pseudopresença e um signo de ausência" (Sontag, 1986: 25). Signo de um passado inatingível, irremediavelmente irrecuperável, mas imperturbável, perpétua e vicariamente presente. De acordo com Dubois (1994: 81), "esse mistério, essa força que trabalha subterrânea na fotografia, além ('por trás') das aparências é a mesma que funda o desejo. [...] Presença afirmando a ausência, ausência afirmando a presença. Distância ao mesmo tempo colocada e abolida e que constitui o próprio desejo: o milagre".

O lusco-fusco desassossegado da presença e ausência na fotografia, aliás, não parece ser outra coisa senão uma representação mais abstrata de um jogo similar, mas mais concreto, como é aquele que se passa entre a luz e a sombra. Para fotografar, é preciso luz, é necessário que o objeto irradie, "que a luz emane dele para atingir e queimar essa 'película tão sensível', tão reativa às suas emanações que ela conservará sua impressão". Essa conservação, no entanto, se dá nas sombras do negativo, sendo necessário que a luz deixe de ser para que "a imagem apareça finalmente: a revelação faz-se em câmara escura". Para surgir, a fotografia necessita da luz, mas é precisamente a luz que pode "fazê-la desaparecer, apagá-la, eliminá-la por inteiro". Em suma, o corpo fotográfico, corpo de luz e de trevas, nasce e morre na luz e pela luz (Dubois, 1994: 221).

2.6. Proximidade e separação

É lugar-comum afirmar-se que a fotografia implica um acesso instantâneo ao real. No entanto, quanto mais instantâneo e mais próximo esse real, mais pungente se torna sua inacessibilidade e sua distância. "Possuir o mundo sob a forma de imagens é, precisamente, voltar a sentir a irrealidade e o afastamento do real" (Sontag, 1986: 144). Quanto mais uma imagem é capaz de nos dar a ilusão da aproximação do real, com mais intensidade ela reabre a brecha da nossa alienação. Ou, então, vista pelo lado oposto, mas conduzindo a conclusões similares:

> A fotografia exibe em seu centro um espaço a ser transposto, um afastamento, uma separação. Se a fotografia é um movimento rumo ao contato é porque, em primeiro lugar, ela se expõe como *distância* e porque essa distância é inicial, incompreensível: "um longínquo, por mais próximo que esteja". Na fotografia, o encontro (com o real) sempre parece iminente, mas a distância sempre se revela exorbitante. Jamais se incorpora. Eis por que a fotografia jamais se parece com nada. Porque aquilo com que pretensamente deveria se parecer está a tal ponto definitivamente distanciado, afastado, perdido, que nada mais há diante da imagem. A fotografia não tem cara a cara. É a única aparição de uma ausência. Daí, desse desaparecimento pela distância, o caráter "aurífico" (espectral, de fantasma) de certas fotografias. (Dubois, 1994: 247-8)

2.7. Fusão e corte

Duas forças antagônicas coexistem no interior da fotografia: um movimento de atração, fusão com o real, e um movimento de recuo, separação, corte. "Por mais vinculada fisicamente que seja, por mais próxima que esteja do objeto que representa e do qual ela emana, ainda assim a fotografia permanece absolutamente separada dele" (Dubois, 1994: 93). Não há como ultrapassar o limite intransponível entre o real e sua representação, mesmo que essa representação se dê sob a forma do registro, como é o caso da fotografia. Há sempre uma clivagem constitutiva, uma separação inelutável entre o aqui do signo e o ali daquilo que ele indica ou que está nele representado, e, no caso da foto, entre o agora da imagem e o então do referente. Vem daí a barreira inevitável, corte que separa, fenda que afasta a foto da realidade mesma que foi por ela capturada.

3. A fotografia como duplo

Tem sido muito repetido que a força da fotografia está na duplicação das aparências que ela permite (cf., por exemplo, Zunzunegui, 1992: 132; Giardetti & Oller, 1995: 101), realizando, ou melhor, aprimorando o desejo humano ancestral de reproduzir o mundo. De fato, sendo fruto de algumas descobertas, tais como a combinação da *câmara oscura* com as lentes, o conhecimento da atuação da luz sobre determinados corpos e das reações químicas sobre superfícies devidamente preparadas, a fotografia representou um grande avanço no poder humano de duplicar as coisas visíveis. Mas embora tenha sofisticado esse poder ela não o inaugurou, pois a aventura da reprodução imagética do mundo já havia tido seu início nos desenhos das cavernas.

Tanto a um olhar retrospectivo, antes da fotografia, quanto a um olhar prospectivo, depois da fotografia, fica evidente a vocação, ou melhor, a obsessão humana pela reprodução do visível. Desde que o ser humano, ainda nas cavernas, tornou-se capaz de fixar, através do traço, uma imagem da natureza, o mundo começou a ser, cada vez mais crescentemente, povoado de duplos, réplicas do visível, do imaginado e até mesmo do invisível. A fotografia está na linha de continuidade de um processo que não começou nem terminou nela. Para ficarmos só no universo das representações bidimensionais, antes dela havia os desenhos na pedra, cerâmica, couro, papel, tecido etc.; havia as pinturas, as gravuras. Depois dela vieram o cinema, as impressões gráficas industriais, a televisão, o vídeo, a holografia e, hoje, a computação gráfica.

Dentro desse contexto, as perguntas que se levantam devem começar pelo seguinte: nessa linha de continuidade, qual o traço diferencial da fotografia? De onde vem a força do grande impacto que ela foi capaz de provocar nos nossos antepassados e continua a provocar até hoje?

3.1. A NOVIDADE DA FOTOGRAFIA

Como qualquer outro tipo de imagem, a fotografia é um signo, sendo, portanto, na sua referência àquilo que está fora dela e que ela registra, um duplo. Qualquer signo, por sua própria natureza, na sua relação com aquilo que é por ele indicado ou que está nele representado, é um duplo. Só pode funcionar como signo porque representa, substitui, registra, está no lugar de alguma outra coisa que não é ele próprio, daí ser necessariamente um duplo (Santaella, 1985: 163).

Os signos e, entre eles, as imagens são mediações entre o homem e o mundo. Devido à sua natureza de ser simbólico, ser de linguagem, ser falante, ao homem não é nunca facultado um acesso direto e imediato ao mundo. Tal acesso é inelutavelmente mediado por signos. Todas as modalidades de signos, inclusive as imagens, têm o propósito e a função de representar e interpretar a realidade, mas, ao fazê-lo, inevitavelmente interpõem-se entre homem e mundo. Assim como os espelhos, ao mesmo tempo que os signos refletem a realidade, também a refratam, quer dizer, ao refletir, transformam, transfiguram e, numa certa medida, até mesmo deformam o que é por eles refletido (Machado, 1984: 13-24 e Santaella, 1996a: 179). Os signos exercem, por isso mesmo, ao mesmo tempo, a função de mapas e de biombos (Flusser, 1985: 15).

Com distinções relativas, as características acima, em maior ou menor medida, são comuns a todos os tipos de signos, inclusive aos fotográficos. Entretanto, a grande novidade inaugurada pela fotografia em relação aos tipos de imagens que a antecederam está no fato de que, com ela, pela primeira vez, a imagem se viu nua e crua, reduzida a si mesma, livre de todas as distorções, para melhor ou para pior, impostas pela imaginação, manualidade e manipulação do artista. Graças a uma máquina, prolongamento do nosso sistema ótico, graças a efeitos físicos e reações químicas, são pedaços do mundo — mundo existente, real, material, físico, concreto — que a câmera se tornou capaz de aprisionar, congelar, multiplicar ao infinito e guardar para sempre, para toda a eternidade. A conexão física, dinâmica e existencial da imagem com os objetos reais que ela registra é um fato incontestável. Tão incontestavelmente factual a ponto de parecer um milagre. O milagre da captação do mundo. A imagem parece, afinal, ter conseguido se libertar dos limites impostos a todos os tipos de signos. Nem biombo, nem mesmo mapa. A fotografia surge, enfim, como se fosse a realidade ela mesma, o próprio mundo capturado em fatias.

O enorme impacto provocado pela fotografia não foi casual. "Aquilo que se vê no papel é tão real quanto aquilo que se toca. É o advento da fotografia — e não o do cinema, que partilha a história do mundo," disse Barthes (1981: 124). E, para Flusser (1985: 34):

> O aparelho fotográfico é o primeiro, o mais simples e o relativamente mais transparente de todos os aparelhos. O fotógrafo é o primeiro "funcionário", o mais ingênuo e o mais viável a ser analisado. No entanto, no aparelho fotográfico e no fotógrafo já estão, como germes, contidas todas as virtualidades do mundo pós--industrial. Sobretudo, torna-se observável, na atividade fotográfica, a desvalorização do objeto e a valorização da informação como sede de poder. Portanto, a análise do gesto de fotografar, este movimento do complexo "aparelho-fotógrafo", pode ser exercício para a análise da existência humana em situação pós-industrial, aparelhizada.

3.2. Reação eufórica e disfórica

O impacto da invenção fotográfica produziu dois tipos de efeitos igualmente intensos: uma reação canalizada na direção da euforia e outra canalizada numa direção disfórica. Exemplo típico da euforia encontra-se na declaração de Taine na sua *Filosofia da arte*, de 1865 (apud Arrouye, 1978: 74): "A fotografia é a arte que, sobre uma superfície plana, com linhas e tons, imita, com perfeição e sem qualquer possibilidade de erro, a forma do objeto que ela deve reproduzir". Em suma, a reação eufórica é uma reação de credulidade ingênua, celebratória, inocentemente apologética. Desse ponto de vista, a fotografia aparece como uma reprodução não mediatizada, uma mônada capaz de fundir imagem e mundo, facilitando a apreensão direta das coisas.

A reação disfórica, por outro lado, é melancólica, profundamente desconfiada e evidentemente crítica. Não a mera crítica destrutiva e negativista, mas crítica instrutiva, funcionando como uma espécie de diagnóstico. Mas de que diagnóstico se trata?

Aquilo que a reação disfórica é capaz de revelar não parece ser outra coisa senão a especificidade do caráter sígnico da fotografia, o traço de sua especificidade como signo. Ora, precisamente porque apresenta, numa certa medida, uma ligação direta e imediata com o mundo, porque é capaz de roçar o real, quase agarrá-lo, justamente porque chega a tocá-lo, a fotografia, pela primeira vez, pôs na frente dos nossos olhos a brecha, a fenda aberta, o hiato de separação entre o mundo e seu registro, fazendo ruir qualquer ilusão de que o existente e o fotografado, a vida e o signo possam coincidir, conforme foi muito bem lembrado por W. Benjamin (apud Virilio, 1994: 43): "A fotografia prepara este salutar movimento através do qual o homem e o mundo que o rodeia tornam-se estrangeiros um ao outro, abrindo o *campo* livre em que toda intimidade dá lugar ao aclaramento dos detalhes".

A consciência do signo como duplo, real e representação irremediavelmente fendidos, separados, que já estava metaforizada no mito de Narciso, foi posta a nu pela fotografia. Se a consciência do signo, mediação intransponível entre nós e o mundo, não nasceu com a fotografia, essa consciência foi, sem dúvida, pela fotografia exponenciada, levada ao seu limite de radicalidade. E no cerne dessa brecha que a fotografia, na sua literalidade, abriu sem disfarces e subterfúgios reside a mais perturbadora contradição que se aninha no recesso mais íntimo do signo, como se verá a seguir.

4. Entre a morte e a eternidade

Num ensaio dedicado à "Fotografia e fetiche", C. Metz (1985) fez uma cuidadosa introdução ao tema, relacionando a fotografia à morte. Imobilidade e silêncio, características patentes da fotografia, "não são apenas aspectos da morte, eles são também seus principais símbolos, eles *figuram-na*" (Metz, 1985: 83). Não há quem tenha se dedicado ao estudo da fotografia sem mencionar, mais ou menos enfaticamente, seu poder mortífero, sem notar sua afinidade com a morte. De fato, ambas estão ligadas de vários modos. Já no nível mais explícito, há um uso social e cultural das fotografias de pessoas mortas importantes que ficam oficialmente expostas ou são publicadas em livros, revistas, jornais como um modo de manter a memória de sua existência passada.

Num uso mais pessoal, fotografias são também guardadas em memória dos seres amados que não estão mais vivos. Diferentemente do cinema, televisão ou vídeo, que, graças ao movimento, guardam a memória dos mortos como se estivessem vivos, fotografias, devido à imobilidade, fixidez, que lhes são próprias, guardam a memória dos mortos como mortos. Mas mesmo entre aqueles que ainda vivem fotografias funcionam como documentos dos efeitos do tempo e dos traços de envelhecimento. Testemunhas impiedosas da passagem da vida em direção à morte. "Todas as fotografias são *memento mori*.

Fotografar é participar na mortalidade, vulnerabilidade e mutabilidade de uma outra pessoa ou objeto. Cada fotografia testemunha a inexorável dissolução do tempo, precisamente por selecionar e fixar um determinado momento. [...] A fotografia é o inventário da mortalidade" (Sontag, 1986: 24, 70).

Ainda num nível facilmente apreensível, mas um pouco mais metafórico, a câmera tem sido comparada a uma arma e o ato de fotografar ao de atirar. "Tal como um carro, uma câmera é vendida como uma arma predatória, uma arma tão automatizada quanto possível, pronta a disparar. [...] A máquina funciona sozinha e reage à mais pequena manifestação da vontade. Tão simples como pôr o carro a trabalhar ou carregar no gatilho" (Sontag, 1986: 23). "Hoje, os fotógrafos profissionais ou amadores se contentam na maior parte dos casos em metralhar" (Virilio, 1994: 30). "O aparelho é brinquedo sedento por fazer sempre mais fotografias. Exige de seu possuidor que aperte constantemente o gatilho. Aparelho-arma" (Flusser, 1985: 60).

Num outro nível, ainda mais metafórico, o instantâneo fotográfico, assim como a morte, "é um sequestro de um objeto fora deste mundo para um outro mundo. Também como a morte, a *tomada* fotográfica é imediata e definitiva", um corte dentro do referente, de um pedaço dele, um fragmento, objeto parcial, para uma longa viagem sem retorno (Metz, 1985: 84).

> O ato fotográfico implica portanto não apenas um gesto de corte na continuidade do real, mas também a ideia de uma passagem, de uma transposição irredutível. Ao cortar, o ato fotográfico faz passar para o outro lado (da fatia); de um tempo evolutivo a um tempo petrificado, do instante à perpetuação, do movimento à imobilidade, do mundo dos vivos ao reino dos mortos, da luz às trevas, da carne à pedra. (Dubois, 1994: 168)

Ao congelar pessoas, coisas ou situações em instantâneos, a fotografia funciona como um repetido testemunho de que aquele instante já passou, não mais existe, desapareceu para sempre, morreu. Sob esse aspecto, ao caracterizar aquela espécie de pequeno simulacro, de *eidôlon* emitido pelo objeto fotografado, Barthes (1981: 23) também o chamou de "*spectrum* da fotografia, porque esta palavra conserva, através da raiz, uma relação com o 'espetáculo' e acrescenta-lhe essa coisa um pouco terrível que existe em toda fotografia: o regresso do morto".

4.1. A promessa de eternidade

Quando a reflexão sobre o parentesco da fotografia com a morte é levada suficientemente longe, no fundo desse parentesco acaba sempre por surgir em complemento, mas ao mesmo tempo, em oposição à morte, a figura da eternidade.

A imagem fotográfica fixa, estável, congelada, imutável, disponível para sempre, nos dá uma espécie de posse vicariante do objeto, algo que pode ser conservado e olhado repetidamente, sem qualquer espécie de limite. Longe de vir do objeto, o limite vem de nós mesmos. As fotografias sobrevivem não apenas a nós, mas a muitas gerações. Cópias envelhecidas podem ser renovadas. Negativos podem ser reproduzidos de negativos. Há algo de indestrutível nas fotografias.

O potencial para a regeneração perpétua acentua o caráter de imutabilidade da fotografia, criando uma onipresença latente. Fora do tempo e do espaço, em qualquer lugar, em qualquer momento, poderia estar, por princípio, uma fotografia. Foram essas características especialmente que dotaram a imagem fotográfica de um poder para funcionar como símbolo da eternidade (D. Tomas, 1982: 5).

Afinal, "o outro mundo" em que o objeto fotografado é tragado não é apenas o da morte do instante capturado, mas o de um outro tempo, de duração infinita na imobilidade total, interminável, imutável, imperecível, tempo por onde o tempo não passa, perpétuo, eterno. Na petrificação fotográfica não está apenas a imobilidade mortífera, mas também a eternidade latente do indestrutível.

Entretanto, na fotografia, morte e eternidade são inextricáveis, como as duas faces de uma moeda. O instante arrancado do *continuum*, que o registro fotográfico eterniza, é um fragmento do vivido que se esvaiu. A eternidade do registro acaba funcionando como prova irrefutável de que a vida, em cada milésimo de instante, está grávida de morte. Porque é por natureza provisório, transitório, fugaz, cada momento vivido incuba sua própria morte. Sendo capaz de congelar o instante num flagrante eterno, a fotografia acaba apontando para o avesso do eterno: a irrepetibilidade e morte irremediável que está inscrita na passagem de cada instante. A vida aparece para morrer a cada aparição (Santaella, 1996c: 180).

A bem da verdade, no entanto, essa contradição da morte e eternidade não é privilégio exclusivo da fotografia. Embora mais camuflada, ela está no bojo de todo e qualquer signo. Mas foi a fotografia, sem dúvida, que a trouxe à superfície. Foi a fotografia que deflagrou com intensidade a consciência da dialética do signo entre a vida e a morte, finitude e eternidade, fluxo e congelamento. A mais impressionante ilustração dessa problemática está num romance famoso de A.B. Casares, *La invención de Morel* (1972).

4.2. A MÁQUINA FANTÁSTICA

Borges chamou de perfeito o argumento desse romance. As interpretações que se podem extrair do argumento devem ser tão perturbadoras quanto é perfeita sua trama.

Um fugitivo, condenado à prisão perpétua, consegue refugiar-se numa ilha deserta, mas perigosa. Ouviam-se rumores de que pessoas que passaram por aquela ilha morriam, logo depois, de doença estranha e inexplicável. A ilha, em si mesma, não era menos estranha. Partes dela com vegetação exuberante, outras partes completamente mortas. Para aumentar a estranheza, junto com uma capela e uma piscina, uma mansão, que bem poderia ser também um museu, um hotel ou um sanatório, foram construídas na ilha, com sinais de terem sido abandonadas às pressas e para sempre. O fugitivo sobrevivia na ilha a duras penas, até que um certo dia se defrontou com algo muito estranho: sons, vozes, música, luzes, vinham da colina das construções abandonadas. De fato, pessoas passeavam pela ilha, como se estivessem de férias. Temendo ser apanhado, o foragido as espiava de longe, sem ousar se aproximar. Chamou-lhe a atenção, no entanto, uma mulher que todas as tardes, no alto da colina, ia contemplar o crepúsculo. Não tardou para que a imagem dessa mulher começasse a preencher a miséria de sua solidão. Em muito pouco tempo, começou a espiá-la com todas as urgências de um apaixonado. Obstinado na sua paixão, sem temer os riscos de ser apanhado, ousou aproximar-se da mulher para declarar seu amor. Os olhos dela o atravessaram como se não o tivessem visto. Perturbado, buscando explicações, foi se aproximando cada vez mais, falando com a mulher, gritando-lhe seu amor. Nada. Nenhuma reação.

O romance vai, assim, adquirindo características alucinatórias. Será que todas aquelas pessoas são meras projeções de sua mente delirante? Sem desistir, segue as pessoas. Já conhece seus nomes. Há um homem que parece cortejar sua amada, da qual também já sabe o nome, Faustine. Tudo lhe parece real, mas ao mesmo tempo, inverossímil. As cenas que vê e diálogos que ouve começam a se repetir: as mesmas roupas, o mesmo crepúsculo, as mesmas palavras nas mesmas conversas. Tudo se repete periodicamente. Mais que isso: os lugares em que estão as pessoas são limpos, belos, as construções iluminadas. Quando elas não estão, é só abandono, deterioração. Para cúmulo do seu transtorno e incompreensão, num certo período de dias brilham dois sóis no céu e, às noites, duas luas. Tudo parece replicar-se.

Ultrapassado pelo estranhamento e pela paixão, cria coragem e penetra na mansão, para testemunhar, atônito, a cena em que tudo se desvenda. Todos os convivas reunidos numa sala ouvem às explicações de Morel, o dono da ilha, o homem que corteja sua amada. Morel é o inventor de uma máquina fantástica, uma nova forma de fotografar. Durante os sete dias em que os convidados estiveram na ilha, a máquina, a mais indiscreta de todas as máquinas já existentes, registrou suas vidas completamente, todos os atos de todos os momentos, até mesmo o sono. Mais do que uma fotografia, mais do que um filme ou um vídeo, mais do que uma holografia, a máquina, imitação mais que perfeita da vida, é capaz de registrar o gosto, até mesmo o cheiro, além do cheiro, a palpabilidade, mais ainda, a transpiração, enfim, "um sistema de reprodução da vida. [...] Para fazer reproduções vivas, preciso de emissores vivos", diz Morel (Casares, 1972: 87). Em troca, a máquina lhes concedia a eternidade. As cenas registradas se repetiriam periodicamente *ad infinitum.* "Viveremos para a eternidade", completou Morel (ibid.: 80).

Todas as cenas espiadas pelo foragido, as conversas, os seres humanos, inclusive as aparições de sua amada, seu olhar perdido no mar ao entardecer, não eram senão aparências, uma nova classe de fotografias, repetindo-se indefinidamente, sem mudança, indestrutíveis, eternas. Mas a eternidade cobra seu preço. Um alto preço. Poucos dias depois de eternizados nas imagens da máquina, os emissores vivos, inclusive os animais e vegetais, perdiam a vida. Uma morte estranha, de fora para dentro.

O final do romance é tão surpreendente quanto seu desenvolvimento. Tomado de amor, o foragido decide penetrar na história, eternizar-se ao lado da amada, converter-se à mesma natureza da imagem pela qual se enamorara. Ensaia seus papéis e seus gestos com perfeição, de modo a parecer que fazia parte natural do grupo e que, supremo deleite, formava com Faustine um casal enamorado. Aprende a manejar a máquina e reaciona-a de modo a inserir-se na história como personagem. "A verdadeira vantagem de minha solução", diz o foragido, "é que faz da morte o requisito e a garantia da eterna contemplação de Faustine" (ibid.: 122). O romance termina com um pedido final do fugitivo. Se alguma máquina ainda mais aperfeiçoada aparecesse, que seu inventor fosse buscar os dois, o fugitivo e Faustine, e, num ato piedoso, o fizesse entrar, então, no céu da consciência de Faustine. A máquina de Morel tudo podia registrar e eternizar, as aparências, as sensações, a tridimensionalidade dos corpos e seus suores. Só não podia eternizar a consciência.

O romance evidentemente deixa uma variada gama de interpretações em aberto. Entre as interpretações possíveis, não parece haver dúvida de que uma delas ocupa um papel de destaque, a dialética do signo e da vida, entre a morte e a eternidade, justamente a dialética que a fotografia pôs a nu.

Todo registro ou signo da realidade tem uma vida emprestada, quer dizer, representa algo que está fora do registro e continua a existir apesar do registro.

Por mais perfeito que o registro possa ser, há sempre uma disparidade, há sempre algo do objeto que o signo não pode capturar. Entre as coisas e os signos, abre-se o hiato da diferença. O signo pode estar no lugar do objeto, pode indicar o objeto, pode representar o objeto, mas não pode ser o objeto. O signo pode ser até mesmo uma emanação do objeto, como é o caso da fotografia, do filme, do vídeo, da holografia, mas o objeto, aquilo que foi fotografado, filmado, videografado, holografado continua a ter uma existência independente, fora do signo em que foi capturado. É exatamente essa radical impossibilidade do signo de estreitar a fenda que o separa e o diferencia do objeto registrado ou representado que *La invención de Morel* tematiza.

Se, como queria Morel, o signo tivesse o poder de atingir a mais completa identidade em relação àquilo que ele representa, desapareceria, então, a fenda da distinção entre signo e objeto representado e este, o objeto, se tornaria supérfluo, dispensável, perderia sua razão de ser e de existir. Se signo e objeto pudessem ser uma só e mesma coisa, não haveria mais signo, pois aquilo que o caracteriza como signo é justamente sua vicariedade, o fato de roubar e viver vidas alheias. Se o signo pudesse ter vida própria, ele deixaria de ser signo. Colado à vida do objeto, ele seria o próprio objeto, tomando completamente seu lugar. Trata-se, portanto, de uma questão de vida ou morte. O objeto estaria fadado à morte de fora para dentro, da exposição de sua superfície ou aparência flagrada na imagem até seu desaparecimento total e inexorável.

É verdade que Morel levou a metáfora da morte ao limite, mas, de forma mais tênue, não tão perceptível, ela está latente em todo e qualquer signo, toda e qualquer imagem. Ao se fazer presente, todo signo coloca em ausência aquilo que está nele representado. A mera presença do signo cria, por isso mesmo, uma espécie de morte, uma nostalgia do ausente.

Entretanto, a relação signo e objeto é bastante mais complexa do que um duelo de vida e morte poderia deixar transparecer. A vida é aquilo que passa, que se transforma, que se adianta para a morte. O signo é aquilo que busca permanecer, que se quer indestrutível, que aspira ao eterno. A máquina de Morel é perfeita. Tudo pode capturar, até o cheiro. Mas há sempre algo que fica de fora. Nenhum signo poderia ser completo porque também a vida ela mesma é incompleta. As imagens capturadas pela invenção de Morel têm a perfeição da aparência, mas falta-lhes algo vital, o transcurso da vida para a morte, falta-lhes consciência. São, portanto, imagens mortas e, como tais, eternas. Só podem ser eternas porque são mortas. O signo é mais resistente do que a vida porque é tão indestrutível quanto a morte. É justamente nesse aspecto que deparamos com o grande achado, com o caráter surpreendentemente antecipatório do romance de Casares.

4.3. Uma nova história da fotografia

Desde as imagens nas cavernas, desde o aparecimento das diferentes formas de escritura e, especialmente, desde a invenção do código alfabético até a realidade virtual no mundo de hoje, salta à vista a aventura humana incessante e crescente de encontrar meios de produção e meios de armazenamento de signos e linguagens cada vez mais resistentes e imperecíveis. Sob esse aspecto, o advento da câmera fotográfica foi um marco decisivo. O negativo como fonte de infinitas cópias, inclusive a cópia do próprio negativo, inaugurou a era das "máquinas fantásticas", ou seja, das máquinas cada vez mais capazes de gerar signos indestrutíveis, numa nítida busca do eterno, como se, na durabilidade dos signos, o perene pudesse se vingar da perversidade da vida perecível.

Da fotografia e cinema, passando pelo vídeo e holografia, até a atual computação gráfica, a aventura foi se sofisticando cada vez mais. Como queria Morel, essas novas formas de fotografar não mais eternizam os vivos como mortos, não os congelam mais no instantâneo de uma tomada, mas os eternizam como vivos, em cores, movimentos, gestos, passagens, transmutações no tempo. Diante dessas novas potencialidades, muito embora o instantâneo fotográfico continue tendo funções sígnicas, como as de tipo descritivo, expressivo ou documental, por exemplo, ainda bastante relevantes, a câmera fotográfica parece ter ficado para trás como uma espécie de máquina primitiva.

Entretanto, um século e meio depois do aparecimento da fotografia, uma nova revolução na feitura das imagens viria trazer profundas transformações para a própria fotografia, abrindo o que poderia ser chamado de uma nova história da fotografia que agora se inicia. As enormes capacidades do computador, no coração da era da informação, estão se voltando também para a fotografia. O computador tem crescentemente sido usado para manipular e controlar os elementos fotográficos em rearranjos inimaginavelmente ágeis. Pessoas ou coisas podem ser apagadas ou acrescentadas, cores modificadas e imagens ampliadas. As capacidades de retoque do computador são tão eficientes, sutis e indetectáveis quanto os passes de um mágico. Com as novas tecnologias computacionais, a fotografia pode ser reorquestrada de modo a preencher qualquer desejo (Ritchin, 1990: 3-6).

Segundo nos informa Fadon Vicente (1993: 49), "o impacto maior da eletrônica sobre a fotografia se faz sentir na pós-produção da imagem, embora esteja também presente na pré-produção e produção propriamente dita", do que se constata "um deslocamento do eixo de criação para a pós-produção via computação gráfica, com uma carga ética e estética nada desprezível". Arlindo

Machado (1993b: 15) completa a mesma ideia, dizendo que "uma vez que agora se pode fazer qualquer tipo de alteração do registro fotográfico e com um grau de realismo que torna a manipulação impossível de ser verificada, a conclusão lógica é que, no limite, todas as fotos são suspeitas e, também no limite, nenhuma foto pode legal ou jornalisticamente provar coisa alguma".

De fato, como sonhou o fugitivo, ao reacionar a máquina de Morel para se eternizar ao lado de sua amada, hoje já é possível manipular uma fotografia até o ponto de nela serem inseridas personagens que não estavam presentes no instante do flagrante da câmera. Mas tanto quanto na invenção de Morel, embora passíveis de manipulação ilimitada e embora muito perto da eternidade, as imagens do computador também não têm consciência. Até quando ficará o pobre fugitivo à espera de uma máquina mais aperfeiçoada, à espera desse ato piedoso que seja capaz de colocá-lo no céu da consciência de Faustine?

10.

IMAGEM, PINTURA E FOTOGRAFIA À LUZ DA SEMIÓTICA PEIRCIANA

Imagens são uma das mais antigas formas de expressão da cultura humana. Em oposição aos artefatos, que servem para fins práticos, elas se manifestam com função puramente sígnica. A semiótica tem, como ciência geral dos signos, a tarefa de desenvolver instrumentos de análise desses produtos prototípicos do comportamento sígnico humano. No entanto, uma semiótica especial da imagem, da pintura e da fotografia somente se desenvolveu relativamente tarde ao longo da história da semiótica moderna. A semiótica permaneceu, por um período demasiado longo, subjugada a modelos logocêntricos. Quando, na era da semiologia estruturalista dos anos 1960, ela começou a se voltar não apenas para fenômenos sígnicos linguísticos ou aqueles codificados de maneira semelhante aos fenômenos linguísticos, mas também para as imagens, isso ocorreu primeiramente ou a partir de exemplos de imagens que, como na propaganda ou na fotografia de imprensa, parecem não poder existir sem um texto acompanhando, ou com base em modelos de análise logocêntricos, que postulam, quase sempre de forma bastante esquemática, uma linguagem da imagem com estruturas análogas às da linguagem natural verbal. O presente capítulo procura, em oposição a essa tradição verbalista da semiótica da imagem, analisar as perspectivas de uma semiótica da imagem com base na semiótica geral de Charles Sanders Peirce, mostrando algumas das possibilidades de sua aplicação.

1. Algumas abordagens e alguns temas da semiótica da imagem

As diferentes abordagens da semiótica da imagem, desde os anos 1960, espelham as diversas tendências da semiótica aplicada. Um panorama resumido dessas tendências é dado nos capítulos 2. Sobre a imagem, 7. Sobre a pintura e 8. Sobre a fotografia. Entre os temas de uma teoria da imagem discutidos sob a perspectiva das diversas escolas da semiótica, encontra-se, em primeiro lugar, há muito, a questão sobre uma possível gramática da imagem, isto é, sobre a estruturação da superfície imagética em unidades de significação mínimas e maiores. Naturalidade vs. convencionalidade, iconicidade vs. arbitrariedade, determinação cognitiva vs. determinação cultural da percepção e interpretação imagética são outros grupos temáticos estudados pela semiótica da imagem utilizando resultados da semiótica implícita da imagem.

Uma das perguntas sempre colocadas sobre a semiótica da imagem é se a semiótica, como ciência dos signos, também pode dizer algo sobre imagens não--figurativas. Enquanto a qualidade sígnica das imagens figurativas, devido à sua dimensão representativa ou referencial, não pode ser questionada, a qualidade sígnica de imagens não-figurativas pode ser, às vezes, questionada com o argumento de que algo que não denota nada não pode ser signo. As opiniões dos semioticistas acerca desse tema não são de forma alguma homogêneas. Eco (1976: 6-7; 1984: 202-26), por exemplo, postula que somente aquilo que é capaz de mentir pode ser um signo e conclui disso que, por exemplo, a imagem produzida pelo reflexo de um espelho não pode ser um signo. Sem dúvida, uma imagem abstrata ou até monocromática não pode nem mentir, nem dizer a verdade. Porém, apesar disso, a semiótica da imagem interpretou imagens não-figurativas também como signos, indo contra a argumentação de Eco. As fundamentações semióticas desse argumento provêm de duas linhas diferentes. Uma delas parte da ideia de um signo autológico e, assim, estético; de um signo, portanto, que, em última instância, só se refere a si mesmo (cf. Nöth, 1972). A outra vê a fundamentação da qualidade sígnica de imagens não-figurativas no estabelecimento de um nível de significação especial dos chamados elementos abstratos (ou também plásticos) da imagem, que já se manifestam em meras cores ou formas e em suas oposições através dos chamados contrastes cromáticos (por exemplo, "vermelho" vs. "verde", "pleno" vs. "não-pleno") e de categorias eidéticas (por exemplo, "redondo" vs. "quadrado", "convexo" vs. "côncavo"), as quais possuem um valor semântico próprio na estrutura da composição da imagem (cf. Thürlemann, 1990: 25-31; Edeline et al., 1992). Já que tais signos abstratos (ou plásticos) aparecem em todas as imagens, enquanto os signos icônicos (ou figurativos) só existem como signos na pintura figurativa, não é o nível icônico do signo, mas sim o abstrato que tem um lugar fundamental na semiótica da pintura.

Uma das características mais importantes das diferentes abordagens da semiótica na tradição da semiologia estruturalista (ver cap. 2.) é seu pensamento em forma de oposições binárias: aquilo com qualidade sígnica é oposto ao que não possui qualidade sígnica, o arbitrário é oposto ao icônico, o natural ao convencional, o figurativo ao abstrato; *tertium non datur*. A semiótica triádica de Peirce opõe-se radicalmente a uma tal forma de pensamento. Ela não somente substitui o pensamento diádico ou binário do estruturalismo por um pensamento triádico, mas também substitui um pensamento em oposições e estruturas que se excluem reciprocamente por um pensamento de acordo com o qual as categorias descritivas devem ser entendidas como aspectos dos fenômenos, os quais podem estar presentes ao mesmo tempo em diferentes graus. Sob esse pano de fundo, se encontra a semiótica da imagem no contexto de uma fenomenologia cujas categorias não são limitadas apenas ao visual, mas são de tipo universal.

2. Fundamentações categoriais de uma semiótica peirciana da imagem

O sistema categorial triádico de Peirce é fundamental para o entendimento da sua semiótica (cf. Santaella, 1995). Enquanto Aristóteles postulou dez e Kant doze categorias ontológicas, Peirce desenvolveu uma fenomenologia com somente três categorias universais, que ele denominou primeiridade, secundidade e terceiridade. A categoria da *primeiridade* é, segundo Peirce, "a forma de ser daquilo que é como é, positivamente e sem nenhuma referência a qualquer outra coisa" (CP 8.328). Ela é a categoria da presença imediata, do sentimento irrefletido, da mera possibilidade, da liberdade, da imediaticidade, da qualidade não diferenciada e da independência (cf. CP 1.302-303, 1.328, 1.531). A categoria da *secundidade* baseia-se na relação de um primeiro a um segundo (CP 1.356-359). Ela é a categoria do confronto, da experiência no tempo e no espaço, do fatual, da realidade, da surpresa: "Somos confrontados com ela em fatos tais como o outro, a relação, a coerção, o efeito, a dependência, a independência, a negação, o acontecimento, a realidade, o resultado". A categoria da *terceiridade* põe um segundo em relação a um terceiro (CP 1.337). Ela é a categoria da mediação, do hábito, da lembrança, da continuidade, da síntese, da comunicação e da semiose, da representação ou dos signos.

Apesar de os signos pertencerem à categoria da terceiridade, já que eles unem um primeiro, a saber, o veículo do signo (*representamen*), a um segundo, o objeto representado no signo, em um terceiro, a consciência interpretativa, os aspectos da primeiridade e da secundidade podem, em certos casos, predominar, de maneiras distintas, no signo. Se, por exemplo, o signo enquanto tal for observado primariamente sob o aspecto da sua qualidade como veículo do signo, é a categoria da primeiridade que se encontra em primeiro plano. Se considerarmos o signo em relação a seu objeto, trata-

-se, nesse caso, da categoria da secundidade. Se o signo é considerado sob o aspecto de sua interpretação, trata-se do aspecto da sua terceiridade. As categorias da primeiridade, secundidade e terceiridade podem, de cada um desses pontos de vista, ter ainda um papel de subaspectos, de maneira que há uma primeiridade, uma secundidade e uma terceiridade na primeiridade, assim como na secundidade e na terceiridade. Peirce mostrou, na sua teoria das principais classes de signos (CP 2.254-263), de que maneira isso é possível. Essa teoria não precisa ser apresentada aqui em todos os seus detalhes, apesar de se constituir em fundamentação da discussão a seguir.

O ponto de partida das próximas considerações sobre a semiótica da imagem, da fotografia e da pintura é o aspecto da relação das imagens com seus objetos ou com aquilo a que se referem. De maneira geral, Peirce distinguiu, do ponto de vista da relação com o objeto, signos icônicos, indexicais e simbólicos. Os critérios para isso serão discutidos nos seus pormenores mais à frente. Em oposição à posição frequentemente defendida de que imagens, e principalmente imagens figurativas, são prototipicamente icônicas, a seguir será defendida a tese de Santaella (1988: 67) de que a função referencial, representativa das imagens figurativas, não é, em primeiro lugar, uma função icônica, mas indexical. Além disso, parte-se do pressuposto de que imagens, em geral, podem ser tanto ícones e índices, assim como símbolos. Contudo, esses três tipos de signos manifestam-se prototipicamente de maneira distinta em diferentes gêneros de imagens. Há imagens que são mais icônicas e imagens que são mais indexicais ou simbólicas. Protótipo da imagem icônica não é a pintura figurativa, mas sim a não-figurativa, a abstrata (cf. 2.). Protótipo da imagem indexical são a fotografia e a pintura realista (cf. 3.), e protótipo da imagem simbólica é a pintura codificada iconológica ou iconograficamente (cf. 5.).

3. A PINTURA NÃO-FIGURATIVA COMO IMAGEM ICÔNICA PROTOTÍPICA

Porque a pintura não-figurativa é protótipo da imagem icônica fica claro a partir da definição peirciana do ícone "puro". O ícone, de acordo com Peirce (CP 2.92, 2.276), é definido como um signo que possui caráter sígnico simplesmente devido às qualidades (de primeiridade) materiais próprias a ele, sem ser definido como signo por um segundo, o objeto. Peirce denomina um signo limitado somente a essa função sígnica um *quali-signo icônico* e descreve como, na observação de uma imagem, essa função sígnica pode ser colocada em primeiro plano com o exemplo de um observador absorvido na contemplação de uma pintura (evidentemente figurativa):

> Ícones (isto é, signos icônicos) substituem tão completamente seus objetos a ponto de se distinguirem deles com dificuldade. Assim são os diagramas da geometria. Um diagrama, de fato, na medida em que ele tem uma significação geral, não é um ícone puro; mas no meio do caminho do nosso raciocínio, nos esquecemos dessa abstração em grande medida, e o diagrama é, para nós, a própria coisa. Assim, quando contemplamos uma pintura, há um momento em que perdemos a consciência de que ela não é a coisa, a distinção entre o real e a cópia desaparece, e ela é para nós, por um momento, um puro sonho — não uma existência particular, nem geral. Nesse momento, nós estamos contemplando um ícone. (CP 3.362)

A transformação perceptiva, aí descrita por Peirce, de uma pintura evidentemente figurativa em um ícone puro parece antecipar a transformação da pintura figurativa na pintura abstrata ocorrida mais tarde na história da pintura. Assim como acontece com o quali-signo icônico, a distinção entre o veículo do signo e o objeto é anulada nas imagens não-figurativas dos pintores abstratos. Poder-se-ia perguntar, a essa altura, se um tal *perceptum* sem referência pode ainda ser interpretado como signo ou se um signo sem objeto não representa um paradoxo semiótico (cf. Edeline et al., 1992: 114). Para Peirce, não há aqui uma contradição, já que, na sua semiótica, existe a categoria da autorrepresentatividade do signo (cf. Schönrich, 1990: 113). Um signo pode ser signo de si mesmo (*sign of itself*), representando, então, uma relação triádica na qual o objeto é o próprio veículo do signo ("Uma relação triádica na qual o Representamen [...]é] seu próprio (do Terceiro) Objeto [...], capaz de determinar um Terceiro para esta relação", CP 2.274). Peirce compreende a particularidade de um signo que se refere a si mesmo também na sua distinção entre signo genuíno e degenerado, por um lado, e entre ícone e hipoícone, por outro.

Realmente, o ícone puro é somente uma possibilidade hipotética de um signo. Em relação à sua qualidade sígnica, o ícone puro não é, segundo Peirce, um signo "genuíno", mas sim um signo degenerado. Um signo genuíno não pode se basear somente na categoria da primeiridade, mas tem também que participar da categoria da secundidade, ao referir-se a um objeto. Além disso, ele deve conter um aspecto da terceiridade, já que ele leva a uma interpretação. A característica de possuir qualidade sígnica devido à sua própria primeiridade qualitativa — que é a única característica determinadora do signo degenerado em seu mais alto grau ou ícone — manifesta-se também em grau variado no signo genuíno. Em vez da fusão perceptual ou até da identidade do veículo sígnico com o objeto, surge aqui a característica da similaridade entre os dois. Um signo que, dessa maneira, não é mais puramente icônico, mas que somente se encontra ligado ao objeto por sua semelhança, por características comuns com ele, participando, assim, devido à sua primeiridade no veículo do signo, da primeiridade do objeto, é denominado por Peirce *hipoícone* (CP 2.276-277). Imagens figurativas, diagramas e metáforas são signos hipoicônicos, mas, por outro lado, também não o são em todos os sentidos. Uma pintura figurativa é hipoicônica na medida em que ela é semelhante a seu objeto. Por outro lado, ela não é hipoicônica por ser determinada em seu estilo por uma tradição da pintura (um aspecto da terceiridade) e por referir-se, através de um título ou uma legenda, ao mundo representado (neste sentido, ela seria indexical): "Qualquer imagem material, como uma pintura, é largamente convencional no seu modo de representação; mas, em si mesma, sem legenda ou rótulo, pode ser chamada de *hipoícone*" (CP 2.276).

Além do quali-signo icônico, que, como signo puro, se reduz, por sua mera qualidade, ao nível icônico e, assim, à categoria da primeiridade, a semiótica peirciana prevê ainda duas outras possibilidades de iconicidade, nas quais o ícone está ligado às categorias da secundidade e da terceiridade. Uma delas é o *sin-signo icônico*, um ícone cujo veículo do signo é singular ou individual; a outra é o *legi-signo icônico*, quando o veículo do signo é definido por uma regularidade.

Na história da pintura não-figurativa, essas três formas de iconicidade dominam de maneira diversa. O protótipo da pintura como quali-signo icônico é a pintura monocromática, que talvez seja aquela que nega a relação referencial da imagem de maneira mais radical. Um exemplo de pintura monocromática é a obra *Tau*, de Anna Barros (São Paulo, 1992), representada na capa deste livro. Uma imagem monocromática consistindo somente da cor azul, conforme o ponto de vista, ou não "significa" absolutamente nada, ou se refere a infinitas coisas, a saber, todas as coisas azuis no mundo. Já que ela é referencialmente tanto vazia como totalmente aberta, o observador precisa abrir mão da ilusão da referência, da relação com o objeto, concentrando-se somente na materialidade e, assim, no aspecto da primeiridade da própria imagem. Realmente uma tal forma de recepção encontra-se também na teoria da pintura monocromática. O observador deve se aprofundar na materialidade da cor, que se apresenta, através de uma contemplação mais pormenorizada, em várias nuanças. Além da pintura monocromática, que, do ponto de vista da teoria da informação, apresenta um máximo de ordem estrutural, as imagens não-figurativas, que correspondem ao princípio oposto, ao caos estrutural total, também pertencem à classe dos quali-signos icônicos. Imagens produzidas aleatoriamente são exemplos desse outro extremo. O receptor é confrontado com formas e constelações cromáticas totalmente imprevisíveis, nunca antes vistas, que, livres de qualquer tipo de esquema composicional e sem nenhuma tradição de gênero (regularidade, terceiridade), só têm efeito por sua própria qualidade. Nada se parece com elas e, exatamente por isso, tudo também pode ser semelhante a essas imagens. A relação de referência é tão aberta quanto no caso da imagem monocromática.

Consideremos, do ponto de vista do grupo de imagens limitadas somente ao aspecto da primeiridade, a próxima classe de imagens icônicas, que funcionam como sin-signos. Essas imagens pertencem, devido à singularidade de sua qualidade, à categoria da secundidade (sin-signos). Entretanto, em razão de sua não-figuratividade, ou melhor, da perda de sua dimensão referencial, devido à qual o receptor tem que se concentrar totalmente na dimensão da materialidade da imagem, essas imagens pertencem, na sua relação com o objeto, à categoria da primeiridade. O aspecto da singularidade é, de certa forma, inerente a qualquer pintura, na medida em que qualquer pintura, como original de um determinado artista, tem a marca desse pintor. No entanto, isso só aparece como aspecto dominante em imagens nas quais a presença do pintor encontra-se totalmente em primeiro plano na forma de "gesto" específico. A *action painting* é o protótipo dessas imagens que funcionam como sin-signos, nas quais o vestígio da energia dos gestos pitorescos se mostram da maneira mais clara possível. As expressivas estruturas imagéticas das pinturas de Jackson Pollock não se referem a nada em nosso mundo a não ser aos gestos do pintor no momento da produção do quadro. As qualidades imagéticas deixam perceber o vestígio dos meios, dos instrumentos e da mão, que levaram à produção desse signo.

O vestígio da singularidade da obra não precisa necessariamente se manifestar, como na *action painting*, na forma de gestos expressivos; ele também pode ser um gesto radicalmente invisível. Esse é o caso do *objet trouvé*. O objeto, por exemplo, o *urinoir* de Duchamp, deslocado do contexto, esvazia-se de sentido, não significando nada além de si próprio, e é, assim, um ícone puro. Ao mesmo tempo, ele também é um sin-signo devido ao gesto da escolha do artista. Essa escolha faz do produto de massa industrial uma obra singular, que só se refere, além de a si mesma, ao artista que fez do objeto uma obra de arte através de seu ato de seleção e exposição.

Na terceira classe de imagens icônicas não-figurativas, os legi-signos icônicos, encontramos, em vez da singularidade da imagem material, uma qualidade como regularidade. Os elementos da imagem se combinam em um todo através de regularidades como simetria, harmonia, tensão, contraste, oposição, forma geométrica ou complementaridade cromática. A escolha das cores não segue uma inspiração espontânea do artista, mas sim regularidades da doutrina das cores. A escolha das formas está sujeita às leis da geometria. Ponto, linha e superfície são selecionados na sua forma de acordo com uma morfologia e sintaxe visual próprias e os elementos da composição são coordenados uns em relação aos outros. Essas leis não são somente conhecidas na pintura, mas também na geometria, na teoria da *gestalt* ou na psicologia cognitiva. Invariância e variação, polaridade e integração, contraste e harmonia são algumas das regularidades gerativas estruturais dessa pintura. O protótipo do legi-signo icônico na história da pintura está no construtivismo e no suprematismo, por exemplo na pintura de Mondrian, na qual as formas são construídas de acordo com leis geométricas e relacionadas umas às outras através de cores primárias, formando uma composição harmônica.

Resumindo, devemos notar que uma semiótica da pintura não-figurativa sob uma perspectiva peirciana é possível sem que uma semântica própria dos elementos cromáticos e formais deva ser pressuposta (ver 1. anterior). A tentativa de basear um tal nível em uma semiótica dos signos abstratos ou plásticos, de acordo com a qual formas como o círculo ou o triângulo podem ter significações próprias, mas, na maioria das vezes, somente muito vagas e associativas, é extremamente questionável ou, pelo menos, logocêntrica, não somente devido à vagueza das supostas significações, mas principalmente tendo em vista a particularidade da pintura abstrata, que é a sua própria negação semântica. As cores e formas da pintura não-figurativa são, na perspectiva da semiótica peirciana, signos autológicos, que não precisam referir-se a mais nada a não ser a si mesmos, à sua própria materialidade e à sua estrutura composicional.

4. A FOTOGRAFIA E A PINTURA REALISTA COMO PROTÓTIPOS DA IMAGEM INDEXICAL

Enquanto os signos icônicos são icônicos, pelo aspecto da sua primeiridade, meramente por suas qualidades, ou são hipoicônicos, atenuados (degenerados, cf. atrás), por sua similaridade com o objeto, o aspecto da secundidade encontra-se, no signo indexical, em primeiro plano. O signo é determinado na sua qualidade sígnica, em primeiro plano, por seu objeto, o segundo correlato do signo, já que ele está ligado "existencialmente" a esse objeto, por exemplo, por uma relação temporal, espacial ou causal, que dirige a atenção do receptor diretamente e sem reflexão interpretativa do veículo do signo para o objeto (CP 3.433). Signo e objeto constituem, assim, um par orgânico, cuja ligação existe independente de uma interpretação (terceiridade) e é percebida pelo intérprete somente como uma realidade já existente (cf. CP 2.299). Um índice *mostra* seu objeto e dirige a atenção do observador diretamente para esse objeto, embora o objeto tenha que ser um objeto singular e existente na realidade.

O protótipo da imagem indexical é, de acordo com essas premissas, a fotografia, mas também a pintura realista está em primeiro plano na indexicalidade, pois o pintor, nesse caso, tem, como princípio de sua representação imagética, que reproduzir o objeto em todos os seus detalhes, da forma em que o pintor o percebeu. Entretanto, é somente na fotografia que a conexão entre imagem e objeto é existencial, na medida em que ela se originou numa relação de causalidade a partir das leis da ótica (ver Figura 10.1). Na pintura realista não há uma tal causalidade. A relação entre imagem e objeto não é existencial, mas referencial. Peirce distingue, desse ponto de vista, entre um índice genuíno e um degenerado: "Se a Secundidade é uma relação existencial, o índice é *genuíno*. Se a Secundidade é uma referência, o índice é *degenerado*" (CP 2.283). Ambas as formas de representação visual são também signos hipoicônicos de acordo com as premissas antes citadas (cf. 3.). Mas já que não é o aspecto de sua similaridade com o objeto que constitui sua função sígnica, mas sim seu caráter referencial, tanto a fotografia quanto a pintura realista são signos primariamente de tipo indexical. Essa indexicalidade também é acentuada pelo fato de que elas se referem, por princípio, a objetos singulares e "realmente existentes", e não a classes gerais de objetos.

Figura 10.1. Fotografia de uma cena cotidiana.

Nem todas as fotografias são indexicais no mesmo grau. As fotografias de imprensa, de passaporte ou de polícia contam como protótipos da imagem indexical, nas quais o que importa é a correção da referência para a identificação do objeto. Essas imagens têm que ser, ao mesmo tempo, hipoicônicas ao máximo (em oposição à foto com pretensões artísticas) a fim de poderem identificar o objeto através de muitas características. De acordo com a tipologia peirciana dos signos, esses signos indexicais pertencem, ao mesmo tempo, aos sin--signos dicentes, pois eles representam uma afirmação da existência do objeto, uma afirmação da sua realidade (como dicentes) e são singulares (sin-signos) como imagem material. O negativo, a partir do qual várias cópias singulares podem ser feitas, constitui um legi-signo correspondente.

A indexicalidade da fotografia não se limita, contudo, somente a seus representantes prototípicos, mas vale para o gênero em geral e, assim, para a fotografia com ambição artística. O tema da indexicalidade determina, portanto, também a literatura sobre a teoria desse gênero de imagem (Dubois, 1983: 60-107; Schaeffer, 1987: 46-104). Barthes (1980b) por exemplo cita as seguintes características das fotos, que devem ser entendidas como indexicais: a foto foi causada por seu objeto e é "uma emanação da realidade passada" (ibid.: 99); o noema da fotografia é a afirmação "foi assim que aconteceu" (ibid.: 87) e "poder-se-ia dizer que a fotografia sempre tem como consequência seu referente e que ambos [...] estão ligados um ao outro" (ibid.: 13).

No entanto, há duas direções nas quais fotografias podem afastar-se da sua secundidade característica, por um lado, na direção da primeiridade, por outro, na direção da terceiridade. Uma degeneração da fotografia em direção à primeiridade de um quali-signo encontra-se na fotografia artística que "não significa nada", mas que apresenta meros padrões estruturais abstratos (por exemplo, superfícies de materiais, de madeira ou metais) e em algumas fotografias enigmáticas ("O que é isto?"), antes do momento em que o adivinhador encontra a solução. Embora tais fotos estejam intimamente ligadas aos quali-signos da pintura abstrata, é suficiente saber que se trata, no caso, de fotos para se chegar à conclusão de que são sin-signos. Em vez de funcionarem de maneira dicente como fotos identificadoras, essas fotos são meros signos remáticos e pertencem, assim, do ponto de vista da sua relação com o interpretante, à categoria da primeiridade. Elas não pretendem afirmar nada concreto na sua identidade, mas somente mostrar algo, algumas vezes a si próprias.

A fotografia tende tipicamente em direção à terceiridade na fotografia científica e na fotografia de propaganda. Em ambos os casos, o fotógrafo pode somente representar algo individual, mas sua ambição é generalizar. A fotografia científica de uma mosca, assim como a fotografia de propaganda de um carro, quer representar, além do objeto particular, uma classe de objetos e transforma-se, assim, de sin-signo em legi-signo indexical. Também do ponto de vista do aspecto de seu interpretante, imagens fotográficas podem tender da sua secundidade dicente prototípica para a terceiridade de um argumento. Esse é o caso de certas montagens fotográficas que levam a imagens incompatíveis com a realidade. A montagem fotográfica de um homem que anda sobre a água, por exemplo, não representa nenhuma afirmação, mas um argumento metafórico, no qual duas proposições individuais (sobre a existência de água e de um homem) devem ser ligadas a uma terceira mensagem a ser entendida metaforicamente.

5. A PINTURA CODIFICADA CULTURALMENTE COMO PROTÓTIPO DA IMAGEM SIMBÓLICA

Imagens se tornam símbolos quando o significado de seus elementos só pode ser entendido com a ajuda do código de uma convenção cultural. Veículo do signo (primeiridade) e objeto (secundidade) têm que ser associados através de um terceiro, a convenção cultural, ainda a ser aprendida, por um intérprete (o terceiro). De certa maneira, toda forma de representação imagética, também a fotográfica, se baseia, até um certo grau, em convencionalidade. O gênio de um pintor (e de um fotógrafo) que pinta (ou fotografa) o que ele vê é um mito romântico. Gombrich (1963: 125), entre outros, chamou a atenção para este fato. É necessário, no entanto, distinguir essa convencionalidade geral e cultural, e, assim, quase trivial da pintura, daquela que pressupõe conhecimentos culturais bastante específicos para o seu entendimento. Essa nos leva ao protótipo da imagem simbólica (cf. Gombrich, 1972). Trata-se, na pintura medieval, da pintura iconográfica (cf. Panofsky, 1955; Garnier, 1982). A categoria da terceiridade, na tradição dessa pintura, engloba as categorias da primeiridade e da secundidade. As imagens são indexicais, na medida em que elas se referem também (mas não somente) à realidade do tempo do pintor. Elas são hipoicônicas e icônicas, já que elas representam e formam uma estrutura de elementos cromáticos e eidéticos.

A pintura simbólica é uma das manifestações culturais mais antigas entre os signos visuais. A paleta de Narmer (ca. 3000 a.C.) pode contar como um exemplo da antiga pintura codificada (ver Figura 10.2). Goldwasser (1995: 5) descreve alguns dos símbolos na imagem da primeira página desta paleta, que representam a vitória do rei Narmer contra os inimigos asiáticos, da seguinte forma:

> No seu registro central, o rei, seguido por um homem calçado com sandálias, golpeia um inimigo asiático: sobre a cabeça do inimigo, ainda no mesmo registro, a cena é estranhamente repetida, o rei agora aparecendo como um falcão subjugando caules de papiro com cabeça humana. Abaixo do registro central, sob as pernas do rei, aparecem dois inimigos mortos numa posição "flutuante" e a típica representação do morto.

Figura 10.2. *A paleta de Narmer*, c. 3000 a.C.

O entendimento das correspondências entre os elementos imagéticos e significados, como "figura central" e "rei Narmer", "falcão" e "rei" ou "figuras flutuantes" e "inimigos mortos", implica um conhecimento especial das convenções culturais que devem ser primeiro decifradas. Na iconografia cristã da pintura medieval, as convenções eram outras. Essas dominaram até a pintura da Renascença. Como exemplo temos o *portrait* de Giovanni Arnolfi e sua esposa (1434) feito por Jan van Eyck (ver Figura 10.3.). Woodford (1983: 102) descreve alguns dos símbolos desse quadro da seguinte maneira:

> Cada detalhe [...] tem um significado. No candelabro, há uma única vela queimando; ela não é necessária para a iluminação em plena luz do dia, mas ela está lá para simbolizar o Cristo que tudo vê, cuja presença santifica o casamento. O pequeno cachorro não é apenas um animal de estimação comum, mas representa a fidelidade; o "beeds" de cristal pendurado na parede e o espelho sem mácula significam a pureza, enquanto os frutos na caixa e no peitoril são lembranças do estado de inocência antes que Adão e Eva cometessem o Pecado Original; mesmo o fato de que as duas pessoas estejam sem sapatos — seus chinelos têm de ser deixados à esquerda no primeiro plano, os dela no centro atrás — tem significado: indica que o casal pisa em solo sagrado, tendo removido, portanto, seus sapatos.

Figura 10.3. *O casamento de Giovanni Arnolfini e Giovanna Cenami* (1434), Jan van Eyck (Bruges).

Como se vê, se não quisermos nos contentar em entender essa imagem como um retrato indexical de duas figuras históricas do ano 1434, temos que ampliar a interpretação do nível da secundidade, da mera referência à realidade, ao nível da terceiridade. A categoria da secundidade não é, no caso de tais imagens simbólicas complexas, somente uma relação com o objeto, mas também é estendida em relação ao *representamen* e ao interpretante. Em relação ao interpretante, a imagem é um argumento, já que ela representa, do ponto de vista do conteúdo, não somente de forma proposicional, mas também constitui uma estrutura narrativa e argumentativa complexa. Em relação ao *representamen*, ela é um legi-signo, na medida em que o seu simbolismo não é determinado de forma singular, mas sim a partir de regras culturais.

A terceiridade na pintura simbólica codificada culturalmente encontra--se degenerada de duas formas, em direção à primeiridade e em direção à secundidade. O protótipo da imagem simbólica degenerada na direção da secundidade é a pintura surrealista. Os elementos dessas imagens são estruturas da terceiridade, na medida em que elas só podem ser decodificadas através do sistema de leis da interpretação do sonho psicanalítica. A pintura surrealista se refere não somente a algo singular, individual ou realista, mas também a algo geral do ponto de vista da psique humana. Ao mesmo tempo, e em oposição à pintura codificada culturalmente, ela também contém, de maneira dominante, o aspecto da secundidade, já que os sintomas manifestos nas imagens dos sonhos possuem causas psicobiológicas e neurofisiológicas, sendo, assim, índices naturais, que nos dão uma ideia direta, não mediada, da estrutura da psique humana. Os símbolos do sonho são, assim, estruturas indexicais da psique. A associação das afirmações dicentes na relação do interpretante da imagem dos sonhos não ocorre de forma argumentativa (terceiridade), mas somente associativa (secundidade).

A terceiridade simbólica degenerada em direção à primeiridade icônica encontra-se na pintura simbólica, na medida em que os símbolos possuem uma relação de similaridade com o objeto. Essa hipoiconicidade das imagens, contudo, ainda não é suficiente para sua decodificação. Convenções culturais também são necessárias para o seu entendimento, mas a arbitrariedade dos símbolos culturais está associada a elementos de semelhança entre signo e objeto. Na semiótica da pintura inspirada por Greimas, tais ligações entre arbitrariedade e iconicidade também são descritas como sistemas "semissimbólicos" (cf. Thürlemann, 1990: 187). Exemplos de uma tal pintura motivada hipoiconicamente, mas codificada culturalmente, já se encontram na arte do antigo Egito: na representação visual do rei, este é representado em relação a seus súditos na forma de uma figura maior e, além disso, colocada no centro. Assim, o tamanho e a posição da figura na imagem correspondem a seu poder maior e a sua posição social central.

A pintura chinesa clássica pode ser considerada como protótipo da representação visual da imagem simbólica com hipoiconicidade. Os elementos imagéticos não devem aqui ser entendidos primariamente como cópia da realidade do cotidiano chinês da época (secundidade), apesar de serem de interesse também sob esse aspecto. Por um lado, eles representam, simbolicamente (através de convenções culturais) e como legi-signos, princípios universais da ordem cósmica (terceiridade) e, por outro lado, eles o fazem de forma hipoicônica, através de princípios de analogia, de correspondência e através da iconicidade diagramática (primeiridade). Consideremos alguns exemplos. Bedin (1979: 40) escreve o seguinte sobre um dos mais antigos quadros chineses do século IV, um quadro com o título *Advertência às damas*, no qual o pintor Ku K'ai-chi trouxe, pela primeira vez, árvores e penhascos além de pessoas para a pintura: "Aos elementos aparentemente naturalistas sempre cabe uma significação simbólica: montanhas íngremes elevam-se ao céu, árvores nodosas pendem sobre abismos vertiginosos, mosteiros mínimos colam-se aos penhascos, tudo isso testemunha a pequenez do ser humano ante a infinitude da natureza". O exemplo mostra muito claramente como o elemento da arbitrariedade (simbolismo) na representação, que se encontra na distorção das relações de tamanho do mundo representado, é determinado por um princípio de analogia entre as relações figurais representadas e o princípio mais geral da relação cósmica entre ser humano e mundo. Além desse princípio geral da correspondência, há também, na pintura chinesa, um código cultural complexo de símbolos, cuja relação de significação, arbitrária à primeira vista, se baseia, numa consideração mais pormenorizada, em correspondências naturais entre a representação figurativa e o referido. Assim, de acordo com Schmidt (1976: 11), encontram-se, na pintura chinesa de flores e pássaros (*hua-uiao-hua*) do século X ao XIV, os seguintes exemplos:

> O bambu simboliza firmeza, pois ele se curva ao vento, mas não se quebra; uma romã indica riqueza em filhos, pois ela abriga inúmeras sementes; a cigarra é símbolo da reencarnação, porque sua larva sai do chão a fim de se desenvolver; o par de patos mandarim promete fidelidade no casamento. Se o nome de uma planta ou de um animal é análogo à designação fonética de coisas que trazem sorte, ele é, então, utilizado como enigma imagético; por exemplo "fu"= morcego para "fu"= sorte. Se se trata de tais jogos de palavras, também encontramos arranjos no estilo de natureza-morta com vasos, cinzeiros ou utensílios para escrever.

O princípio, que determina, nessa pintura, a motivação das correspondências no nível dos símbolos codificados culturalmente, é o princípio da iconicidade metafórica, um princípio que exemplifica a relação semiótica entre primeiridade (similaridade, analogia) e terceiridade (símbolo) de um outro ponto de vista. Na pintura chinesa, ele ocorre não só na representação de animais (secundidade), em cujo mundo se encontram analogias naturais (primeiridade) em relação aos conteúdos referidos (terceiridade), mas também através de analogias, que, por sua vez, possuem uma base simbólica própria, como, por exemplo, signos linguísticos que, através do princípio do rebus, funcionam como um primeiro (por exemplo a palavra "fu", como mediadora entre dois significados "morcego" e "sorte") devido à similaridade ou até igualdade da escrita e do signo sonoro.

Todo o simbolismo da pintura chinesa se baseia, como um princípio de correspondência geral e unificador, no princípio do *Li*, da ordem natural, que se reflete tanto no cosmo como na pintura (cf. Cahill, 1958: 61). Em ambos os campos, ele se manifesta pela lei da identidade dos opostos *Yang* e *Yin*. Estes são representados não somente nos signos figurativos da imagem, como, por exemplo, em oposições semânticas entre "masculino" vs. "feminino" ou "animado" vs. "não-animado" em figuras como "grama" e "insetos" ou "montanha" e "água", mas também se encontram nos elementos sígnicos abstratos da imagem. Van Briessen (1963: 27, 187) dá os seguintes exemplos:

> Essa concepção da combinação dos opostos já começa, na pintura chinesa, no nível do material: o pincel é masculino, a tinta feminino; o pincel também é masculino em relação ao papel que é feminino. A linha desenhada é masculino, o colchete feminino. O pincel em pé e o pincel deitado, o pincel seco e o pincel molhado, o linear e a dissolução do linear, só para citar alguns outros pares de oposição, estão submetidos à mesma lei. [...] Como tudo na China, os instrumentos do pintor também obtêm sua maneira de ser a partir da lei do *Yang* e do *Yin*. O pincel, já que ele dá, é considerado *yang*, masculino; o papel, já que ele recebe, é *yin*, feminino. A utilização do pincel é *yang*, a da tinta *yin*. O papel com cola possui um caráter duro, masculino; o sem cola um caráter mole, feminino.

Assim, os elementos do nível da primeiridade (da iconicidade realmente pura, cf. acima) já estão representados, nessa pintura, em um alto grau. Na primeiridade começa, ao mesmo tempo, a terceiridade. A semantização nesse nível encontra-se em oposição clara à assemanticidade dos elementos da primeiridade, como eles foram postulados acima, para a pintura icônica da arte abstrata do modernismo.

6. Perspectiva semiogenética

O panorama da semiótica da imagem estudado neste trabalho, de acordo com Peirce, no campo de interesse entre a sua primeiridade fenomenológica, a sua secundidade e a sua terceiridade, encontra-se interessantemente em oposição à ordem na qual esses aspectos da imagem se manifestam na história da pintura. A pintura de acordo com o princípio da terceiridade, as imagens simbólicas, já se encontra nas culturas mais antigas da humanidade. O princípio da secundidade alcança somente tarde, na pintura realista e na fotografia, seu ápice, enquanto a pintura de acordo com o princípio da primeiridade, a redução da imagem à sua forma pura, se realiza somente na pintura abstrata do nosso século.

Característico do sincretismo do pós-modernismo atual é o fato de que, na pintura do momento, a pluralidade de estilos, isto é, a concorrência de estilos anteriormente separados uns dos outros, programaticamente, está na ordem do dia. Encontramos o simbolismo no realismo metafísico, o realismo no fotorrealismo, aspectos da *Action Painting* nos *Novos Selvagens* e o último ápice da abstração na pintura da *Minimal Art*, tudo isso em uma justaposição harmoniosa e retrospectiva.

11.

OS TRÊS PARADIGMAS DA IMAGEM

Este trabalho propõe a existência de três paradigmas no processo evolutivo de produção da imagem: o paradigma pré-fotográfico, o fotográfico e o pós--fotográfico (ver Santaella, 1994b). O primeiro paradigma nomeia todas as imagens que são produzidas artesanalmente, quer dizer, imagens feitas à mão, dependendo, portanto, fundamentalmente da habilidade manual de um indivíduo para plasmar o visível, a imaginação visual e mesmo o invisível numa forma bi ou tridimensional. Entram nesse paradigma desde as imagens nas pedras, o desenho, pintura e gravura até a escultura. O segundo se refere a todas as imagens que são produzidas por conexão dinâmica e captação física de fragmentos do mundo visível, isto é, imagens que dependem de uma máquina de registro, implicando necessariamente a presença de objetos reais preexistentes. Desde a fotografia que, de acordo com André Bazin (apud Dubois, 1994: 60), na sua "gênese automática", provocou uma "reviravolta radical na psicologia da imagem", esse paradigma se estende do cinema, TV e vídeo até a holografia. O terceiro paradigma diz respeito às imagens sintéticas ou infográficas, inteiramente calculadas por computação. Estas não são mais, como as imagens óticas, o traço de um raio luminoso emitido por um objeto *preexistente* — de um modelo — captado e fixado por um dispositivo fotossensível químico (fotografia, cinema) ou eletrônico (vídeo), mas são a transformação de uma matriz de números em pontos elementares (os pixels) visualizados sobre uma tela de vídeo ou uma impressora (Couchot, 1988: 117).

A palavra "paradigma" tornou-se célebre desde a publicação, em 1962, de *A estrutura das revoluções científicas*, de Thomas S. Kuhn. Nessa obra, e mais especialmente em textos posteriores (1970, 1974, 1977, 1984, 1987, 1993), nos quais o autor foi levado a dar explicações sobre uma série de ambiguidades no uso da palavra, paradigma se define em dois sentidos, um mais vasto, outro mais específico. O mais vasto, que é o conceito de matriz disciplinar, significa o conjunto de compromissos relativos a generalizações simbólicas, crenças, valores e soluções modelares que são compartilhados por uma comunidade científica dada. Em seu sentido mais específico, a palavra se refere apenas aos compromissos relativos às soluções modelares, aos exemplares como soluções concretas de problemas. Assim definido, o termo não parece nos autorizar a caracterizar os três modos diferenciais de produção da imagem sob sua rubrica. Entretanto, dada a enorme repercussão que o termo produziu em meios científicos e extracientíficos, seus dois sentidos extrapolaram muito a moldura kuhniana, sendo a palavra também empregada de maneira mais imprecisa e metafórica para caracterizar quaisquer realizações científicas ou não-científicas reconhecidas que, definindo os problemas e métodos que uma dada comunidade considera legítimos, fornecem subsídios para a prática científica, artística, acadêmica ou institucional dessa comunidade. Sem negar a importância do sentido mais restrito "para caracterizar as ciências consensualmente consideradas como tais, o emprego mais metafórico da palavra também é operacional quando estão em jogo áreas de produção de conhecimento, disciplinas, práticas ou técnicas que são tidas como não propriamente científicas" (Santaella, em progresso). É obviamente nesse sentido que se enquadra, no presente texto, a referência aos paradigmas da imagem, com o que se quer significar que sua produção se dá através de três vetores diferenciais e irredutíveis.

É certo que limitar o universo da imagem, desde suas origens até os nossos dias a apenas três paradigmas, só pode ser fruto de um corte reducionista incapaz de dar conta de todas as diferenças específicas que separam, por exemplo, dentro do primeiro paradigma, o desenho da pintura e da escultura ou que separam, no segundo paradigma, também como exemplo, a fotografia do cinema e do vídeo. Tal reducionismo, entretanto, será aqui praticado deliberadamente, visto que, fiel ao espírito do termo paradigma, este trabalho tem por objetivo demarcar os traços mais absolutamente gerais caracterizadores do processo evolutivo nos modos como a imagem é produzida, quer dizer, caracterizadores das transformações, ou melhor, rupturas fundamentais que foram se operando, através dos séculos, nos recursos, técnicas ou tipos de instrumentação para a produção de imagens. Parece evidente que tais rupturas produzem consequências das mais variadas ordens, desde perceptivas, psicológicas, psíquicas, cognitivas, sociais, epistemológicas, pois toda mudança no modo de produzir imagens provoca inevitavelmente mudanças no modo como percebemos o mundo e, mais ainda, na imagem que temos do mundo. No entanto, todas essas consequências advêm de uma base material de recursos, técnicas e instrumentos, sem a qual não poderiam existir quaisquer outras mudanças de ordem mais mental e mesmo social. Não se quer com isso advogar um materialismo nu e cru, visto que as próprias mudanças materiais ou instrumentais são provocadas por necessidades que nem sempre são materiais, especialmente quando se trata de um processo de produção de linguagem, seja esta verbal, visual ou sonora. Nesse caso, há uma espécie de força interior ao signo para produzir determinações no seu processo evolutivo, em uma espécie de tentativa ininterrupta e inatingível de toda e qualquer linguagem para superar seus limites.

Sartre uma vez declarou que "toda técnica sempre implica uma metafísica". Parafraseando Sartre, J. Curtis (1978: 11) afirmou que "toda imagem sempre implica uma física". De fato, se desde o seu estatuto artesanal as leis físicas da ótica já iam se tornando cada vez mais importantes para a consecução da imagem, no caso do paradigma fotográfico, sem a física tais imagens seriam impossíveis. Ora, um dos traços de ruptura do terceiro paradigma, o da imagem infográfica, em relação ao segundo está justamente no plano secundário a que a física ficou reduzida, dada a dominância que a matemática passou a desempenhar sobre a física na produção das imagens sintéticas. Trata-se aí, antes de tudo, de uma matriz algorítmica, imagem que é produzida a partir de três suportes fundamentais: uma linguagem informática, um computador e uma tela de vídeo. Embora a manifestação sensível da imagem na tela do computador seja uma questão de eletricidade, sua geração depende basicamente de algoritmos matemáticos.

1. AS DIVISÕES E SEUS CRITÉRIOS

No contexto da bibliografia consultada sobre imagem, o presente capítulo está quase exatamente na mesma linhagem, aproximando-se dos mesmos propósitos das ideias desenvolvidas por Edmond Couchot em uma série de artigos (1987, 1988, 1989), muito especialmente no ensaio denominado "Da representação à simulação: evolução das técnicas e das artes da figuração" (1993). De acordo com Couchot, no entanto, o processo evolutivo dessas técnicas divide-se em apenas dois grandes momentos: (1) o da representação, vindo da pintura renascentista até o vídeo; (2) o da simulação, instaurado pelas imagens sintéticas. Sem deixar de concordar com muitas das teses de Couchot, ganha em abrangência, além de revelar maior poder analítico, a divisão da imagem em três grandes paradigmas. A divisão proposta por Couchot parece sofrer de uma limitação básica que se revela, antes de tudo, na concepção de representação por ele esposada.

De fato, a pintura, a fotografia, o cinema, o vídeo são evidentemente processos de representação, mas por qual ou quais razões os processos de simulação não são também formas de representação? Sua noção de representação — aliás, uma noção comumente aceita por quase todos os teóricos da imagem — pressupõe a preexistência de um objeto representado que seja da ordem da realidade visível. No entanto, dentro da teoria dos signos de Peirce, que é, sobretudo, uma das mais exaustivas teorias da representação, tal limitação não faz sentido, pois o objeto de uma representação pode ser qualquer coisa existente, perceptível, apenas imaginável, ou mesmo não suscetível de ser imaginada (CP 2.232). Isso quer dizer que o objeto, ou objetos, de uma representação ou signo — pois na maior parte das vezes se trata de um objeto complexo — pode ser qualquer coisa existente conhecida, ou que se acredita ter existido, ou que se espera existir, ou uma coleção de tais coisas, ou também uma qualidade conhecida, ou relação, ou fato, ou ainda algo de uma natureza geral, desejado, requerido, ou invariavelmente encontrável dentro de uma certa circunstância geral.

Como se pode ver, não há nada na definição peirciana da representação que restrinja seu objeto dentro dos limites de um referente externo perceptível, como quer Couchot. Ao contrário, para Peirce, essa é a mais simplória definição de objeto, aquela que o confunde com uma "coisa", pois o objeto é qualquer coisa que um signo pode denotar, a que o signo pode ser aplicado, desde uma ideia abstrata da ciência, uma situação vivida ou idealizada, um tipo de comportamento, enfim, qualquer coisa de qualquer espécie. É por isso que a divisão das imagens baseada na oposição entre representação e simulação faz um sentido muito parcial, uma vez que, no caso da simulação, a imagem também é uma representação, ou melhor, é fruto de uma série de representações. As equações algébricas a serem processadas pelos computadores e que são passíveis de serem traduzidas nos pontos de luz da tela são matrizes numéricas ou representações de um modelo. A imagem sensível que aparece na tela, por sua vez, funciona como um outro tipo de representação, mais indicial, da relação ponto a ponto do valor numérico com o pixel. Por fim, a imagem na tela é ainda um outro tipo de representação, mais icônica, quer dizer, é uma das aparências sensíveis possíveis do modelo que a gerou. De modo algum, por ser simulativo, tal tipo de imagem deixa de ser representativo, apenas o caráter de sua representação torna-se muito mais complexo e misturado.

Se a noção que Couchot tem de simulação já parece limitada, a de representação também só é capaz de recobrir as imagens estritamente referenciais ou figurativas, o que nos leva a um beco sem saída, pois tal divisão do processo evolutivo das técnicas e artes da figuração deixa de fora todas as imagens não-representativas, desde as formas abstratas geométricas ou não, formas decorativas, formas puras, gestos puros etc. que, de acordo com sua classificação, não são nem representativas nem simulativas. É certo que a intenção de Couchot não parece ter sido a de abraçar, na sua divisão, todos os tipos de imagem, mas tão só demarcar a oposição radical que as imagens sintéticas estabeleceram em relação às formas de representação herdadas do Renascimento e secularmente hegemônicas até o advento da computação gráfica. Além disso, enquanto sistemas de representação, de fato, não se operam mudanças radicais da pintura renascentista para a foto e cinematografia.

De qualquer maneira, a divisão estudada por Couchot é binária, de modo que a classificação dos três paradigmas, aqui proposta, estaria aparentemente mais próxima da classificação efetuada por um outro autor, Paul Virilio, que, no seu livro *La machine de vision* (1988), apresenta uma logística da imagem, à luz da qual são estabelecidos três regimes das máquinas de visão que correspondem à: (1) era da lógica formal da imagem que é a da pintura, gravura, arquitetura e que termina no século XVIII; (2) era da lógica dialética, que é a da fotografia, da cinematografia, ou, se preferirmos, a do fotograma, no século XIX; (3) era da lógica paradoxal, que é aquela iniciada com a invenção da videografia, da holografia e da infografia (ver também Virilio, 1993).

Embora tenha se tornado muito conhecido, sendo citado com frequência, até pelo próprio autor, os três regimes da visão, também chamados de logísticas da imagem, nunca foram muito longamente explicitados por Virilio. Por exemplo, que sentidos são dados aos três tipos de lógica: "formal", "dialética" e "paradoxal"? Quais foram os princípios que nortearam essa divisão? São perguntas cujas respostas, pouco sistematizadas pelo autor, só podem ser inferidas. Assim, a logística formal é aquela dos sistemas de representação artísticos, da representação pictural tradicional; a dialética, inaugurada pela fotografia, nasce do jogo entre artes e ciências, quando "a representação cede lugar, pouco a pouco, a uma autêntica apresentação pública"; a paradoxal marca "a conclusão da modernidade" pelo "encerramento de uma lógica de representação pública" (Virilio, 1994: 51-2, 90-1).

Confessando que só estima com dificuldades as virtualidades da lógica paradoxal do videograma, do holograma e da *imagerie* numérica, Virilio (ibid.: 91-2) explica que o paradoxo lógico é o

> da imagem em tempo real que domina a coisa representada, este tempo que a partir de então se impõe ao espaço real. Esta virtualidade que domina a atualidade, subvertendo a própria noção de realidade. Daí esta crise das representações públicas tradicionais (gráficas, fotográficas, cinematográficas...) em benefício de uma apresentação, de uma presença paradoxal, telepresença a distância do objeto ou do ser que supre sua própria existência, aqui e agora.

Enquanto, na lógica dialética da imagem, tratava-se somente "da presença do tempo diferenciado, a presença do passado que impressionava duravelmente as placas, as películas ou os filmes", na lógica paradoxal, "é a realidade da presença em tempo real do objeto que é definitivamente resolvida" (ibid.: 91-2).

Não resta dúvida quanto ao poder sugestivo dessa divisão apresentada por Virilio. Entretanto, também não há dúvida de que é uma divisão baseada em critérios que se misturam. A lógica da representação é extraída de um princípio imanente, dos sistemas formais em que a representação se configura. Já a lógica dialética, de um lado, parece partir de um princípio também imanente (os jogos dialéticos entre ciência e arte), para, então, se voltar para os aspectos de distribuição e recepção social da imagem, sua apresentação pública. Quanto à lógica paradoxal, seu princípio parece ser extraído do paradoxo entre espaço real do objeto e tempo real da imagem. Para discutir esse paradoxo, Virilio lança mão de fatores tais como presença paradoxal, simulação e telepresença na distância do objeto. Ora, mesmo que ambas as presenças sejam paradoxais, o tipo de presença de uma imagem televisiva ou mesmo holográfica não pode ser identificado com o tipo de presença de uma imagem sintética. Enquanto, no primeiro caso, existe, de fato, uma relação entre um objeto no espaço real e o tempo real de transmissão ou de percepção da imagem desse objeto, o mesmo não se pode dizer da imagem sintética, completamente independente de qualquer objeto existente em qualquer espaço real. É por isso que a noção de simulação caberia estritamente à imagem sintética, só podendo ser aplicada à imagem videográfica ou holográfica de uma maneira muito metafórica.

Assim sendo, são só numéricas as coincidências entre a logística de Virilio e os três paradigmas da imagem que serão aqui discutidos, visto que há uma distinção evidente, quando ele separa a fotografia e cinema, de um lado, unindo a videografia e a holografia com a infografia, de outro. Para Couchot, assim como para essa proposta dos três paradigmas, as imagens infográficas ou sintéticas inauguram uma nova era na produção de imagens com características radicalmente diversas das imagens de projeção ótica, dependentes da incidência da luz sobre a superfície das coisas, que vão da fotografia até o vídeo.

Na discussão acima, não está evidentemente implicada nenhuma reivindicação de que qualquer uma das classificações seja mais certa do que as outras, pois as diferenças entre as três divisões não são provenientes simplesmente da correção de uma contra a incorreção de outras, mas, antes de tudo, são resultantes de critérios distintos que cada uma delas tomou como ponto de partida e de orientação.

Como já deve ter ficado relativamente claro, o critério em que se baseia a divisão aqui enunciada dos três paradigmas é um critério, por assim dizer, materialista, ou seja, trata-se, antes de tudo, de determinar o modo como as imagens são materialmente produzidas, com que materiais, instrumentos, técnicas, meios e mídias. E nos seus modos de produção que estão também pressupostos os papéis desempenhados pelos agentes da produção, trazendo, ademais, consequências para os modos como as imagens são armazenadas e transmitidas. Uma vez que nenhum processo de signo pode dispensar a existência de meios de produção, armazenamento e transmissão, pois são esses meios que tornam possível a existência mesma dos signos, o exame desses meios parece ser um ponto de partida imprescindível para a compreensão das implicações mais propriamente semióticas das imagens, quer dizer, das características que elas têm em si mesmas, na sua natureza interna, dos tipos de relações que elas estabelecem com o mundo, ou objetos nelas representados, e dos tipos de recepção que estão aptas a produzir.

Assim sendo, foi a observação das transformações operadas nos modos de produção da imagem que nos conduziu aos três paradigmas que aqui serão discutidos: (1) paradigma pré-fotográfico, ou produção artesanal, que dá expressão à visão por meio de habilidades da mão e do corpo; (2) paradigma fotográfico, que inaugurou a automatização na produção de imagens por meio de máquinas, ou melhor, de próteses óticas; (3) paradigma pós-fotográfico ou gerativo, no qual as imagens são derivadas de uma matriz numérica e produzidas por técnicas computacionais. Em síntese, no primeiro paradigma, encontram-se processos *artesanais de criação* da imagem; no segundo, processos *automáticos de captação* da imagem e, no terceiro, processos *matemáticos de geração* da imagem.

Para aprofundar a discussão desses três diferentes tipos de produção e de suas consequentes características semióticas, buscando com isso validar a hipótese da divisão aí proposta, o procedimento escolhido foi analisar comparativamente o modo de produção de cada um dos três paradigmas para, a seguir, examinar, de maneira breve e esquemática, as variações que eles vão apresentando do ponto de vista de cada um dos seguintes tópicos: (1) os meios de armazenamento da imagem, (2) o papel do agente produtor, (3) a natureza das imagens em si mesmas, (4) as imagens e o mundo, (5) os meios de transmissão, (6) o papel do receptor. Com isso, torna-se possível examinar as mudanças que vão se processando em cada um desses níveis para dar corpo e justificar uma ruptura paradigmática.

2. As imagens e seus meios de produção

2.1. O paradigma pré-fotográfico

A característica básica do modo de produção artesanal está na realidade matérica das imagens, quer dizer, na proeminência com que a fisicalidade dos suportes, substâncias e instrumentos utilizados impõe sua presença. Isso é uma constante desde as imagens nas grutas, passando pelo desenho, pintura, gravura e até mesmo a escultura, pois, sob esse aspecto, pouco importa as imagens serem bi ou tridimensionais, embora merecesse uma discussão à parte a natureza imagética ou não da escultura e da arquitetura, inclusive. No entanto, essa discussão também será aqui deixada de lado. Não podem ser negadas as distinções evidentes nos modos pelos quais a pintura e o desenho, e mais ainda a gravura, são produzidos. A gravura, aliás, na sua capacidade reprodutora, embora de modo ainda artesanal, já começara a antecipar o caráter fundamental do paradigma fotográfico. Não obstante as diferenças, a questão fundamental, que é a produção manual, acentuadamente matérica, mantém-se em todas essas imagens. Em função disso, a pintura será aqui tratada como exemplar do paradigma pré-fotográfico, e muitas das afirmações que serão feitas acerca dela serão também válidas para o desenho e a gravura.

A produção artesanal da imagem depende, assim, de um suporte, quase sempre uma superfície que possa servir de receptáculo às substâncias, na maior parte das vezes tintas, que um agente produtor, neste caso o artista, utiliza para nela deixar a marca de seu gesto através de um instrumento apto. Ora, o principal instrumento que possuímos é o nosso próprio corpo, que cria prolongamentos na medida das necessidades que lhe são impostas. No caso da pintura, o principal instrumento é o pincel, que, como prolongamento dos dedos e dos movimentos da mão, permite desenvolver a maestria na sua utilização (Sogabe, 1990: 28-30). Na visibilidade da pincelada, é o gesto que a gerou que fica visível como marca de seu agente.

O que resulta disso não é só uma imagem, mas um objeto único, autêntico e, por isso mesmo, solene, carregado de uma certa sacralidade, fruto do privilégio da impressão primeira, originária, daquele instante santo e raro no qual o pintor pousou seu olhar sobre o mundo, dando forma a esse olhar num gesto irrepetível. É por isso que a produção artesanal tem uma característica eminentemente monádica. É certo que "a tela a ser pintada só pode receber progressivamente a imagem que vem lentamente nela se construir, toque por toque e linha por linha, com paradas, movimentos de recuo e aproximação, no controle centímetro por centímetro da superfície, com esboços, rascunhos, correções, retomadas, retoques, em suma com a possibilidade de o pintor modificar a cada instante o processo de inscrição da imagem" (Dubois, 1994). Não obstante as interrupções e a lentidão a que o processo de execução da imagem artesanal pode estar sujeito, isso não a faz perder sua característica monádica básica. Nessa imagem instauradora, fundem-se, num gesto indissociável, o sujeito que a cria, o objeto criado e a fonte da criação.

2.2. O PARADIGMA FOTOGRÁFICO

A grande modificação que se dá na passagem do paradigma pré-fotográfico ao fotográfico está no advento de um processo de produção eminentemente diádico que a fotografia inaugurou. Aliás, por todos os diferentes ângulos que se possa observá-lo, esse segundo paradigma mostra-se sempre dual, como se verá mais adiante.

Embora tenha maravilhado nossos antepassados, a fotografia não nasceu de uma invenção súbita, pois ela é a filha mais legítima da *camara obscura*, tão popular no *Quattrocento*, cujo aperfeiçoamento permitiu estender a automatização até a própria inscrição da imagem, afastando do pintor a tarefa de nela colocar sua mão. O que faltava à *camara obscura* eram um suporte sensível à luz para a captura automática da imagem, de um lado, e o negativo para a automatização da reprodução dessa imagem original, de outro. Ambos chegaram com a fotografia.

Fundamentalmente, a morfogênese do paradigma fotográfico repousa sobre técnicas óticas de formação da imagem a partir de uma emanação luminosa, que o cinema e o vídeo não vieram modificar, mas só levar à sua máxima eficácia. Nesse paradigma, a imagem é o resultado do registro sobre um suporte químico ou eletromagnético (cristais de prata da foto ou a modulação eletrônica do vídeo) do impacto dos raios luminosos emitidos pelo objeto ao passar pela objetiva. Enquanto o suporte no paradigma pré-fotográfico é uma matéria ainda vazia e passiva, uma tela, por exemplo, à espera da mão do artista para lhe dar vida, no paradigma fotográfico o suporte é um fenômeno químico ou eletromagnético preparado para o impacto, pronto para reagir ao menor estímulo da luz. Mas o caráter reativo, de confronto, presente nesse paradigma não para aí.

Fotografia, cinema e vídeo são sempre frutos de uma "colisão ótica", para usarmos a expressão cunhada por Couchot (1987: 88). Atrás do visor de uma câmera está um sujeito, aquele que maneja essa prótese ótica, que a maneja mais com os olhos do que com as mãos. Essa prótese, por si mesma, cria um certo tipo de enfrentamento entre o olho do sujeito, que se prolonga no olho da câmera, e o real a ser capturado. O que o sujeito busca, antes de tudo, é dominar o objeto, o real, sob a visão focalizada de seu olhar, um real que lhe faz resistência e obstáculo.

O ato da tomada, por seu lado, é o instante decisivo e culminante de um disparo, relâmpago instantâneo. Dado esse golpe, tudo está feito, fixado para sempre. Enquanto a imagem artesanal é, por sua própria natureza, incompleta, intrinsecamente inacabada, o ato fotográfico não é senão fruto de cortes. O enquadramento recorta o real sob um certo ponto de vista, o obturador guilhotina a duração, o fluxo, a continuidade do tempo. O negativo da tomada, matriz reprodutora de infinitas cópias, inscreve e conserva o traço do acontecimento singular, no interior do qual um sujeito e um objeto, por meio de um feixe de luz capturado através de um pequeno orifício, defrontam-se para se separarem no instante mesmo dessa captura.

O negativo, captação da luz, é, paradoxalmente, pura sombra, rastro escuro à espera da luz que só será restituída na revelação. A imagem revelada, por seu turno, é sempre um duplo, emanação direta e física do objeto, seu traço, fragmento e vestígio do real, sua marca e prova, mas o que ela revela, sobretudo, é a diferença, o hiato, a separação irredutível entre o real, reservatório infinito e inesgotável de todas as coisas, e o seu duplo, pedaço eternizado de um acontecimento que, ao ser fixado, indiciará sua própria morte. No instante mesmo em que é feita a tomada, o objeto desaparece para sempre.

2.3. O PARADIGMA PÓS-FOTOGRÁFICO

Se o paradigma fotográfico é, sob todos os ângulos, diádico e dominantemente indicial, no pós-fotográfico o processo de produção é eminentemente triádico, pressupondo três fases interligadas, mas perfeitamente delimitadas. Não tem sido pouca a ênfase que os teóricos da imagem têm colocado sobre a mutação radical nos modos de produção da imagem que a infografia provocou. De fato, ela deslocou de sua hegemonia o primado de séculos da imagem ótica, primazia que já começara a se insinuar desde o Renascimento, com a *camara obscura* e a perspectiva monocular, para se exacerbar com as invenções das próteses óticas nos séculos XIX e XX.

O suporte das imagens sintéticas não é mais matérico como na produção artesanal, nem físico-químico e maquínico como na morfogênese ótica, mas resulta do casamento entre um computador e uma tela de vídeo, mediados ambos por uma série de operações abstratas, modelos, programas, cálculos. O computador, por sua vez, embora também seja uma máquina, trata-se de uma máquina de tipo muito especial, pois não opera sobre uma realidade física, tal como as máquinas óticas, mas sobre um substrato simbólico: a informação. Na nova ordem visual, na nova economia simbólica instaurada pela infografia, o agente da produção não é mais um artista, que deixa na superfície de um suporte a marca de sua subjetividade e de sua habilidade, nem é um sujeito que age sobre o real, e que pode até transmutá-lo através de uma máquina, mas se trata agora, antes de tudo, de um programador cuja inteligência visual se realiza na interação e complementaridade com os poderes da inteligência artificial.

Antes de ser uma imagem visualizável, a imagem infográfica é uma realidade numérica que só pode aparecer sob forma visual na tela de vídeo porque esta é composta de pequenos fragmentos discretos ou pontos elementares chamados pixels, cada um deles correspondendo a valores numéricos que permitem ao computador dar a eles uma posição precisa no espaço bidimensional da tela no interior de um sistema de coordenadas geralmente cartesianas. A essas coordenadas se juntam coordenadas cromáticas. Os valores numéricos fazem de cada fragmento um elemento inteiramente descontínuo e quantificado, distinto dos outros elementos, sobre o qual se exerce um controle total. Partindo de uma matriz de números contida dentro da memória de um computador, a imagem pode ser integralmente sintetizada, programando o computador e fazendo-o calcular a matriz de valores que define cada pixel. O pixel é localizável, controlável e modificável por estar ligado à matriz de valores numéricos. Essa matriz é totalmente penetrável e disponível, podendo ser retrabalhada, do que decorre que a imagem numérica é uma imagem em perpétua metamorfose, oscilando entre a imagem que se atualiza no vídeo e a imagem virtual ou conjunto infinito de imagens potenciais calculáveis pelo computador (Couchot, 1987: 89-90).

Embora as imagens que a tela permite visualizar sejam altamente icônicas e sensíveis, circunvoluções de formas, fosforescências e luminescências, tudo que se passa por trás da tela é radicalmente abstrato. Mas para melhor entender essa abstração torna-se necessário colocar em evidência as três fases envolvidas no processo de produção dá infografia. Numa visão global, o processo se desenvolve da seguinte maneira: em primeiro lugar, o programador constrói um modelo de um objeto numa matriz de números, algoritmos ou instruções de um programa para os cálculos a serem efetuados pelo computador; em segundo lugar, a matriz numérica deve ser transformada de acordo com outros modelos de visualização ou algoritmos de simulação da imagem (Machado,

1993b: 60); então, o computador traduzirá essa matriz em pontos elementares ou *pixels* para tornar o objeto visível numa tela de vídeo.

Os algoritmos, ou representações simbólicas e abstratas daquilo que a imagem vai mostrar, são uma série de instruções que descrevem as operações que o computador deve executar para produzir uma imagem no vídeo. Essa imagem, sempre altamente icônica, não tem nenhuma analogia com as representações simbólicas. Enquanto estas estão num espaço abstrato, aquelas estão num espaço físico submetido às leis da lógica, da tela e da luz, mas uma luz que não joga mais nenhum papel morfogenético na realização da imagem, servindo apenas para transmiti-la. Como se unem esses dois mundos? Através da conexão indicial entre o número no algoritmo e o *pixel* na tela. A distribuição dos papéis semióticos desempenhados pelas três modalidades sígnicas — símbolo, índice e ícone — parece se apresentar em equilíbrio perfeito na infografia.

O que preexiste ao pixel? Um programa, linguagem e números. O que está implícito no programa? Um modelo. O ponto de partida da imagem sintética já é uma abstração, não existindo a presença do real empírico em nenhum momento do processo. Daí ela ser uma imagem que busca simular o real em toda sua complexidade, segundo leis racionais que o descrevem ou explicam, que busca recriar uma realidade virtual autônoma, em toda sua profundidade estrutural e funcional (Couchot, 1993:43). À infografia não interessa mais a aparência, nem o rastro dos objetos do mundo, mas sim seus comportamentos, seus funcionamentos, como garantia de eficácia das intervenções, das ações do ser humano sobre o mundo.

As duas palavras de ordem das imagens sintéticas são assim as palavras modelo e simulação. Arlindo Machado (1993a: 117) nos diz que

> A moderna ciência da computação denomina modelo um sistema matemático que procura colocar em operação propriedades de um sistema representado. O modelo é, portanto, uma abstração formal — e, como tal, passível de ser manipulado, transformado e recomposto em combinações infinitas —, que visa funcionar como a réplica computacional da estrutura, do comportamento ou das propriedades de um fenômeno real ou imaginário. A simulação, por sua vez, consiste basicamente numa "experimentação simbólica" do modelo.

Se, num sentido mais vasto, o modelo se define como um modo de representação formalizado, suscetível de dar explicações para um fenômeno que se destina a ser validado ou invalidado pela experimentação, segundo Couchot (1987: 94-95), os modelos numéricos funcionam de maneira um pouco diferente. A contribuição inestimável do computador está em seu poder de colocar os modelos à prova, sem necessitar submetê-los a experiências reais. Modelos sempre houve. O que muda com o computador é a possibilidade de fazer experiências que não se realizam no espaço e tempo reais sobre objetos reais, mas por meio de cálculos, de procedimentos formalizados e executados de uma maneira indefinidamente reiterável. É justamente nisso, isto é, na virtualidade e simulação, que residem os atributos fundamentais das imagens sintéticas.

Tabela 1

MEIOS DE PRODUÇÃO

PRÉ	FOTOGRÁFICA	PÓS
expressão da visão via mão	autonomia da visão via próteses óticas	derivação da visão via matriz numérica
processos artesanais de criação da imagem	processos automáticos de captação da imagem	processos matemáticos de geração da imagem
suporte matérico	suporte químico ou eletromagético	computador e vídeo modelos, programas
instrumentos extensões da mão	técnicas óticas de formação da imagem	números e pixels
processo monádico	processo diádico	processos triádico
fusão: sujeito, objeto e fonte	colisão ótica	modelos e instruções modelos de visualização pixels na tela
imagem incompleta, inacabada	imagem corte, fixada para sempre	virtualidade e simulação

3. As consequências dos meios de produção da imagem

3.1. Consequências nos meios de armazenamento

Sendo produzidas num suporte material único e irrepetível, o meio de armazenamento nas imagens artesanais coincide exatamente com esse suporte. Por sua natureza matérica, esse tipo de suporte está sujeito às erosões do tempo. Os objetos únicos em que as imagens artesanais se constituem apresentam, assim, uma contradição fundamental entre a aspiração à durabilidade e permanência que está implícita no gesto criador de que essas imagens se originam e a fragilidade do meio de armazenamento, altamente perecível.

No paradigma fotográfico, há uma divisão bem marcada entre o negativo do filme ou as fitas magnéticas do vídeo, de um lado, e as imagens reveladas ou reexibidas, de outro. O meio de armazenamento dessas imagens não está na revelação no papel ou na exibição, mas no negativo e nas fitas. O que isso torna evidente é que, na passagem do paradigma pré-fotográfico para o fotográfico, o meio de armazenamento começou a ganhar resistência e durabilidade. Embora também estejam sujeitos à deterioração, os negativos podem ser copiados, o que torna o suporte do paradigma fotográfico mais imperecível do que os mármores e os metais. O meio de armazenamento único viu-se assim substituído por meios de armazenamento que se situam no universo do reprodutível. A imagem passou, portanto, a ganhar em eternidade o que perdeu em unicidade, pois um negativo é passível de ser revelado, ser reproduzido a qualquer momento.

No caso das imagens pós-fotográficas, o meio de armazenamento é a memória do computador. Nesse paradigma, as imagens na tela não são senão uma projeção bidimensional atualizada, entre outros aspectos possíveis, quase infinitos, de uma cena virtual que só existe nas memórias dos computadores. O universo lógico-matemático que está dentro dessas memórias é completamente abstrato, mas o computador tem o poder de tornar visível, de reiniciar em qualquer ponto, reatualizar em qualquer momento a passagem das entidades abstratas da memória para as imagens visualizáveis na tela. Do universo reprodutível do paradigma fotográfico, entramos, na infografia, dentro do universo do disponível (Plaza, 1994), um universo que sofre muito pouco as restrições do tempo e do espaço.

Tabela 2

MEIOS DE ARMAZENAMENTO

PRÉ	FOTOGRÁFICA	PÓS
suporte único	negativo e fitas magnéticas	memória no computador
perecível	reprodutível	disponível

3.2. Consequências no papel do agente produtor

Enquanto o criador das imagens artesanais deve ter como habilidade fundamental a imaginação para a figuração e o agente no paradigma fotográfico necessita de capacidade perceptiva e prontidão para reagir, o produtor das imagens sintéticas deve desenvolver a capacidade de cálculo para a modelização, a habilidade de intervir sobre os dados a fim de melhor controlá-los e manipulá-los.

Enquanto as imagens artesanais resultam de um gesto idílico, fruto de uma simpatia ou de seu oposto, a agressividade, em relação ao mundo, as imagens fotográficas decorrem de uma espécie de rapto, captura, roubo do real, por trás do qual se insinua um ato não destituído de uma certa perversidade. As imagens de síntese, por seu lado, resultam da necessidade de agir sobre o real, necessidade esta atingida pela mediação de interações lógicas e abstratas com o computador.

O que se plasma na pintura é o olhar de um sujeito. O que a foto registra, por seu lado, é a complementaridade ou conflito entre o olho da câmera e o ponto de vista de um sujeito. O que se tem nas imagens sintéticas, por outro lado, é um olhar de todos e de ninguém, pois a simulação numérica exclui qualquer centro organizador, qualquer lugar privilegiado do olhar, qualquer hierarquia espacial e temporal. Se o pintor é uma espécie de demiurgo, sujeito criador e centralizado, o fotógrafo é um *voyeur*, sujeito pulsional, caçador e seletor, deslocado e movente. Já o programador infográfico é, na medida em que a computação existe exatamente para produzir mudanças nas imagens, um manipulador, sujeito antecipador e ubíquo. O pintor dá corpo ao pensamento figurado, o fotógrafo, ao pensamento performático, decisório, enquanto o programador representa o pensamento lógico e experimental.

Tabela 3

PAPEL DO AGENTE

PRÉ	FOTOGRÁFICA	PÓS
imaginação para a figuração	percepção e prontidão	cálculo e modelização
gesto idílico	rapto	agir sobre o real captura do real
olhar do sujeito	olho da câmera e ponto de vista do sujeito	olhar de todos e de ninguém
sujeito criador demiurgo	sujeito pulsional movente	sujeito manipulador ubíquo

3.3. Consequências para a natureza da imagem

Tendo por propósito figurar o visível e o invisível, as imagens artesanais são basicamente uma figuração por imitação, figuração da imaginação da visão. Imagem-mímese, retendo, na superfície de um espelho, o gesto que visa fundir o sujeito ao mundo. Esse tipo de imagem é, portanto, basicamente a cópia de uma aparência imaginarizada, funcionando como meio de ligação da natureza à imaginação de um sujeito.

Tendo por propósito capturar, registrar o visível, as imagens no paradigma fotográfico, menos do que representações, são reproduções por captação e reflexo. Imagens-documento, elas são traços, vestígios da luz, resto que sobrou do corte executado no campo da natureza. Resultando do congelamento de um acontecimento enquadrado e sendo um fragmento do real, essa imagem funciona como registro do confronto entre um sujeito e o mundo.

Tendo por propósito visualizar o que é modelizável, as imagens do paradigma pós-fotográfico são simulações por modelização através das variações de parâmetros de um objeto ou situação dada. O que essas imagens colocam em cena é o procedimento da visão. Trata-se de uma imagem-matriz, resultante da atribuição das propriedades e capacidades de um modelo e cujo substrato simbólico lhe dá o poder de funcionar como imagem-experimento, antecipando-se ao mundo para melhor controlá-lo.

Tabela 4

NATUREZA DA IMAGEM

PRÉ	FOTOGRÁFICA	PÓS
figurar o visível e o invisível	registrar o visível	visualizar o modelizável
figuração por imitação	capturar por conexão	simular por variações de parâmetro
imagem espelho	imagem documento	imagem matriz
cópia de uma aparência imaginarizada	registro do confronto entre sujeito e mundo	substrato simbólico e experimento

3.4. Consequências para a relação da imagem com o mundo

Imagem-espelho, aparência, semblante e miragem, a imagem pré-fotográfica funciona como uma metáfora, janela para o mundo. Nela, o real é imaginado por um sujeito através de um sistema de codificação ilusionista. Seu ideal de simetria deixa evidente o modelo imaginário do qual parte. Por mais figurativa que possa ser, ela é sempre uma imagem evocativa, que alude a um mundo que não existe porque ainda traz dentro de si resíduos do divino; por isso mesmo, embora seja eminentemente monádica, o efeito final desse tipo de imagem é, ao fim e ao cabo, simbólico. Imagem fantasmática, ela visa ao ocultamento da separação intransponível entre imagem e mundo.

Duplo, registro, reflexo e emanação do mundo físico, o paradigma fotográfico funciona como uma metonímia, numa evidente relação por contiguidade, biunívoca, entre o real e sua imagem. Seu ideal de conexão indica o modelo físico, a ligação física que a gerou. É uma imagem documento, fruto da aderência seguida do afastamento de um agente em luta ante a visibilidade do real. Nela, um fragmento do real é capturado pela máquina através de um sujeito. Sombra, resto, corte, nesse tipo de imagem o índice reina soberano.

Virtualidade, simulação, funcionalidade e eficácia, o paradigma pós-fotográfico funciona sob o signo das metamorfoses, porta de entrada para um mundo virtual. Seu ideal de autonomia indica o modelo simbólico do qual partiu. É uma imagem funcional, experimental, eficaz, ascética, dentro da qual circula apenas um real refinado, purificado, filtrado pelo cálculo, inteligível através de mediações abstratas. Embora circule inteiramente dentro das abstrações simbólicas, a imagem sintética, visualizável nas telas de vídeo, produz um efeito icônico tão proeminente quanto é proeminente a iconicidade na música.

Tabela 5

IMAGEM E MUNDO

PRÉ	FOTOGRÁFICA	PÓS
aparência e miragem	duplo e emanação	simulação
metáfora	metonímia	metamorfose
anela para o mundo	biunívoca	virtual
ideal de simetria	ideal de conexão	ideal de autonomia
modelo imaginário e icônico	modelo físico	modelo simbólico
evocativa	sombra	ascética
símbolo	índice	ícone

3.5. Consequências nos meios de transmissão

Assim como a unicidade do suporte nas imagens artesanais determina que esse mesmo suporte seja o meio de armazenamento, não poderia ser diferente com seu meio de transmissão. Sendo um objeto único, que precisa ser conservado para escapar da perecibilidade que a espreita, essa imagem precisa ser guardada em templos, museus, galerias. O acesso a elas exige o transporte do receptor para o local em que elas são mantidas e conservadas. E o espaço da reclusão.

Reprodutíveis a partir dos negativos passíveis de serem revelados a qualquer momento, as imagens do paradigma fotográfico são imagens típicas da era da comunicação de massa. É assim que o meio de transmissão mais legítimo para as fotografias não é o porta-retratos, mas os jornais, revistas, *outdoors* etc. Tanto isso é verdade que não demorou muito para o cinema realizar o potencial massivo latente nas fotografias, que o processo de difusão da televisão levaria às últimas consequências. E o espaço da comunicação.

Disponíveis e acessíveis nos terminais de computadores, as imagens pós--fotográficas se inserem dentro de uma nova era, a da transmissão individual e ao mesmo tempo planetária da informação. Indefinidamente conserváveis, as imagens infográficas são quase completamente indegradáveis, eternas e cada vez mais facilmente colocadas à disposição do usuário em situações corriqueiras e cotidianas, em qualquer tempo e lugar. Seu modo de distribuição, naquilo que tem de mais específico — a interatividade —, desloca essa imagem da esfera da comunicação para a esfera da comutação (Couchot, 1988: 130). Ao se afastar da lógica das mídias de massa, essa imagem faz sentido por contato, por contaminação, em lugar de projeção.

Tabela 6

MEIOS DE TRANSMISSÃO

único	reprodutível	disponível
templos, museus, galerias	jornais, revistas, *outdoors*, telas	redes: individuais e planetárias
transporte do receptor	era da comunicação de massa	era da comutação

3.6. Consequências no papel do receptor

Enquanto a imagem artesanal é feita para a contemplação, a fotográfica se presta à observação e a pós-fotográfica, à interação.

Havendo nela sempre algo de sagrado, uma nostalgia do divino, a imagem pré-fotográfica convida o receptor a um impossível contato imediato sem mediações, ao mesmo tempo que produz um afastamento que é próprio dos objetos únicos, envolvidos no círculo mágico da aura da autenticidade, como já foi teorizado por Walter Benjamin (1975).

Imagem sobretudo profana, fragmento arrancado do corpo da natureza, a imagem fotográfica oferece-se à observação, produzindo como primeiro efeito no receptor a aquiescência do reconhecimento. Memória e identificação são os binômios típicos no ato de recepção das imagens no paradigma fotográfico.

A necessidade de controlar a imagem pós-fotográfica na medida mesma em que ela é criada obrigou os especialistas em informática a conceber um modo de programação que torna tão rápida quanto possível a resposta do receptor a instruções e comandos. O caráter dominante dessas imagens está, portanto, na sua interatividade que suprime qualquer distância, produzindo um mergulho, imersão, navegação do usuário no interior das circunvoluções da imagem. Imediatamente transformáveis ao apertar de teclas e mouses, essas imagens estabelecem com o receptor uma relação quase orgânica, numa interface corpórea e mental imediata, suave e complementar, até o ponto de o receptor não saber mais se é ele que olha para a imagem ou a imagem para ele.

Tabela 7

PAPEL DE RECEPTOR

contemplação	observação	interação
nostalgia	reconhecimento	imersão
aura	identificação	navegação

Finalmente, pode-se afirmar que o paradigma pré-fotográfico é o universo do perene, da duração, repouso e espessura do tempo. O fotográfico é o universo do instantâneo, lapso e interrupção no fluxo do tempo. O pós-fotográfico é o universo evanescente, em devir, universo do tempo puro, manipulável, reversível, reiniciável em qualquer tempo.

4. As gradações das mudanças

Caracterizados os três paradigmas, resta discutir o importante fato de que a passagem histórica de um paradigma a outro nunca se dá de modo abrupto, pois nem todos os elementos de todos os seis níveis, atrás analisados, modificam-se ao mesmo tempo, mas vão se transformando gradativamente, até que se dá uma ruptura ou salto para um outro paradigma.

4.1. Do pré-fotográfico ao fotográfico

Assim, por exemplo, a pintura, desde o *Quattrocento*, através do fenômeno da *camera obscura* e das técnicas da *perspectiva artificialis*, já possuía todas as características óticas da fotografia. Mas a mudança do paradigma pré-fotográfico para o fotográfico teria de esperar por um novo meio de produção, quer dizer, além da parte puramente mecânica representada pela máquina fotográfica, era necessário encontrar "um meio que pudesse fixar o reflexo luminoso projetado na parede interna da *camera obscura*, o que se deu através da "descoberta da sensibilidade à luz de alguns compostos de prata". Do ponto de vista ótico, portanto, já estava resolvido no Renascimento o problema da fotografia; "o que a descoberta das propriedades fotoquímicas dos sais de prata significou foi simplesmente a substituição da mediação humana (o pincel do artista que fixa a imagem da câmera escura) pela mediação química do daguerreótipo e da película gelatinosa" (Machado, 1984: 30-2).

Por outro lado, a capacidade reprodutora da fotografia também já havia sido antecipada pela gravura. Segundo Virilio (1994: 73), "como a maior parte das invenções técnicas, a da fotografia é a execução de um híbrido". Em primeiro lugar, porque é herdeira da arte na utilização da câmara escura, no sentido dos valores e do negativo vindo da gravura. Além disso, a litografia impôs a Niepce a ideia de uma permeabilidade seletiva do suporte da imagem exposta a um fluido. Inclui-se aí também o nível industrial, com o potencial de reprodução mecânica da litogravura. Por fim, o nível científico também estava presente na fotografia, já que Niepce utilizou o instrumento de Galileu — lentes de lunetas astronômicas ou de microscópios.

Passando para dentro do paradigma fotográfico, por sua vez, é evidente que os meios de produção eletrônicos na TV e vídeo se diferenciam de modo radical dos meios de produção imagéticos, de caráter mecânico, tais como a fotografia e cinema, estes exemplares legítimos do paradigma fotográfico. Entretanto, embora produzidas através de tecnologia eletrônica e embora passíveis de transmissão em tempo real, as imagens videográficas não se soltaram do fotográfico porque são ainda imagens por projeção, implicando sempre a preexistência de um objeto real cujo rastro fica capturado na imagem.

Análise mais ou menos similar vale também para a holografia, com a ressalva de que, nesta, o processo de produção é bastante sincrético, envolvendo etapas de produção literalmente artesanais, o que faz da holografia uma espécie de síntese entre os paradigmas pré-fotográfico e fotográfico. Paradoxalmente, no entanto, embora tenha as características da imagem-reflexo, a chapa holográfica avança em relação à fotografia na medida em que, por ser um método fotográfico sem lentes de foco, a chapa aparece como uma profusão de padrões aparentemente sem sentido, mas qualquer parte do holograma reconstruirá a imagem inteira, pois a chapa não registra simplesmente o código de uma imagem. Alterando-se o ângulo pelo qual a luz do objeto atinge a chapa e alterando-se a frequência do raio laser, um centímetro cúbico da chapa pode armazenar 10 bilhões de códigos em sua textura finamente estratificada. É por isso que, quando a luz de um laser da mesma frequência e ângulo reilumina a chapa, a imagem original é recriada, como uma memória revivida pela reprodução do seu contexto. A mesma equação matemática ou função de reflexão converte a imagem em código e o código em imagem.

Em função dos caracteres acima, num arroubo de otimismo, Hampden-Turner (1981:94) afirmou que o armazenamento holográfico é o mais sofisticado, o mais econômico e, do ponto de vista evolutivo, "o mais apto a sobreviver" entre todos os métodos conhecidos pelo homem. Nem por isso, entretanto, é possível afirmar que a holografia tenha se descolado do paradigma fotográfico para o pós-fotográfico. Mesmo se tratando de uma imagem altamente codificada, para saltar de paradigma, teria sido necessário que a holografia tivesse se desprendido da servidão ao objeto preexistente, o que ela não fez inteiramente.

Numa sofisticada discussão levada a cabo para evitar a ideia equivocada de que a holografia é uma espécie de fotografia, E. Kac (1995: 67-85) afirma que, "em oposição à fotografia, o holograma não é uma foto e holografia não é primariamente uma técnica de se tirar fotos". Para ilustrar seu argumento, o autor fornece o exemplo das compras que fazemos em supermercados, quando a leitura ótica dos preços dos produtos é feita através de um holograma ou conjunto de hologramas. Longe de serem imagens, continua Kac, esses hologramas apenas desempenham a função de lentes, isto é, eles refratam a luz de um modo particular. Nessa medida, "eles não são extensões das fotografias, mas um novo modo de registrar, armazenar e recuperar a informação ótica, quer dizer, informação carregada por ondas de luz" (ibid.: 69).

Embora o argumento esteja correto, visto que hologramas, de fato, não podem ser considerados como meras extensões das fotografias, isso ainda não significa que eles tenham saltado para o paradigma pós-fotográfico, uma vez que holografias ainda dependem da luz e das lentes, dependem da refração da luz, enfim, são ainda informações óticas, exatamente aquilo que a infografia, no seu modo de produção, não é mais. Kac (ibid.: 69), entretanto, avança nos seus argumentos, dizendo que o modo como um holograma armazena oticamente uma imagem "pode ser comparado, até um certo ponto, com o modo como o disco de um computador armazena digitalmente uma imagem". Assim:

> A imagem digital tem de ser transformada em 1s e 0s para ser gravada no disco e para ser lida pelo *software* no disco rígido. A imagem holográfica tem de ser codificada em padrões de interferência para ser gravada em um filme ou chapa. Esse padrão refrata um raio laser ou luz branca de modo que o padrão microscópico possa ser traduzido em uma imagem visual.

O que a explicação acima nos mostra é que, de fato, no seu modo de armazenamento, a holografia já apresenta características do paradigma pós-fotográfico, mas deixa de apresentá-las no seu modo de produção ainda preso à ótica.

Desse modo, um dos aspectos mais importantes a ser levado em consideração nas passagens de um paradigma a outro é, de fato, a evidência de que essas passagens não se dão nunca abruptamente, da noite para o dia. Ao contrário, há fatores de mudança que chegam verdadeiramente a caracterizar fases mais ou menos longas de transição entre um paradigma e outro. É o caso já comentado da *perspectiva artificialis* e mesmo de todas as formas de gravura que foram efetuando muito gradativamente a transição do paradigma pré-fotográfico ao fotográfico.

Já a holografia, na passagem do fotográfico ao pós, vem se constituir como verdadeira ponte de transformação, a um ponto tal que se torna difícil caracterizá-la inteiramente dentro do paradigma fotográfico, assim como não se pode afirmar que o holograma já se localiza dentro do pós-fotográfico. Mais prudente seria, pois, considerar a holografia numa zona intersticial entre o fotográfico e o pós-fotográfico.

4.2. Do fotográfico ao pós-fotográfico

Mais claramente, o percurso da arte moderna, que se estendeu, pelo menos, de Cézanne a Mondrian, no seu objetivo progressivamente perseguido de ruptura da dependência da imagem aos objetos do mundo, fez a transição do paradigma fotográfico ao pós-fotográfico. Senão vejamos.

Conforme já é bastante conhecido (ver especialmente a excelente síntese de W. Hess, 1955: 120-28), a arte moderna teve seus precursores nos pintores que, por volta de 1885, criaram uma nova ordem de visualidade pictórica a partir do impressionismo francês. Para este, da realidade externa só era legitimamente pictórica a impressão colorista constantemente mutável. Os neoimpressionistas, especialmente Seurat, transformaram a decomposição das cores impressionistas num sistema teórico, enquanto Van Gogh, desligando as cores do materialismo das coisas do mundo, elevou-as "a uma potência elementar de expressão". Gauguin, por sua vez, simplificou as cores decompostas de forma impressionista em grandes decorações de planos.

Em 1903, os fauves (selvagens) agrupavam-se em torno de Matisse, "intensificando a independência do quadro da descrição objetiva, a favor das cores que irradiam de forma puramente decorativa". Em 1905, foi fundado em Dresden o movimento dos expressionistas alemães que proclamaram o "olhar interno", de acordo com o qual "o verdadeiro conteúdo do real se encontra menos na aparência do mundo externo do que na representação fortemente sentida que aquela desperta no artista". A partir de 1907, seguindo o caminho já aberto por Cézanne, o cubismo criou uma nova construção objetiva da realidade "na análise do objeto segundo as suas formas fundamentais esterométricas". Desde 1910, o futurismo começou a empregar "a representação simultânea cubista para fazer realçar o dinamismo moderno e para a representação de uma revolução absoluta". Ainda em 1910, Kandinsky pintou sua primeira improvisação completamente despojada de qualquer referencialidade externa. Da busca de uma nova objetividade, surgiram tanto as experiências sensíveis de Klee quanto o realismo mágico de De Chirico (ibid.: 121-3).

Desde 1916, iniciou-se o movimento surrealista, que, considerando ilusórias as estruturas de ordem objetivas, isolava e fragmentava os objetos do mundo, gerando justaposições oníricas em que pedaços da realidade se encontravam e se separavam em configurações insólitas. O grupo Dada já anunciara a "decomposição da lógica" para a libertação do inconsciente. Nos "Autômatos" de partes de máquinas de Duchamp, nas montagens de material de resíduos de Schwitters e nas fotografias e gravuras feitas pelo sistema de colagem, de Ernst, em todos eles estava a procura, mediante a mistura "das coisas reais e exatas" mais heterogêneas, da "maravilha da realidade", no caso a combinação do real com o inconsciente numa "superobjetividade" (ibid.: 124).

Paralelamente, a pintura abstrata foi passando por um grande desenvolvimento entre as duas guerras mundiais, sistematizando-se na "pintura absoluta" com influência do suprematismo russo de Malevich, no construtivismo de Tatlin e Lissitzky e no movimento holandês chamado *De Stijl*, com Mondrian e Doesburg. Este último movimento elevou a autonomia do quadro acima da abstração por meio "da eliminação do expressivo e emocional em benefício do geométrico-construtivo", influenciando grandemente a Bauhaus na arquitetura construtivista (ibid,: 124). De fato, os principais artistas do abstracionismo, em todas as suas variações, exerceram poderosa influência não apenas sobre outros artistas, mas sobre todo o caráter visual do mundo contemporâneo, influência que se estendeu por toda parte — da arquitetura e do planejamento de cidades ao desenho de artigos domésticos (ver Szamosi, 1988: 222).

Nos anos 1940 surgiu em Nova York um ramo posterior da "abstração expressiva" que havia se originado em Kandinsky, Klee e Miró. Trata-se do expressionismo abstrato, que soube levar a impulsiva espontaneidade da abstração expressiva ao limite de sua radicalidade, alcançando sua conclusão lógica. O mais conhecido dentre os expressionistas abstratos, Pollock, criava suas pinturas de maneira intuitiva e improvisada, derramando tinta em uma tela colocada no chão. Embora pareçam caóticas, essas telas conseguem comunicar uma excitação e uma pulsação interior.

Depois disso, nas décadas de 1950, 1960 e especialmente 1970, com a explosão da cultura de massas, de modo cada vez mais crescente, os processos artísticos, a partir da pop art, por exemplo, começaram a apresentar processos de misturas de meios e efeitos, especialmente dos pictóricos e fotográficos. Fazendo uso irônico, crítico e inusitadamente criativo dos ícones da cultura de massa, deram início ao processo hoje conhecido como hibridização das artes, que se acentuou nas décadas de 1970 com as instalações e ambientes. De acordo com os teóricos da pós-modernidade (ver especialmente Huyssens, 1984), na década de 1960, a arte moderna, já crepuscular, cedia terreno para outros tipos de criação, dentro de novos princípios que vieram a ser chamados de pós-modernos. De fato, a pós-modernidade coincidiu com o advento das tecnologias eletrônicas e, entre outras coisas, com a emergência do terceiro paradigma na produção de imagens que aqui estamos chamando de pós--fotográfico. Mas qual foi o papel exercido pela arte moderna na passagem gradativa do paradigma fotográfico ao pós-fotográfico?

Do século XV ao século XIX, pinturas, gravuras e esculturas, de um modo geral, "representavam o mundo, real ou imaginário, como consistindo em figuras distintas, bem definidas e reconhecíveis em um espaço tridimensional ampliado". Entretanto, já no início do século XX, no mesmo momento em que a física moderna estava abalando os alicerces do modelo newtoniano, as artes também já haviam abandonado as estruturas de espaço e tempo, de movimento e ordem dos modelos visuais legados pela tradição. Foi, de fato, "a estrutura sensorial básica, a representação do mundo de forma reconhecível, que, no princípio do século, mudou de modo tão abrupto e completo na pintura como ocorreu na física" (Szamosi, 1988: 211-4).

Tal ruptura foi fruto daquilo que veio a ser chamado de "opção analítica na arte moderna" (Menna 1977), desde que Cézanne começou a procurar as estruturas espaciais essenciais que estavam subjacentes às impressões visuais sempre mutáveis. Partindo da diversidade existente entre a bidimensionalidade da superfície pictórica e a tridimensionalidade do real, sem renunciar à representação, Cézanne buscou a autonomia estrutural da linguagem pictórica. Assim, o quadro passou a apresentar uma coerência interna, independente da reprodução das coisas. Estas começaram a ser representadas com cores e figuras que adquiriram uma verdade puramente pictórica (ibid.: 24-5).

Se Cézanne descompôs a composição, Seurat descompôs a visão. Este, com o divisionismo, levou o procedimento analítico a consequências radicais, decompondo o tom em suas unidades atômicas e organizando essas unidades a partir das relações e dependências internas fundadas em regras constantes. Através do mesmo procedimento, também decompôs a continuidade do espaço em unidades elementares (linhas verticais, horizontais, diagonais), organizando essas unidades básicas em um conjunto solidário, em uma estrutura, na qual conta não a correspondência entre exterior e interior, entre o quadro e as aparências fenomenológicas, mas sensivelmente, e com mais coerência, a relação interna dessas unidades. Com isso, são definidas "as invariantes de base da linguagem pictórica e das regras que presidem à organização dos dados elementares, sobre fundamentos essencialmente sintáticos". Após ter obtido uma codificação rigorosa da cor, Seurat também descobriu "um sistema igualmente lógico científico e pictórico" relativo à organização das linhas (ibid.: 14-7).

O caminho estava assim aberto para o aparecimento do cubismo, a primeira ruptura total com as tradições da Renascença na pintura ocidental. Criando uma nova ordem da visualidade, o cubismo foi, de fato, "a primeira escola artística a estabelecer a independência da pintura em relação ao que era imediatamente visível" (Szamosi, 1988: 215). Interessados em analisar os componentes permanentes do mundo visível, os cubistas rejeitaram as ilusões tridimensionais da pintura tradicional, concentrando-se nas superfícies bidimensionais. Eles decompunham, assim, "as aparências dos objetos em superfícies visuais reorganizando-as de várias maneiras, dividiam as impressões visuais e depois as reagrupavam em novas formas" (ibid.: 215). Nessa intenção sistemática de inventar um sistema de pintura sobre bases analíticas, os cubistas partiram de Cézanne e de Seurat, mas avançaram suas investigações sobre a desestruturação do código figurativista até o limite de debilitar o poder denotativo dos signos pictóricos, reduzindo-os a traços elementares que obliteram a referencialidade das figuras.

Amadureceu, com isso, tanto no analitismo cubista quanto na decomposição dinâmica futurista, "a consciência de uma pintura como disciplina autônoma, baseada numa linguagem específica que leva consigo as regras do seu próprio funcionamento" (Menna, 1977: 30). Mesmo nas técnicas de colagem, quando a relação entre o objeto e sua representação seguiu um caminho aparentemente diverso, ao absorver fragmentos da realidade para inseri-los no contexto da pintura, a finalidade do procedimento não era de ordem ilusionista, mas de natureza mais propriamente mental: os fragmentos da realidade atuam aí "como deslocadores da atenção, como estímulos para colocar em ação os procedimentos mentais que servem para o reconhecimento e a definição dos objetos" (ibid.: 34). De uma certa forma, até mesmo o surrealismo, embora ainda tenha feito uso de figuras, também desconstruiu a visualidade baseada em experiências sensoriais, ao propor a justaposição ilógica de figuras realistas. Isso fica muito evidente em Magritte, cuja pintura tende a colocar o conceito de ilusionismo em discussão, pois o que nela conta é o processo intelectual desencadeado no observador, pondo em crise suas confortáveis expectativas visuais e teóricas.

Entretanto, o movimento artístico que mais fundamente rejeitou nossa confiança na experiência sensorial direta — e que, a esse respeito, conforme nos diz Szamosi (1988: 219), foi análogo à matemática pura no reino das ciências — foi a arte abstrata, quando o artista desprezou totalmente o mundo visível preexistente criando formas visuais absolutamente novas, que não existiam previamente e não apresentam, portanto, nenhuma referência, nem transmitem nenhuma informação sobre alguma coisa fora do universo da obra.

Embora tenha adquirido diferentes aspectos formais, a arte abstrata em geral, que foi, talvez, a arte mais característica do século XX, adquiriu a mesma independência radical do mundo exterior que o pensamento matemático havia conseguido muito antes (ibid.: 220). Abriu-se, desse modo, o caminho para uma arte conceitual no lugar de uma arte visual, recuperando, sob certos aspectos, a ligação com a arte dos primitivos e com a arte oriental, às quais se atribui o dom de haver compreendido o princípio de pintar as coisas como são pensadas, e não como se veem (Gombrich, 1960, apud Menna, 1977: 93).

Em síntese, a tendência analítica da arte moderna rumo à abolição do figurativo e à ruptura com a denotação referencialista foi um processo gradativo mas crescente, de que não se isolou nem mesmo o hiper-realismo. Embora tenha aparentemente se afastado da codificação rigorosa de um sistema de arte, ao avançar sua investigação sobre o figurativo, situando-se no plano da imitação, o hiper-realismo não tinha como referência o modelo distante e envelhecido do realismo tradicional, mas propunha uma reflexão sobre as relações tidas como naturais entre o signo e o objeto. Daí vem o efeito de distanciamento, o caráter fantasmagórico e o sentido de irrealidade suscitado por essas pinturas. Segundo Menna (1977: 46), o hiper-realismo não visava à representação, mas a uma espécie de denominação das coisas, à redação de um inventário ou *thesaurus* que transfere (por caminhos distintos do conceitual) a consistência e o peso dos objetos à avidez dos nomes e das definições.

É com De Stijl, entretanto, que a opção analítica assumiu suas proporções mais radicais, quando a obra de arte se estrutura a partir da redução da infinita variedade do universo visível a um número finito de elementos invariantes. Os artistas empregavam os signos invariantes como caracteres primitivos, transferindo para o campo da arte a utopia de uma língua universal e objetiva como um cálculo matemático, rigorosamente dedutivo. Dessa relação mais estreita entre arte e matemática, arte e lógica, abriu-se uma importante faceta na tendência analítica da arte moderna, aquela que se desenvolveu, depois da

Segunda Guerra, a partir da proposta de Max Bill para o desenvolvimento de uma arte fundada em premissas matemáticas, mas com as seguintes ressalvas:

> O enfoque matemático na arte contemporânea não são as matemáticas em si mesmas, e dificilmente faz uso do que conhecemos por matemáticas exatas. É sobretudo o emprego dos processos de pensamento lógico na expressão plástica dos ritmos e das expressões, (apud Menna, 1977: 59)

Foi em LeWitt que uma tal proposta adquiriu feições rigorosas, quando a sintaxe lógica da arte levou ao limite o processo de formalização da linguagem artística iniciado por Seurat e Cézanne. Também com Moholy-Nagy o processo de desestruturação do código pictórico, iniciado em Braque e Picasso e levado a extremos por Malevich, Kandinsky e Mondrian, avançou ainda mais alguns passos através da enérgica redução de quaisquer conteúdos expressivos e simbólicos em prol de uma operação exclusivamente sintática (ibid.: 60-2).

Ora, as premissas matemáticas e a busca de formalização, cada vez mais rigorosas, que conduziram os trabalhos desses artistas, longe de terem sido fruto de arbitrárias fantasias da criação, ao contrário, funcionam hoje como verdadeiras antevisões do modo como a linguagem visual passou a ser produzida nos processos de síntese do computador, até o ponto de se poder afirmar que aqueles artistas estiveram preparando o terreno e a sensibilidade dos receptores para o advento da infografia, das imagens de síntese.

De fato, por trás das imagens sensíveis que são exibidas nas telas dos monitores, ligando o computador a essas telas, estão em ação operações abstratas, modelos, programas e cálculos matemáticos. Tal como sonharam muitos artistas, filhos de Seurat e de Cézanne, no espaço bidimensional da tela está em funcionamento um sistema de coordenadas cartesianas, em que as imagens vão se formando a partir de uma rigorosa sintaxe lógica de organização paradigmática, linhas verticais, e sintagmática, linhas horizontais. Nessa medida, pouco importa a natureza da imagem sensível que aparece na tela do monitor. Pouco importa que ela seja figurativa, realista, surrealista ou abstrata. O que preside à formação dessas imagens é sempre uma abstração, a abstração de cálculos matemáticos, e não o real empírico.

Atualmente podemos ver que, quando os artistas da arte moderna obstinada e progressivamente buscaram a independência da imagem dos objetos do mundo, eles estavam radiografando o futuro. Suas criações já traziam os germes das programações que hoje tornam a infografia possível. Ou, como quer Virilio (1994: 53):

Malevich, Braque, Duchamp, Magritte [...], através de um movimento compensador e na medida em que o monopólio da imagem lhes escapava, os que continuavam a ostentar seus corpos, pintores ou escultores, desenvolviam um vasto trabalho teórico que finalmente os transformará nos últimos filósofos autênticos, a visão naturalmente relativista do universo permitindo-lhes preceder os físicos em novas apreensões das formas, da luz e do tempo.

5. AS MISTURAS ENTRE OS PARADIGMAS

Outro aspecto importante a ser levado em conta, na proposta dos três paradigmas da imagem, é o das misturas entre os paradigmas. Ilustração dessas misturas pode ser encontrada nos fenômenos artísticos que receberam o nome de hibridização das artes e contemporaneamente comparecem de modo mais cabal nas instalações, onde objetos, imagens artesanalmente produzidas, esculturas, fotos, filmes, vídeos, imagens sintéticas são misturados numa arquitetura, com dimensões, por vezes, até mesmo urbanísticas, responsável pela criação de paisagens sígnicas que instauram uma nova ordem perceptiva e vivencial em ambientes imaginativos e críticos capazes de regenerar a sensibilidade do receptor para o mundo em que vive.

A mistura entre paradigmas não se restringe, entretanto, ao universo das artes. Embora aconteça nesse universo de modo privilegiado, faz também parte natural do modo como as imagens se acasalam e se interpenetram no cotidiano até o ponto de se poder afirmar que a mistura entre paradigmas constitui-se no estatuto mesmo da imagem contemporânea. Se é verdade que hoje a mistura se tornou uma constante, é também verdade que esses processos já começaram a aparecer, de modo muito acentuado, desde a invenção da fotografia, o que só vem demonstrar que, quando se dá o aparecimento de um novo paradigma, via de regra, esse novo paradigma traz para dentro de si o paradigma anterior, transformando-o e sendo transformado por ele. Foi assim que a fotografia importou procedimentos pictóricos, ao mesmo tempo que a pintura muitas vezes adquiriu traços estilísticos que vinham da fotografia. Assim também a computação gráfica herdou caracteres plásticos da pintura e evidentemente da fotografia, ao mesmo tempo que veio produzir uma verdadeira revolução no mundo da fotografia, através das manipulações que possibilita, conforme será visto mais adiante.

Já é fato bastante conhecido que, logo após a invenção da fotografia, os pintores deixaram seus ateliês para flagrar a vida cotidiana do mesmo modo que os fotógrafos. "Ingres, Millet, Courbet, Delacroix se serviram da fotografia como ponto de referência e de comparação. Os impressionistas,

Monet, Cézanne, Renoir, Sisley, se fizeram conhecer expondo no ateliê do fotógrafo Nadar e se inspiraram nos trabalhos científicos de seu amigo Eugène Chevreul" (Virilio, 1994: 52). Considerando o modelo, a mulher, "como um animal" (de laboratório?), Degas, por seu lado, comparou obscuramente a visão do artista à da objetiva: "Até o momento, o nu sempre foi representado em poses que pressupõem um público". O pintor, entretanto, pretendia, simplesmente, surpreender seus modelos e apresentar um documento tão congelado quanto um instantâneo, um documentário antes que uma pintura em sentido estrito (ibid.: 52). É por isso que, em Degas, "a composição se assemelha a um enquadramento, uma colocação nos limites do visor, onde os temas aparecem descentrados, seccionados, vistos de baixo para cima em uma luz artificial, frequentemente brutal, comparável à dos refletores utilizados então pelos profissionais da fotografia" (ibid.: 33).

Os híbridos da fotografia e da arte, que tiveram início com os impressionistas, na realidade perduram até hoje. A eles, Dubois (1994: 291--307) dedica um capítulo inteiro do seu *O ato fotográfico*. Sob a denominação de "A arte é (tornou-se) fotográfica? Pequeno percurso das relações entre a arte contemporânea e a fotografia no século XX", o autor discorre sobre (1) Duchamp ou a lógica do ato, (2) O suprematismo e o espaço gerado pela fotografia aérea, (3) Dadaísmo e surrealismo: a fotomontagem [...] (4) A arte americana: a foto no expressionismo abstrato, na *Pop Art* e o hiper-realismo, (5) A Europa e a França: Yves Klein, os "Novos Realistas" e os "artistas do cotidiano irrisório", (6) A fotografia e as artes conceituais e de eventos dos anos 1960 e 1970, (7) A fotoinstalação e a escultura fotográfica. Como se pode ver, o panorama da questão é amplo, diversificado e sugestivo.

Revolução similar, ou talvez até mesmo mais profunda, àquela que a fotografia produziu sobre o paradigma pré-fotográfico, o paradigma pós--fotográfico viria provocar sobre a fotografia. Sobre isso, Arlindo Machado (1993b: 14-5) nos oferece uma excelente apresentação:

> O advento recente da fotografia eletrônica (a fotografia que é registrada diretamente em suporte magnético ou ótico), bem como dos inúmeros recursos informatizados de conservação e armazenamento de fotos, ou ainda, dos dispositivos de processamento digital da fotografia, ou mesmo dos recursos de modelação direta da imagem no computador, sem auxílio de câmera, tudo isso tem causado o maior impacto sobre o conceito tradicional de fotografia e promete daqui para a frente introduzir mudanças substanciais tanto na prática quanto no consumo de imagens fotográficas em todas as esferas de utilização.

De acordo com C. Fadon Vicente (1993: 48-9), a fotografia eletrônica trouxe consigo uma verdadeira reinvenção da fotografia propiciada pela "interpenetração com outros meios técnicos, tais como a eletrografia, telecomunicações, computação, cinema/vídeo etc.", em cuja vertente o autor situa as origens da fotografia de base eletrônica. Entre os problemas cruciais levantados pela fotografia eletrônica, Fadon Vicente menciona a ausência e desmaterialização da matriz fotográfica e a intensificação da natureza perversa da fotografia, visto que a "possibilidade de sua manipulação deixa de ser periférica e passa a ser um assunto central".

A rigor, o que vem acontecendo com a fotografia atualmente pode servir como exemplo bastante sugestivo da mistura entre paradigmas que domina a cena contemporânea. Há pelo menos três rumos evidentes na fotografia hoje: (a) a fotografia documental, jornalística, ainda marcada pela intenção do flagrante realista; (b) a manipulação fotográfica através do computador; (c) a evolução da fotografia através de suas ligações com a sonografia e infografia nas técnicas de sondagem do invisível, tais como aparecem, de um lado, nas imagens para diagnóstico médico, que já haviam começado com o raio X, expandindo-se na ecografia, sonografia, tomografia computadorizada e ressonância magnética, e, de outro lado, nos processos de captação da imagem na pesquisa espacial, sensoriamente remoto etc. (ver Sogabe, 1996). Está claro que não se pode chamar essas imagens de fotográficas, visto que sem a sintetização eletrônica muitos desses processos não existiriam. Entretanto, todos eles são nitidamente formas híbridas do paradigma fotográfico e pós--fotográfico.

Por fim, cumpre notar que a influência do paradigma pós-fotográfico sobre o fotográfico não é unilateral. O inverso também é verdadeiro, visto que os critérios de qualidade que norteiam os ideais da imagem infográfica ainda estão embebidos na estética fotográfica, assim como esta bebeu nas fontes da imagem pictórica. Enfim, o significado da palavra "síntese", nas imagens de síntese, pode certamente apresentar duas acepções: de um lado, a ideia de modelagem e síntese numérica, de outro, a ideia de síntese dos três paradigmas. De fato, o que caracteriza o paradigma pós-fotográfico é sua capacidade para absorver e transformar os paradigmas anteriores. Não há hoje imagem que fique à margem das malhas numéricas.

12.
O IMAGINÁRIO, O REAL E O SIMBÓLICO DA IMAGEM

Uma interpretação psicanalítica dos "três paradigmas da imagem" é o que este capítulo pretende elaborar. Como já foi visto no capítulo anterior, o paradigma pré-fotográfico engloba todos os tipos de imagens artesanais, desenho, pintura, gravura etc.; o fotográfico se refere às imagens que pressupõem uma conexão dinâmica entre imagem e objeto, imagens que, de alguma forma, trazem o traço, rastro do objeto que elas indicam; por fim, o terceiro paradigma, o pós-fotográfico, designa as imagens sintéticas ou infográficas, imagens que são inteiramente calculadas por computação.

Através de um estudo comparativo foram caracterizados, de modo paralelo e contrastivo, para cada paradigma, os quatro níveis de que depende todo e qualquer processo de signos ou de linguagem, isto é: (1) o nível dos seus meios de produção; (2) o nível dos seus meios de conservação ou armazenamento; (3) o dos meios de exposição, transmissão ou difusão; e (4) o dos seus meios e modos de recepção, quais sejam, no caso da imagem: percepção, contemplação, observação, fruição ou interação. Comparando-se o comportamento de cada um desses níveis em cada um dos três paradigmas, o pré-fotográfico, o fotográfico e o pós-fotográfico, foi possível examinar as mudanças que vão se processando em cada um desses níveis para dar corpo e justificar uma ruptura paradigmática.

Ora, antes mesmo de um aprofundamento maior na análise das características de cada um desses paradigmas já saltam aos olhos suas analogias ou correspondências, ponto a ponto, com os três registros psicanalíticos da dimensão psíquica humana: o imaginário, o real e o simbólico. Esses três registros, também chamados de categorias conceituais, constituem-se na estrutura fundamental que articula a releitura da obra de Freud realizada por Jacques Lacan. De fato, sistematizando as descobertas freudianas, Lacan fez desses três conceitos o arcabouço estrutural do funcionamento psíquico.

Como que corroborando a universalidade desses três registros, as similaridades que eles apresentam com os três paradigmas da imagem são tão evidentes que uma tal correspondência parece se impor por si mesma. Assim sendo, o paradigma da imagem pré-fotográfica está para o imaginário, assim como o fotográfico está para o real e o pós-fotográfico está para o simbólico. O objetivo do presente capítulo é esboçar panoramicamente o contorno das relações entre os paradigmas da imagem e os registros da psicanálise.

1. O RESPEITO AOS CONCEITOS

Tem sido muito discutida a validade de uma extrapolação, alargamento ou generalização do discurso psicanalítico para fora do campo onde esse discurso se produz, quer dizer, para fora da psicanálise. De fato, desde Freud, o campo psicanalítico adquiriu uma especificidade própria. Seu campo é o do inconsciente, ou melhor, do sujeito do inconsciente, sujeito descentrado ou barrado, como quis Jacques Lacan. Quaisquer transposições do discurso psicanalítico para fora das questões concernentes a esse sujeito do desejo inconsciente são na maior parte das vezes abusivas e mesmo estéreis. No entanto, ao fazer uma apresentação dos três registros, Lacan literalmente afirmou que esses três registros bem distintos do Imaginário, Real e Simbólico são os registros essenciais da realidade humana, chamando-os também de categorias conceituais, com o que ele parece ter fornecido um argumento para a postulação de uma universalidade desses registros (Lacan, s.d. 2 e 6). Numa outra passagem de um outro texto, Lacan (apud Balat, 1988) citou C.S. Peirce, dizendo que é dentro da mesma visão da lógica relacional e triádica peirceana que seus registros se definem. Mesmo sem a menção de Lacan a Peirce, a analogia entre os três registros lacanianos — imaginário, real e simbólico — e as três categorias peirceanas — primeiridade, secundidade e terceiridade respectivamente — já parece suficientemente óbvia, conforme já demonstrei em um outro trabalho (Santaella, 1986). A menção à analogia aqui comparece, no entanto, porque ela vem trazer mais munição ao postulado da universalidade dos três registros, universalidade esta que parece nos autorizar a transpô-los para a caracterização do processo evolutivo na produção de imagens.

A utilização dos registros lacanianos para o estudo e análise da imagem tem sido quase corriqueira. Alguns os citam explicitamente com algum conhecimento das fontes, outros utilizam as palavras imaginário, real e simbólico de maneira imprecisa, sem indicação de quaisquer fontes e sem a preocupação com as confusões que podem ser geradas quando palavras tecnicamente definidas dentro de certos campos do saber são utilizadas no seu senso comum. De qualquer modo, tanto em um caso quanto no outro, é certo que sem um aprofundamento no sentido que os três registros adquirem na rede conceitual da complexa obra lacaniana nenhum partido que não seja meramente retórico ou metafórico pode ser extraído de sua pretensa utilização.

Desse modo, dois cuidados básicos devem ser tomados: de um lado, a fidelidade aos sentidos através dos quais os três registros foram definidos nos escritos e seminários de Lacan, de outro lado, a atenção para com as justificativas e a adequação do emprego dos conceitos num contexto que lhes é relativamente estranho, como é o caso da imagem. Levando-se em consideração, antes de tudo, que o fato de serem irredutíveis não impede que haja sempre uma simultaneidade obrigatória entre os três registros, num primeiro momento é necessário apresentar o significado psicanalítico do imaginário, real e simbólico para, num segundo momento, evidenciar a validade de sua analogia com os três paradigmas da imagem. Apresentaremos, a seguir, apenas alguns traços gerais tanto do primeiro quanto do segundo momento, o que fará este texto funcionar, conforme já foi dito, apenas como um panorama geral da questão.

2. O IMAGINÁRIO IDENTIFICATÓRIO

O imaginário é, sem dúvida, o registro que mais proximamente se localiza dos problemas da imagem. Esse é basicamente o registro psíquico correspondente ao ego (ao eu) do sujeito, cujo investimento libidinal foi denominado por Freud de narcisismo. "O eu é como Narciso: ama a si mesmo, ama a imagem de si mesmo [...] que ele vê no outro. Essa imagem que ele projetou no outro e no mundo é a fonte do amor, da paixão, do desejo de reconhecimento, mas também da agressividade e da competição" (Quinet, 1995: 7).

Na sua *Introdução ao narcisismo*, Freud (1968: 1083-96) já havia percebido que não existe, no início, uma unidade compatível ao eu do indivíduo, devendo esse eu ser construído. No seu texto sobre o estágio do espelho, Lacan veio dar conta exatamente dessa constituição da função do eu que Freud mencionara sem desenvolver. É bastante conhecido o fato de que, para descrever a fase do espelho, Lacan se utilizou do esquema ótico, ou melhor, de um certo uso do esquema ótico, que fosse capaz de introduzir, além da constituição do eu, também a função do sujeito na relação especular (Lacan, 1979: 69-115), conforme foi precisamente descrita por Miller (1977: 16-7):

Que é o estágio do espelho? Resume-se no interesse lúdico que a criança dá mostras, entre os seis e os dezoito meses, por sua imagem especular, aspecto pelo qual a criança se distingue, certamente, do animal. Reconhece a sua imagem, se interessa por ela, e esse é um fato que, podemos admitir, é observável. Lacan [...] terminou considerando que o essencial não era nem a ideia de estádio, nem a observação. Quis explicar esse interesse singular da criança, e para isso recorreu à teoria de Bolk, segundo a qual o lactente humano é de fato, desde a origem, em seu nascimento, um prematuro, fisiologicamente falando. Por isso está numa situação constitutiva de desamparo; experimenta uma discordância intraorgânica. Portanto, segundo Lacan, se a criança exulta quando se reconhece em sua forma especular, é porque a completeza da forma se antecipa com relação ao que logrou atingir; a imagem é, sem dúvida, a sua, mas ao mesmo tempo é a de um outro, pois está em déficit com relação a ela. Devido a esse intervalo, a imagem de fato captura a criança — e esta se identifica com ela. Isso levou Lacan à ideia de que a alienação imaginária, quer dizer, o fato de identificar-se com a imagem de um outro, é constitutiva do eu (*moi*) no homem, e que o desenvolvimento do ser humano está escandido por identificações ideais. É um desenvolvimento no qual o imaginário está inscrito, e não um puro e simples desenvolvimento fisiológico.

O eu se constitui, assim, durante o "estágio do espelho" (Lacan, 1971: 11--20), quer dizer, a partir da imagem especular, onde sua identidade se dá dentro de um jogo paradoxal, idílico e ao mesmo tempo mortífero, na oscilação entre o eu e o outro. Senhor e servo do imaginário, o eu se projeta nas imagens em que se espelha: imaginário da natureza, imaginário do corpo, da mente e das relações sociais. É no período dos seis aos dezoito meses, portanto, que "o eu se precipita em uma forma primordial antes que se objetive na dialética da identificação ao Outro e que a linguagem lhe restitua no universal, sua função de sujeito" (Lacan apud Saporiti, 1988: 69). É assim que a dimensão imaginária inaugura a subjetividade humana, sendo nossas relações com os semelhantes moldadas pela repetição de uma imagem. Originalmente essa imagem foi formada à maneira de um precipitado químico, passando a funcionar como uma unidade ideal, "numa linha de ficção que será para sempre irredutível ao sujeito" (ibid.: 70-2). Na procura de si mesma, a consciência crê se encontrar no espelho das criaturas e se perde no que não é ela. Tal situação é fundamentalmente mítica, uma metáfora da condição humana que está sempre em busca de uma completude repetidamente lograda, capturada incansavelmente em miragens que encenam um sentido onde o sentido está sempre em falta.

As analogias da imagem pré-fotográfica com o imaginário estão imediatamente expressas, em primeiro lugar, na relação, quer idílica, quer conflituosa, que a imagem artesanal mantém com a natureza e o corpo. Sendo uma produção manual, essa imagem implica a copresença do corpo — olhar, mão e gestualidade — e do objeto ou coisa a ser projetada em uma superfície através da imaginação do artista. Entre o espelho e a miragem, ela é sempre fruto de um olhar transfigurador, capaz de projetar uma imagem de mundo: algo disperso que se configura numa unidade ideal, numa totalidade unificada.

Trata-se, por isso mesmo, de um tipo de imagem fundamentalmente ilusionista, na sua pretensão de completude, e inteiramente mítica, na sua suspensão do tempo, de cuja duração a pintura, por exemplo, extrai sua espessura. Além disso, trata-se sempre de uma imagem constitutiva de, quer dizer, produzida por um sujeito individual e proposta para a contemplação, para o fisgamento do imaginário do observador, visto que é próprio do eu se projetar nas imagens em que se espelha. Foi exatamente o ilusionismo e poder identificatório desse tipo de imagem que Velázquez pôs criticamente a nu no seu antológico *Las Meninas* (ver Figura 12.1.)

Figura 12.1. *Las Meninas* (1656), Diego Velázquez de Silva (Madri).

3. O CORTE DO REAL

Embora seja sempre erroneamente confundido com a noção corrente de realidade, que é, até certo ponto, conhecível, o real lacaniano mais propriamente emerge como aquilo que do imaginário inevitavelmente sobra como resto e que o simbólico é impotente para capturar. Em síntese, o real é o impossível, impossível de ser simbolizado, sendo impermeável ao sujeito do desejo para o qual a realidade é inteiramente fantasmática. É aquilo diante do qual o imaginário tergiversa e no qual o simbólico tropeça. E aquilo que falta na ordem simbólica, o resíduo, resto ou sobra inelminável de toda articulação, que pode ser aproximada, mas nunca capturada.

Lacan constatou que não há, à primeira vista, para o ser falante adequação entre o objeto e a sua imagem, entre as partes do corpo e a matriz imaginária que ele pode ter desse corpo. Daí a questão de saber como a imaginação em desordem pode cumprir a sua função. Ou, ainda, como se efetua para o ser falante a articulação do mundo imaginário com o mundo real na economia psíquica? Ora, é exatamente esse entrechoque entre o imaginário e o real que o paradigma fotográfico inaugurou. Na fotografia e seus sucedâneos se trata sempre de um recorte, da captura de um fragmento que se separa do corpo do mundo à maneira de um corte. Dubois (1994: 161) nos diz que "indissociável do ato que a faz ser, a imagem fotográfica não é apenas uma impressão luminosa, é igualmente uma impressão trabalhada por um gesto radical que a faz por inteiro de uma só vez, o gesto do corte, do *cut*, que faz seus golpes recaírem ao mesmo tempo sobre o fio da duração e sobre o contínuo da extensão. [...] A foto aparece dessa maneira, no sentido forte como uma fatia, uma fatia única e singular de espaço-tempo, literalmente cortada ao vivo.[...] Pode-se dizer que o fotógrafo, no extremo oposto do pintor, trabalha sempre com o cinzel, passando, em cada enfocamento, em cada tomada, em cada disparo, passando o mundo que o cerca pelo fio de sua navalha".

De fato, por ser um fragmento arrancado do corpo da natureza, a fotografia fez desabar o sonho idílico da unidade, da mônada formada pelo mundo e sua imagem. Quanto mais um aparelho ou máquina se aperfeiçoa no registro mimético dos objetos e situações, mais evidente se torna sua impossibilidade de ser igual àquilo que registra. Há um descompasso, uma defasagem entre o ritmo do mundo, matéria vertente do vivido, e a capacidade do registro. A febre da vida não cabe em imagens. Sob as vestes da imagem, algo cai. Esse algo é o real, que resiste na sua irredutibilidade (ver Santaella, 1996a: 180).

4. A SÍNTESE SIMBÓLICA

O simbólico, lugar do código fundamental da linguagem, é da ordem da lei, estrutura regrada, onde fala a cultura, a voz do grande Outro. A escritura do Outro (com maiúscula) foi adotada por Lacan para mostrar como a relação entre a estrutura simbólica e o sujeito se distingue da relação imaginária do eu e do outro. O Outro com maiúscula indica sua distinção do outro com minúscula, que é o outro recíproco, simétrico ao eu imaginário. Não é fácil expor de modo breve o sentido do Outro na psicanálise lacaniana. Apesar da dificuldade, Miller (1987: 22) nos fornece uma sinopse esclarecedora:

> Em primeiro lugar, pode-se dizer que o Outro é o grande Outro (A) da linguagem, que está sempre já aí. E o Outro do discurso universal, de tudo o que foi dito, na medida em que é pensável. Diria também que é o Outro da biblioteca de Borges, da biblioteca total. E também o Outro da verdade, esse Outro que é um terceiro em relação a todo diálogo, porque no diálogo de um com outro sempre está o que funciona como referência tanto do acordo quanto do desacordo, o Outro do pacto quanto o Outro da controvérsia. Todo mundo sabe que se deve estar de acordo para poder realizar uma controvérsia, e isso é o que faz com que os diálogos sejam tão difíceis. Deve-se estar de acordo em alguns pontos fundamentais para poder-se escutar mutuamente. A esse respeito, esse Outro da boa-fé suposta está presente a partir do momento em que se escuta alguém, suposto também a partir do momento em que se fala a alguém. É o Outro da palavra que é o alocutário fundamental, a direção do discurso mais além daquele a quem se dirige. A quem falo agora? Falo aos que estão aqui e falo também à coerência que tento manter.

Em suma, os níveis do grande Outro, do simbólico, são muito diversos, englobando, em suma, a lei paterna, o nome do pai, pura mediação, significante que falta ou significante da falta no seu papel organizador.

Enquanto as formações imaginárias das imagens no paradigma pré--fotográfico esfumam as relações do sujeito com o grande Outro, na imagem pós-fotográfica, imagem numérica, simbólica por excelência, a dimensão de exterioridade do grande Outro põe em cena a posição excêntrica do sujeito. Nas palavras de Martinho (1993: 99):

> De fato, para criar um objeto, essa imagem não precisa mais mimar a coisa em si, basta-lhe a determinação aritmética de um cálculo. Quer dizer que tal dispositivo não exige nenhuma copresença da coisa, do olho e da imagem no espaço de tempo ideal da tomada de visão; o meio não permitindo que o utilizador se identifique com o ponto de vista transcendente do criador. Contra a redução do olho do sujeito a um ponto geométrico, a síntese numérica ilumina a outra cena do seu desejo, aquela onde toda imagem, como na charada do sonho freudiano, está estruturada como uma linguagem. Isso deveria ser suficiente para dissipar as ilusões do imaginário, deveria, se precisamente a ilusão não fosse o que permite a cada um permanecer cego quanto à sua fantasia.

13.

AS IMAGENS PODEM MENTIR?

1. Os persuasores ocultos?

As imagens têm servido por um longo tempo como bodes expiatórios para os apocalípticos no domínio dos estudos sobre os meios de comunicação de massa. O cenário apocalíptico do poder que as imagens exercem para manipular e enganar as massas aparece já em 1895, quando Gustave Le Bon, em seu *Psicologia das massas*, descreve a imagem como um meio de manipular as mentes da massa primitiva: "As massas", escreve ele, "só podem pensar e ser influenciadas através de imagens. Somente as imagens podem amedrontá-las ou persuadi-las, tornando-se as causas de suas ações [...] Para elas, o irreal é quase tão importante quanto o real [...] Elas possuem uma clara tendência para não fazer quaisquer distinções" (Le Bon, 1895: §3.2).

De uma maneira menos elitista, alguns críticos modernos dos meios de comunicação de massa continuam a lamentar o declínio da era do discurso lógico-verbal em razão de nossa imersão atual nos meios visuais, da propaganda à tela do computador. De acordo com tal visão, a tirania da imersão pictórica dos espectadores resulta em envolvimento emocional incontrolado, sem a devida distância crítica da mensagem pictórica (cf. Buddemeier, 1993: 20).

Quaisquer que sejam os fundamentos de tais advertências contra o poder manipulador das imagens, podemos somente nos centrar em um de seus aspectos, sobre a questão se o alegado poder manipulador das mensagens pictóricas pode também originar-se de um potencial semiótico para mentir, isto é, fazer afirmações pictóricas com o objetivo de iludir.

2. Verdade, imagens e signos

De acordo com a *Teoria da semiótica* de Umberto Eco, a questão de fenômenos poderem ser usados para transmitir uma mentira deve ser considerada como uma evidência crucial de sua natureza sígnica. Ao contrário, algo que não pode ser usado para mentir não deve ser considerado como um objeto de investigação semiótica. Eco (1976: 7) afirma estas ideias na seguinte passagem bastante citada:

> A semiótica se refere a tudo que pode ser *considerado* como um signo. Um signo é tudo que pode ser tomado como substituto significante de algo mais. Este algo mais não tem que necessariamente existir ou verdadeiramente estar em algum lugar no momento em que um signo o substitui. Assim, *a semiótica é em princípio a disciplina que estuda tudo que pode ser utilizado com o objetivo de mentir*. Se algo não pode ser usado para mentir, inversamente, não pode ser utilizado para dizer a verdade: não pode ser utilizado, de fato, para dizer nada. Penso que a definição de uma teoria da mentira deva ser vista como um atraente programa abrangente para a semiótica geral.

Há pouca dúvida de que as imagens podem referir-se a algo que não existe ou que nunca existiu, mas elas mentem por isso? O surrealismo deu evidências amplas de pinturas que se referem a meros objetos imaginários. Vamos considerar, por exemplo [Figura 13.1.] a *Girafa em chamas* (1935) de Salvador Dalí, que mostra uma mulher estranha com gavetas abertas emergindo de suas pernas. Dificilmente nos inclinaremos a chamar o pintor deste trabalho de mentiroso, porém mesmo a categoria de verdade, pelo menos no sentido positivista, não parece ser aí aplicável.

Figura 13.1. *Girafa em chamas* (1935), Salvador Dalí.

Apesar de estar claro que as imagens podem referir-se tanto à realidade fatual quanto ao irreal, a questão de transmitirem uma verdade ou uma mentira permanece em discussão.

Qual é o potencial semiótico das imagens? Será que elas podem expressar ideias que correspondam às mensagens verbais no seu todo, como sugere o provérbio que diz "Uma imagem vale mil palavras", ou será que o potencial semiótico de uma imagem é inferior ao da língua, em uma certa medida, visto que uma imagem é necessariamente vaga e em princípio incapaz de representar qualquer verdade sobre o mundo, como querem certos semioticistas? Se as imagens não podem dizer a verdade, também deve ser impossível usá-las para transmitir uma mentira.

A questão da verdade ou mentira nas imagens tem um aspecto semântico, um sintático e um pragmático. De um ponto de vista semântico, uma imagem verdadeira deve ser aquela que corresponde aos fatos que representa. De um ponto de vista sintático, deve ser aquela que representa um objeto e transmite um predicado sobre este. Do ponto de vista pragmático, deve haver uma intenção de iludir por parte do emissor da mensagem pictórica.

3. A DIMENSÃO SEMÂNTICA

Comecemos com a dimensão semântica de nosso tópico. As fotografias parecem ser o protótipo de mensagens visuais que são verdadeiras porque preenchem o critério semântico da correspondência aos fatos. Sob certas circunstâncias, as fotografias chegam a ser reconhecidas pelos tribunais como evidências documentais que podem substituir as evidências por testemunho ocular ou verbal (cf. Robert, 1974: 17). Exemplo pertinente disso é o status legal de uma foto de passaporte como documento que estabelece a identidade real da pessoa que o apresenta às autoridades. Do ponto de vista legal, a verdade, no sentido de correspondência entre um significante e seu objeto referencial, pode, portanto, originar-se das imagens fotográficas.

Semioticamente, a correspondência do significante fotográfico com o objeto que ele representa está fundamentada naquilo que Peirce descreveu como a natureza indicial e icônica da fotografia. As fotografias correspondem ao mundo representado por sua natureza icônica porque, como Peirce (CP 2.281) afirma, "nós sabemos que eles são em certos aspectos exatamente como os objetos que representam". Além dessa correspondência por similaridade, as fotografias também correspondem à realidade por sua contiguidade com o objeto representado no momento de sua produção. Há uma "conexão física" entre o significante e seu objeto referencial, uma vez que, como argumenta Peirce (CP 2.281), "as fotografias foram produzidas sob tais circunstâncias que foram fisicamente forçadas a corresponder ponto por ponto à natureza". Devido a essa relação de causalidade produtiva, a imagem fotográfica é definida como um signo indicial.

É principalmente devido a essa natureza de signo indicial que tendemos a ver no significante fotográfico uma afirmação da existência do objeto representado. Um semioticista que enfatizou vários aspectos dessa natureza indicial da fotografia foi Roland Barthes. Diz ele: a fotografia é "uma emanação da realidade passada" (Barthes, 1980b: 88); "alguém poderia pensar que a fotografia sempre leva seu referente consigo" (ibid.: 5) e o "noema da fotografia" é sua mensagem, "esta é a maneira como tem sido" (ibid.: 77). Fotos de família, que nos lembram situações reais vividas no passado, fotos jornalísticas, que documentam um evento histórico, ou as fotos científicas, que mostram um objeto real do mundo em todos os seus detalhes, tal como na Figura 13.2. que apresenta um close do olho humano, são exemplos típicos da referência fotográfica indicial e da correspondência icônica entre o significante fotográfico e seu objeto, que testemunham o potencial de verdade da fotografia.

Figura 13.2. *Close* de um olho.

No entanto, todos sabem que a correspondência fotográfica pode ser manipulada. O objeto referencial pode ser alterado na imagem, tendo seus observadores uma impressão ilusória de um objeto não existente. Esse potencial ilusório do meio foi reconhecido nos primórdios da história da fotografia e utilizado em técnicas, como retoque, filtragem de cores, solarização, dupla exposição, fotomontagem etc. Através de retoque, o significante referente a um objeto existente pode desaparecer. Pela montagem, um objeto não existente pode fazer parte da cena. Assim, a fotografia tornou-se um meio que se prestou à manipulação, logro, simulações e falsificações. Os mais recentes desenvolvimentos na computação gráfica, com as novas possibilidades de combinações de formas, distorção, simulação e outros modos de manipulação de imagem digital, aumentaram bastante esse potencial de ilusão do meio.

Consideremos, por exemplo, na Figura 13.3., o retrato deformado pelas técnicas digitais chamadas distorção anamórfica, *glowing* (efeito de brilho), *ghosting* (criação de imagens fantasmas) e *blending* (mistura de formas). Consideremos, ainda, na Figura 13.4., a foto pseudocientífica, em realidade virtual, de um olho humano com duas pupilas e duas íris. Sob o aspecto da manipulação, mesmo um gênero particularmente comprometido com a veracidade, como a foto jornalística, não está seguro contra a falsificação.

Figura 13.3. Retrato deformado.

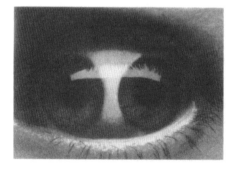

Figura 13.4. Olho com duas pupilas e duas íris.

O artista fotográfico alemão Matthias Wähner, por exemplo, fez das novas possibilidades de transformação da imagem fotográfica no domínio da foto jornalística o objeto de uma série de autofotografias sob o título de *Mann ohne Eigenschaften* [Homem sem qualidades] (Wähner, 1994). É assim que, em uma foto, ele pode aparecer de mãos dadas com Brigitte Bardot em um parque, em outra, com Simone de Beauvoir em seu estúdio e, em outra ainda, com a Família Real, entre a rainha Elizabeth e Lady Diana.

Essas e outras manipulações da imagem fotográfica são as razões por que Umberto Eco (1984: 223) argumenta que "as fotografias podem mentir". No entanto, será que Wähner é realmente um mentiroso? Isso é altamente improvável. Nem nossos fotógrafos querem iludir, nem os observadores das fotos artísticas de Wähner correm o risco de acreditar nelas e, assim, ser enganados pela mensagem visual. Em vez de uma mentira, as imagens fotográficas do *Homem sem qualidades* de Wähner, estando este ao lado de várias celebridades do cotidiano da imprensa, representam uma mera brincadeira imaginativa com uma realidade irreal, porém virtual. A diferença entre uma verdadeira simulação ilusória, uma genuína mentira visual e uma mera brincadeira está na dimensão pragmática da mensagem fotográfica. Do ponto de vista semântico, esses exemplos mostram o potencial pictórico da mentira. Como acontece com falsificações, as fotos de Wähner são mensagens visuais que representam, mas não correspondem à realidade representada.

No entanto, antes de especificarmos melhor as diferenças pragmáticas entre a mentira e outros modos de comunicação visual, devemos examinar a dimensão sintática da verdade e da mentira nas mensagens pictóricas.

4. A DIMENSÃO SINTÁTICA

Na língua, somente sentenças, e não palavras individuais, podem ser verdadeiras ou falsas. A afirmação *O gato está no capacho* pode ser verdadeira ou falsa, mas não as palavras individuais *gato* e *capacho*. Os valores de verdade só podem ser derivados de sentenças ou proposições em que um sujeito ou argumento está em uma relação sintática com um predicado. É possível descobrir conjunções sintáticas similares aos signos visuais nas imagens?

Uma vez que não há palavras nem proposições verbais nas imagens, vamos usar a terminologia semiótica mais geral que Peirce introduziu na estrutura de sua teoria dos signos: rema, como o equivalente semiótico mais geral de palavras, e dicente, como o equivalente geral de proposições. A questão é, então, se as imagens podem funcionar como signos dicentes autônomos, ou se elas somente consistem de signos remáticos. As imagens somente representam objetos, ou será que elas podem representar objetos juntamente com predicados sobre estes objetos? Por três razões muito diferentes, as respostas que a teoria da representação pictórica tem dado para esta questão têm sido negativas. Esses três argumentos podem ser chamados de incompletude contextual, não--segmentabilidade e vagueza dicente.

4.1. O ARGUMENTO DA INCOMPLETUDE CONTEXTUAL

O argumento da incompletude contextual foi primeiramente apresentado por Gombrich (1960: 58-9). Em sua visão, as imagens sozinhas nunca podem funcionar como afirmações verdadeiras ou falsas. Somente quando uma imagem vem acompanhada de um título ou um rótulo, a resultante mensagem texto-imagem pode transmitir uma proposição verdadeira ou falsa. Alguns exemplos são os títulos sobre as fotos jornalísticas ou um nome sob a imagem de um objeto. O lógico Bennett (1974: 263) interpreta as imagens nessas combinações texto-imagem como "predicados em esquemas de predicação". De acordo com essa visão, a foto de um Husky siberiano, por exemplo, sobre a legenda "Husky siberiano" funciona como o predicado pictorial que se junta ao nome escrito como seu argumento verbal para formar uma afirmação verbo--pictórica verdadeira. Um exemplo de uma mensagem falsa desse tipo poderia ser uma das pinturas de René Magritte de objetos com rótulos enganadores, como, por exemplo, seu trabalho *La Table, l'Océan, le Fruit* (1927), em que o rótulo "table" (mesa) está anexo à imagem de uma folha verde e o rótulo "fruit" (fruta) à imagem de um jarro. Em tais mensagens verbo-visuais não é a imagem sozinha que forma a proposição, e, portanto, Bennett (1974: 259) conclui: "As imagens não são por si sós verdadeiras ou falsas, mas somente partes de coisas que podem ser verdadeiras ou falsas". Muckenhaupt (1986: 88), em seu livro *Texto e imagem*, basicamente concorda com Bennett no que diz respeito a esse argumento geral da incompletude contextual das imagens, porém ele acredita que a imagem no contexto texto-imagem não funciona como um predicado, mas mais especificamente como o argumento de uma proposição. De acordo com sua interpretação, a foto policial de um carro multado por excesso de velocidade funciona como o argumento pictorial de uma mensagem dicente cujos predicados são verbalmente expressos pelos números na placa e no velocímetro.

Quer a imagem funcione como um argumento ou um predicado, o que essas interpretações têm em comum é que consideram a imagem como uma mensagem remática incompleta que pode funcionar somente como parte de um todo dicente mais amplo quando aparece em conjunto com a mensagem verbal. Contra essa tese logocêntrica da incompletude dicente das mensagens, seria importante arguir que a função das imagens em combinações de texto--imagem não diz nada sobre o potencial semiótico das imagens vistas *sem* rótulos ou títulos. A tese que afirma que as mensagens pictóricas podem somente ser completas por sua ancoragem verbal é antes um indicador da inclinação logocêntrica que se encontra na vigente teoria da representação pictórica. Realmente, apesar de as imagens sem ancoragem verbal poderem tornar-se raras em nossa era da comunicação multimídia, tais mensagens pictóricas não são de maneira alguma incomuns. Nos gêneros pictóricos, como pinturas, fotos de famílias ou *slides* turísticos, a falta de ancoragem verbal chega a ser a regra.

4.2. Não-segmentabilidade

No entanto, ainda precisamos decidir se podemos esperar encontrar algo semelhante à dualidade dicente das estruturas verbais argumento-predicado em tais mensagens pictoriais, e isso nos leva ao segundo argumento contra a suposição de uma estrutura dicente de imagens: o argumento da não--segmentabilidade. Esse argumento está ricamente desenvolvido em um trabalho de Jerry A. Fodor intitulado *Representação imagética*. Fodor (1981: 64-6) considera a possibilidade de uma linguagem, chamada, por força do argumento, *inglês icônico*, na qual imagens ocupam o papel que as palavras desempenham na língua natural. Ele conclui que tal linguagem pictorial não poderia existir porque a linearização dos argumentos e predicados impediriam tais palavras pictóricas de serem interpretadas como um todo proposicional. O exemplo de Fodor é: "Suponha que, em inglês icônico, a palavra 'John' seja substituída pela imagem de John, e a palavra 'green' (verde) seja substituída por um pano verde. Então a sentença 'John is green' (John é verde) surge como uma imagem de John seguida por uma imagem de cor verde. Porém *isto* não se parece com um John que é verde; isto não se parece com nada".

Em sua busca de um equivalente pictórico para as proposições verbais, Fodor comete o erro de projetar a linearidade da linguagem no domínio visual, onde, ao contrário, a simultaneidade é o princípio estrutural que relaciona os elementos remáticos em questão. Contra a tendência logocêntrica de Fodor, devemos levantar a questão: por que a mera imagem de John de pele esverdeada não deve ser suficiente para gerar a mensagem pictórico-proposicional holística

"João é verde"? A foto de nosso John verde não atestaria sua cor incomum de uma maneira bem mais convincente do que a afirmação verbal "João é verde"? Afirmamos que o argumento "John" e o predicado "é verde" devem, assim, ser buscados na simultaneidade pictorial, e não na contiguidade; ou, se preferirmos a analogia linguística, o predicado visual é suprassegmental ao argumento visual segmental.

A tese de uma tal estrutura proposicional nas mensagens pictoriais havia sido sugerida anteriormente, principalmente na teoria semiótica dos códigos na década de 1960, quando a busca por analogias entre as mensagens verbais e não-verbais estava no rol dos estudos semióticos. Eco (1968: 236), por exemplo, seguindo Prieto (1966), argumentava que as imagens sempre têm uma estrutura proposicional, uma vez que "mesmo a silhueta mais bruta de um cavalo não corresponde ao signo verbal 'cavalo', mas a uma série de possíveis proposições do tipo 'cavalo em pé de perfil', 'o cavalo tem quatro patas', 'este é um cavalo' etc.". Essa primeira ideia de uma estrutura proposicional nas imagens, no entanto, não foi perseguida muito sistematicamente, uma vez que a discussão na época estava por demais concentrada na busca de equivalentes visuais para a linha divisória estrutural entre os níveis da primeira e da segunda articulação na língua, isto é, para palavras e fonemas. Atualmente, na era das abordagens cognitivas da percepção pictorial, desde que novas evidências para a inter-relação entre a cognição visual e a codificação proposicional em nossa representação mental das imagens foram descobertas (cf., por exemplo, Jorna, 1990), o assunto merece ser retomado e melhor explorado.

Aqui nossa hipótese de trabalho sobre a estrutura argumento-predicado que constitui a dimensão sintática das imagens será brevemente especificada e ilustrada com a Figura 13.5., a fotografia de dois cães. De acordo com nossa

Figura 13.5. Fotografia de dois cães.

hipótese, os argumentos visuais dessa foto podem ser determinados segmentalmente. Eles têm o caráter de uma *gestalt* visual, formas ou contornos que são percebidos como padrões de experiência cognitiva e podem tipicamente ser traduzidos por substantivos de uma língua natural, como, por exemplo, "neve", "cão", "olho", "orelha" ou "língua". Tais segmentos são os argumentos potenciais da proposição visual. Os predicados são não-segmentais e representam tipicamente, como os predicados da língua, qualidades, relações ou ações. Os predicados visuais de qualidade são aqueles de cor, "branca" (neve), "azul" / "marrom" (olho), ou "vermelho" (língua), descritivos de material, como "ferro" (argola), "fibra sintética" (corda) e de tamanho ou formato. Os predicados relacionais no domínio visual são relações parte-todo ("tem" (olhos)), contiguidade e outras relações espaciais ("direita" / "esquerda") e relações de simetria ou assimetria ("dois olhos da mesma cor" vs. "dois olhos de diferentes cores"). Exemplos de predicados de ação obtidos de nossa imagem são "está de pé" ou "está olhando para". Tendo por base tal conjunto, não necessariamente finito de elementos remáticos de nossa gramática visual, é fácil observar como afirmações visuais verdadeiras e, por manipulação, falsas podem ser geradas a partir da interpretação de uma foto. No caso de nossa foto não ser manipulada, ela transmite a afirmação visual de que o cão da esquerda tem um olho azul e outro marrom, enquanto o da direita tem dois olhos azuis. As imagens mentais criadas a partir de técnicas de retoque de cor ou de revelação lateralmente invertida serão representações falsas do domínio fatual.

Entre nossos exemplos anteriores, a manipulação sintática mais evidente de fotografias foi a de Matthias Wähner. As inserções do autorretrato do fotógrafo na foto de outras celebridades tinham por objetivo falsificar uma proposição visual, inserindo um falso argumento junto com um predicado de contiguidade espacial.

4.3. Vagueza dicente

Depois de concluir que as imagens têm o potencial de preencher o critério da estrutura proposicional, vamos nos voltar para o terceiro argumento sintático que se coloca contra a possibilidade de designar valores de verdade a imagens: o argumento da vagueza dicente. Esse argumento diz que as mensagens pictóricas são tão ambíguas, vagas e polissêmicas que elas não servem para provar qualquer verdade ou falsidade. Tanto Gombrich quanto Fodor defendem esse ponto de vista.

No que se refere à ambiguidade, Wittgenstein (1953: § 140b) é mencionado como aquele que observou que um homem subindo uma montanha corresponde igualmente, e da mesma maneira, a um homem escorregando montanha a baixo. Isso pode muito bem ser assim, contudo também há ambiguidade na língua, o que faz com que esta não possa assegurar o potencial de verdade das sentenças. Mesmo o exemplo clássico de uma sentença não-ambígua, como *The cat is on the mat* ["O gato está no capacho"], pode carregar uma ambiguidade, uma vez que *estar no capacho* é uma metáfora que, na gíria, pode fazer a sentença significar "O gato está em apuros". Além disso, a mesma imagem do homem de Wittgenstein, que pode ser ambígua em um aspecto, pode também transmitir outras verdades sobre esse homem, como, por exemplo, fatos sobre sua face, figura, roupa ou idade.

Gombrich desenvolve dois argumentos para provar que as imagens não podem transmitir algo como uma afirmação, e, portanto, nem mensagens verdadeiras nem falsas. O primeiro argumento é que as imagens são vagas, enquanto as sentenças não o são. Gombrich (1972: 82) explica:

> A sentença da cartilha *The cat sits on the mat* certamente não é abstrata, mas, apesar da cartilha poder mostrar uma imagem do gato sentado no capacho, um momento de reflexão nos mostrará que a imagem não é equivalente à afirmação. Não podemos expressar pictorialmente se queremos dizer "o" gato (um indivíduo) ou "um gato" (um membro de uma classe).

Esse argumento é claramente logocêntrico. Ele não questiona se imagens podem transmitir afirmações, mas se podem transmitir a *mesma* afirmação de uma dada sentença. A resposta poderia ser diferente se a imagem fosse o ponto de partida da comparação com as afirmações verbais. Uma fotografia particular de um gato no capacho, sendo um signo indicial, refere-se certamente, em primeiro lugar, a um gato individual, e não a um membro de uma classe. Além disso, a sentença *The cat is on the mat* é, em muitos aspectos, bem mais vaga que a foto de um gato no capacho. Enquanto aquele que ouve a sentença tem de se basear em muitas porções suplementares de conhecimento a fim de certificar-se do valor de verdade da afirmação verbal — isto é, que gato? ou que capacho? —, aqueles que veem a foto têm muito mais significantes visuais à sua disposição para certificar-se desta afirmação pictórica. A individualidade do gato e do capacho pode ser facilmente identificada em muitos detalhes.

A tendência logocêntrica do argumento de Gombrich fica ainda mais clara quando ele continua a discutir a polissemia pictorial como uma razão para contestar o potencial assertivo das imagens. Em sua visão, "apesar da sentença poder ser uma possível descrição da imagem, há um infinito número de outras afirmações descritivas verdadeiras que se pode fazer como 'Há um gato visto por detrás', ou, para aquele caso, 'Não há nenhum elefante no capacho'" (Gombrich, 1972: 82). Fodor (1981: 66-7) chega ao mesmo argumento a partir de um exemplo diferente:

> Suponhamos que a imagem que corresponda a *John is fat* ["João é gordo"] seja a de John com uma barriga saliente. Mas que imagem vamos atribuir a *João é alto*? A mesma imagem? Caso seja, o sistema representacional não distingue a ideia de que "John é alto" da ideia de que "John é gordo". [...] O problema é *precisamente* que ícones são insuficientemente abstratos para serem veículos da verdade.

Contra a visão de Gombrich e Fodor de que a polissemia impede as imagens de serem veículos da verdade, seria importante argumentar que uma mensagem que transmite uma pluralidade de fatos sobre o mundo não deve, portanto, ser menos verdadeira que aquela que transmite apenas uma única afirmação verdadeira. Nem a polissemia nem a ambiguidade podem, assim, ser aceitas como argumentos gerais contra o potencial de verdade das imagens.

Incidentemente, o grau de polissemia e ambiguidade pictoriais tende a ser bastante superestimado. Da mesma forma que a polissemia da língua, a pluralidade de significados pictoriais fica restringida pelo conhecimento contextual, cotextual e cultural. É portanto absurdo concluir, como Fodor (1981: 68) faz, que a imagem de John gordo "corresponda igualmente a John estar grávido, pois se é essa a maneira como John *realmente* aparece quando está gordo, é também, eu suponho, a maneira como ele pareceria se estivesse grávido".

5. A DIMENSÃO PRAGMÁTICA

Ao abordar o aspecto pragmático da verdade pictorial, voltamos à questão se as imagens podem de alguma maneira ser afirmativas. Essa questão tem de ser considerada porque somente as mensagens falsas se colocam como uma mentira que é expressa na modalidade assertiva (cf. Kjørup, 1974, 1978; Eaton, 1980; Korsmeyer, 1985). Qualquer mentira implica uma afirmação ou asserção, uma vez que o mentiroso tem a intenção de enganar e de fazer o destinatário acreditar na verdade de sua proposição. Nada pode ser julgado como verdadeiro ou falso se for somente expresso na modalidade de possibilidade, ficcionalidade, imaginação, exemplificação ou como uma mera questão. Essa é a razão por que não vemos nenhuma intenção enganadora nas fotos de nosso *Homem sem qualidades*, no retrato distorcido, ou nos olhos com duas pupilas e duas íris. Porém, as imagens podem afirmar de alguma maneira? Será que sua função não está restrita a simplesmente mostrar o real ou o imaginário?

Nesse ponto, temos que considerar um dos mais sérios argumentos contra o potencial assertivo das imagens, que é o argumento de sua indeterminação pragmática. Foi Wittgenstein (1953: §22) quem o desenvolveu com o seguinte exemplo:

> Imaginemos uma imagem representando um boxeador numa determinada posição de luta. Agora, esta imagem pode ser usada para dizer a alguém como deve posicionar--se, manter-se numa posição; ou como ele não deve manter-se; ou como um determinado homem manteve-se em tal e tal lugar; e assim sucessivamente. Alguém poderia (para usar a linguagem da química) chamar esta imagem de uma proposição radical.

De acordo com Wittgenstein, a função pragmática das imagens é, portanto, aberta e indeterminada (notem que Wittgenstein explicitamente reconhece o potencial proposicional dos signos pictoriais, chamando-os de proposição radical). Essa ideia da abertura pragmática das imagens é aquela que Peirce atribui em particular ao gênero pictórico da fotografia, ao definir fotos como signos indiciais. Dessa maneira, uma vez que funcionam como índices, as fotos são caracterizadas pelos critérios que Peirce (CP 3.361) especificou para a indicialidade em geral, ou seja: "O índice nada afirma; ele apenas diz 'Lá!'. Ele se apodera de nossos olhos, como se assim fosse, e os dirige à força para um objeto particular, e ali fica".

Entretanto, as imagens *são* usadas para propósitos assertivos em situações que excluem outras funções pragmáticas. Na língua, o ato de fala de asseverar é efetuado por meio de uma proposição que representa um estado real de fatos (cf. Searle, 1969: 19-20). Fotos policiais e ilustrações científicas são igualmente usadas para representar, e, portanto, asseverar um estado de fatos real. Somente porque asseveram, e não por qualquer outra função pragmática, elas podem servir como documentos legais ou científicos da verdade. O potencial assertivo é mesmo inerente ao gênero da fotografia. Somente uma foto, e não uma pintura de um crime, será aceita como um documento da verdade no tribunal.

Sempre que signos possam ser usados para asseverar a verdade, também podem ser usados para enganar. Se asseveram, serão usados como mentiras. Um jornal diário que publica uma foto em sua seção de notícias assevera a realidade da cena em questão. Uma foto manipulada de um político honesto em uma cena brindando com reconhecidos gângsteres que ele nunca viu na verdade (cf. Worth, 1975: 100) é, assim, uma mentira fotográfica. Devido à natureza documental desse gênero pictorial, tomamos a foto como uma asserção da falsa cena uma vez que estamos inconscientes da manipulação. Uma pintura da mesma cena poderia somente servir como uma mentira se acompanhada pela afirmação de uma testemunha que certificasse sua verdade.

Uma questão final a ser considerada é se a função assertiva das imagens pode originar-se das imagens sozinhas ou se signos não-pictoriais são requeridos como indicadores de sua declaração de verdade. A resposta é que a esse respeito as imagens e as sentenças são, ao mesmo tempo, semelhantes e diferentes. São semelhantes porque sentenças isoladas não podem ser julgadas por sua verdade. *O gato está no capacho* é uma sentença cuja função pode ser asseverar, porém ela também pode ser usada com um propósito poético ou metalinguístico porque rima ou porque exemplifica uma maneira particular de usar a linguagem. Assim, tanto as mensagens verbais quanto as pictóricas devem ser interpretadas dentro de seu contexto mais amplo.

A diferença entre asserções verbais e pictoriais reside no fato de que os indicadores de contexto de uma asserção cujo meio é a língua podem ser expressos nesse mesmo meio, enquanto os das mensagens pictoriais não podem. Se podemos verbalmente reforçar a credibilidade de nossas declarações por meio de verbos ilocucionários como "Eu assevero que", "Eu declaro que", ou "Eu juro que", e outros dispositivos metalinguísticos similares, as imagens não possuem tais meios metassemióticos de asseverar sua verdade (cf. Kjørup, 1978: 65), a menos que a força assertiva inerente às fotografias seja considerada como um dispositivo metassemiótico.

Notem, no entanto, que o uso contextual explícito de um rótulo ilocucionário de asserção é mais exceção que regra (cf. Wittgenstein, 1953: §22) e há também muitos indicadores contextuais de verdade ou mentiras que são não-verbais, como, por exemplo, a reação não-verbal de ficar vermelho e outras similares, que são de interesse para um detetor de mentira. Outros determinantes não--linguísticos do poder assertivo das emissões verbais incluem a credibilidade da testemunha ou a probabilidade situacional da verdade da declaração verbal.

6. Conclusão

O questionamento do valor da verdade das imagens vem de uma longa tradição filosófica. Podemos encontrar uma tendência logocêntrica contra o potencial de verdade das imagens já em Platão, que escreveu: "A pintura está longe da verdade, e portanto, aparentemente, a pintura tem o efeito de atingir só um pouco de tudo, e isto somente através de uma imagem de sombras"

(*Politeia* X, 598b). A evolução galáctica das imagens, desde as imagens de sombras de Platão até as fotografias documentais e aquelas manipuladas por computador, torna necessária uma reconsideração do assunto. A semiótica, apesar de não estar imune ao logocentrismo, tem fornecido ferramentas para analisar a questão da mentira ou da verdade nas imagens sem uma tendência logocêntrica. Sebeok (1986), por exemplo, mostrou que mentir não está, de maneira alguma, restrito à semiose verbal, uma vez que isso acontece mesmo entre os animais, e a semiótica das imagens tem feito avanços ao investigar imagens como um sistema de signos autônomo em relação à linguagem verbal. O resultado de nosso estudo nos levou a concluir que as imagens podem ser usadas para asseverar ou enganar sobre fatos da dimensão semântica, sintática e, com certas reservas, também da pragmática. Isso não significa que asseverar e mentir são modos bastante típicos da informação pictorial. A maioria das estratégias manipuladoras da informação pictórica nos meios de comunicação não são falsificações diretas da realidade expressas de maneira assertiva, mas manipulações através de uma pluralidade de modos indiretos de transmitir significados.

BIBLIOGRAFIA

ALESSANDRIA, J. (1996). *Imagen y metaimagen*. Buenos Aires: Universidad de Buenos Aires, Cátedra de Semiologia.
ALDRICH, V.C. (1958). "Pictorial meaning and picture thinking in Wittgenstein's philosophy". *Mind*, n. 67, pp. 70-79.
ANDERSEN, Peter Bøgh (1990). *A theory of computer semiotics*. Cambridge: Cambridge University Press.
ANGENOT, Marc (1985). *Critique de la raison sémiotique*. Montreal: Presses de l'Université.
AQUILA, Richard E. (1983). *Representational mind*. Bloomington: Indiana University Press.
ARNHEIM, Rudolf (1954). *Art and visual perception*. Berkeley: University of Califórnia Press.
——————— (1962). *Arte y percepción visual*. Buenos Aires: Editoria Universitária.
ARROUYE, Jean (1978). "Semio-photo ou la mort de l'analogie". *Critique*, n. 386, pp. 72-87.
ASSIS DA SILVA, Ignacio (1980). "Une lecture de *Vieja friendo huevos* de Velázquez". *Documents de recherche du groupe de recherche sémiolinguistique* (Paris), n. 19, pp. 7-26.
ASSUNTO, Rosário et al. (1963). "Images and iconoclasm". *Encyclopedia of World Art*, n. 7, pp. 798-822.
AUMONT, Jacques (1993). *A imagem*. Campinas: Papirus.
BAKER, Steve (1985). "The hell of connotation". *Word and Image*, n. 1, pp. 164-75.
BAL, Mieke & BRYSON, Norman (1991). "Semiotics and art history". *Art Bulletin*, n. 73, pp. 174-208.
BALAT, Michel (1988). "De Peirce à Lacan: le state du miroir et l'accès au langage". HERZFELD, M. & MALAZZO, L. (orgs.). *Semiotic theory and practice: proceedings of the Third International Congress of the IASS, Palermo 1984*, v. 1, pp. 41-50. Berlim: Mouton de Gruyter, pp. 41-50.
BALAT, Michel & DELEDALLE-RHODES, Janice (orgs.) (1992). *Signs of humanity*. Berlim: Mouton de Gruyter.
BARDIN, Laurence (1975). "Le texte et l'image". *Communication et Langages*, n. 26, pp. 98--112.
BARTHES, Roland (1961). "Le message photographique". *Communications*, n. 1, pp. 127-38.
——————— (1964a). "Rhétorique de l'image". *Communications*, n. 4, pp. 40-51.
——————— (1964b) 1967. *Elements of semiology*. Londres: Cape.
——————— (1964c). *Essais critiques*. Paris: Seuil.
——————— (1969). "La peinture est-elle un langage?". *La Quinzaine Littéraire*, n. 68, p. 16.
——————— (1980a). *La chambre claire*. Paris: Seuil.
——————— (1980b) 1982. *Camera lúcida: Reflections on photography*. Londres: Cape.
——————— (1981) *A câmara clara*. Manuela Torres (trad.). Lisboa: Edições 70.
BASSIN, J. (1965). "Die Semiotik über Darstellung und Ausdruck in der Kunst". *Kunst und Literatur*, n. 13, p. 1259-69.

BASSY, Alain-Marie (1974). "Du texte à l'illustration: Pour une sémiologie des étapes". *Semiótica*, n. 11, pp. 297-334.
BATICLE, Yveline (1977). "Le verbal, l'iconique et les signes". *Communication et Langages*, n. 33, pp. 20-35.
BAYER, Udo (1980). "Theater ais Superisationsprozeβ über einem heterogenen Mittelrepertoire". ESCHBACH, A. & RADER, W. (orgs.). Literatursemiotik, v. 2. Tübingen: Narr, pp. 203-59.
BEAUGRANDE, Robert de (1986). "Artificial intelligence". SEBEOK, Thomas A. (org.). *Encyclopedic dictionary of semiotics*. Berlin: Mouton de Gruyter, pp. 56-58.
BEDIN, Franca (1979). *Wie erkenne ich chinesische Kunst?*. Stuttgart: Belser.
BENJAMIN, Walter (1975). "A obra de arte na época de sua reprodutibilidade técnica". *Os pensadores*, v. XLVIII. São Paulo: Abril Cultural.
_____ (1985). "Pequena história da fotografia". *Obras escolhidas. Magia e técnica, arte e política*, v. 1. Sérgio Paulo Rouanet (trad.). São Paulo: Brasiliense, pp. 91-107.
BENNETT, John G. (1974). "Depiction and convention". *The Monist*, n. 58, pp. 255-68.
BENSE, Max (1965). "Fotoästhetik". PAWEK, Karl (org.). *Panoptikum oder Wirklichkeit*. Hamburg: Grüner & Jahr, pp. 144-47.
_____ (1971). *Zeichen und Design: Semiotische Ästhetik*. Baden-Baden: Agis.
_____ (1986). *Repräsentation und Fundi erung der Realitáten: Fazit semiotischer Perspektiven*. Baden-Baden: Agis.
BENSE, Max & WALTHER, Elisabeth (orgs.) (1973). *Wörterbuch der Semiotik*. Colônia: Kiepenheuer & Witsch.
BENVENISTE, Emile (1969). "Sémiologie de la langue". *Semiótica*, n. 1, pp. 1-12 e 127--35.
BERGER, Arthur Asa (1984). *Signs in contemporary culture*. Nova York: Longman.
BERGER, Christel (1979). "Semiotik und Design — Theorie und Praxis". *Ars Semeiotica*, n. 2, pp. 1-22.
BERKELEY, George (1710) 1969. WARNOCK, G.J. (org.). *The principies of human knowledge*. Londres: Fontana.
BERTIN, Jacques (1967) 1973. *Sémiologie graphique*. Paris: Mouton.
_____ (1989) "Graphics". BARNOUW, E. et al. (eds.). *International encyclopedia of communications*, v. 4. Nova York: Oxford University Press, pp. 245-55.
BIEDERMAN, Irving (1987). "Recognition-by-components: A theory of human image understanding". *Psychological Review*, n. 94.2, pp. 115-47.
BINDER, Harald (1975). "Zum Verhältnis von verbaler und visueller Kommunikation in Werbebildern". *Linguistik und Didaktik*, n. 21, pp. 85-102.
BIRUS, Hendrick (1982). "Zwischen den Zeiten". BIRUS, Hendrick (org.). *Hermeneutische Positionen*. Göttingen: Vandenrhoeck, pp. 15-58.
BISER, Eugen (1973). "Bild". KRINGS, H.; BAUMGARTNER, H.M. & WILD, C. (orgs.). *Handbuch philosophischer Grundbegriffe*, Munique: Kösel, pp. 247-55.
BLOCK, Ned (org.) (1981). *Imagery*. Cambridge, Mass.: MIT Press.
BORBÉ, Tasso (org.) (1984). *Semiotics unfolding*. 3 v. Berlim: Mouton.
BORGES, J.L. (1971). *El hacedor*. Buenos Aires: Emecé.
BOULDING, Kenneth E. (1956) 1977. *The image*. Ann Arbor: University of Michigan Press.
BRAUN, Gerhard (1981). "Präsentation versus Repräsentation". *Zeitschrift für Semiotik*, n. 3, pp. 143-70.
BRIESSEN, Fritz van (1963). *Chinesische Maltechnik*. Colônia: Du Mont.
BRÖG, Hans (1968). *Semiotische und numerische Analyse zweier Holzschnitte von Albrecht Dürer*. Stuttgart: Diss. Phil.

_____ (1978). "Einige Aspekte zur Bild-Text-Korrelation". ARBEITSGRUPPE SEMIOTIK (org.). *Die Einheitdersemiotischen Dimensionen*. Tübingen: Narr, pp. 11-26.

_____ (1979). *Erweiterung der allgemeinen Semiotik und ihre Anwendung auf die Live--Photographie*. Kastellaun: Henn.

BRÖG, Hans & STIEBING, Hans Michael (1980). "Kunstwissenschaft und Semiotik". *Semiosis*, n. 5, pp. 152-61.

BUDDEMEIER, Heinz (1993). *Leben in künstlichen Welten: Cyberspace, Videoclips und das tàgliche Fernsehen*. Stuttgart: Urachhaus.

BÜHLER, Karl (1934) 1965. *Sprachtheorie*. Stuttgart: Fischer.

BUNGE, Mario (1969). "Analogy, simulation, representation". *Revue Internationale de Philosophie*, v. I, n. 87, pp. 16-34.

_____ (1974). *Treatise on basicphilosophy*: I. Semantics I: Sense andreference. Dordrecht: Reidel.

BURGER, Harald (1990). *Sprache der Massenmedien*. Berlim: Mouton de Gruyter.

BURGIN, Victor (org.) (1982). *Thinking photography*. Londres: Macmillan.

BURNHAM, Jack (1971). *The structure ofart*. Nova York: Braziller.

_____ (1974). *Great Western salt works*. Nova York: Braziller.

CAHILL, James F. (1958). *Wu chen*: a Chinese landscapist and bamboo painter of the fourteenth century. Phd Diss.: Ann Arbor (University Microfilm International).

CALABRESE, Omar (1980). "From the semiotics of painting to the semiotics of pictorial text". *Versus*, n. 25, pp. 3-27.

_____ (1986). "Iconology". SEBEOK, Thomas A. (org.). *Encyclopedic dictionary of semiotics*. Berlim: Mouton de Gruyter, pp. 330-32.

_____ (org.) (1980). *Semiótica della pittura*. Milão: II Saggiatore.

CAMPOS, Haroldo de (1977). "Ideograma, anagrama, diagrama. Uma leitura de Fenollosa". CAMPOS, Haroldo de (org.). *Ideograma*. São Paulo: Cultrix, pp. 23-107.

CARERI, Giovanni (1992). "Lopacité de la peinture". *Scripta Semiótica*, n. 1, pp. 43-6.

CARTER, Curtis L. (1972). "Syntax in language and painting". *The Structurist*, n. 12, pp. 45-50.

_____ (1976). "Painting and language". *Leonardo*, n. 9, pp. 111-18.

CASARES, Adolfo B. (1972). *La invención de Morel*. Madri: Alianza/Emecé.

CHATMAN, Seymour et al. (orgs.) (1979). *A semiotic landscape*. The Hague: Mouton de Gruyter.

COHEN, Ted (1989). "Pictorial and photographic representation". BARNOUW, E. et al. (orgs.). *International Encyclopedia of Communications*, v. 3. Nova York: Oxford University Press, pp. 453-58.

CORTÁZAR, Júlio (1974). "Las babas dei diablo". *Las armas secretas*. Buenos Aires: Editorial Sudamericana.

COSSETTE, Claude (1982). *How pictures speak: A brief introduction to iconics*. Québec: Ed. Riguil.

_____ (1983). *Les images démaquillées*. Québec: Ed. Riguil.

COSTANTINI, Michel (1980). "L'énoncé pictural: Notes méthodologiques sur Malévitch". *Degrés*, n. 22, pp. gl-gl6.

COUCHOT, Edmond (1983). *L'image manipulée*. Paris: Edilig.

_____ (1987). "Sujet, objet, image". *Cahiers internationaux de sociologie*, n. 82, pp. 85-97.

_____ (1988). "Synthèse et simulation: l'autre image". *Hors cadre*, n. 6: 115-31.

_____ (1989). "Art et technique. L'émergence du numérique". *La pensée*, n. 268, pp. 89-99.

_____ (1993). "Da representação à simulação: Evolução das técnicas das artes e da figuração". PARENTE, André (org.). *Imagem máquina*. Rio de Janeiro: Editora 34, pp. 37-48.

CUMMINS, Robert (1989). *Meaning and mental representation*. Bloomington: Indiana University Press.
CURTIS, J.M. (1978). *Culture as polyphony: An essay on the nature of paradigms*. Columbia/ Londres: University of Missouri Press.
DAMISCH, Hubert (1975). "Semiotics and iconography". SEBEOK, Thomas A. (org.). *The tell-tale sign*. Lisse: de Ridder, pp. 27-36.
_____ (1978). "Eight theses for (or against?) a semiology of painting". *Enclitics*, v. 1, n. 3, pp. 1-15.
DEELY, John (1990). *Basics of semiotics*. Bloomington: Indiana University Press.
DELEDALLE, Gérard (1979). *Théorie et pratique du signe*. Paris: Payot.
DELEUZE, G. (1985). *Cinema: a imagem-movimento*. São Paulo: Brasiliense.
_____ (1989). *Cinema: a imagem-tempo*. São Paulo: Brasiliense.
DERRIDA, Jacques (1967). *La voix et le phénomène*. Paris: Presses Université de France.
_____ (1973) *Gramatologia*. M. Chnaiderman e Janine Ribeiro (trads.). São Paulo: Perspectiva.
_____ (1978). *La vérité en peinture*. Paris: Flammarion.
DIRSCHERL, Klaus (org.) (1993). *Bild und Text im Dialog*. Passau: Rothe.
DÖLLING, Evelyn (1993). "Zeichenprozesse in der Theoriebildung (am Beispiel der kognitiven Wissenschaft)". TITZMANN, Michael (org.). *Zeichentheorie und Praxis*. Passau: Rothe, pp. 187-98.
DÖRNER, Dietrich (1977). "Superzeichen und kognitive Prozesse". POSNER, Roland & REINECKE, Hans-Peter (orgs.). *Zeichenprozesse*. Wiesbaden: Athenaion, pp. 73-82.
DRETSKE, Fred I. (1988). *Seeing and knowing*. Chicago: Chicago University Press.
DUBOIS, Philippe (1983). L'acte photographique. Paris/Bruxelas: Nathan & Labor.
_____ (1994). *O ato fotográfico*. Marina Appenzeller (trad.). Campinas: Papirus.
DUCROT, Oswald & TODOROV, Tzvetan (1972). *Dictionnaire encyclopédique des sciences du langage*. Paris: Seuil.
DÜRIG, Walter (1952). *Imago*. Munique: Zink.
DUFRENNE, Mikel (1966). "L'art est-il langage?". *Revue d'esthétique*, n. 19, pp. 1-43.
EATON, Mareia (1980). "Truth in pictures". *Journal of aesthetics and art criticism*, n. 39, pp. 15-26.
EBERLEH, Edmund (1990). "Komplementarität von Text und Bild". BECKER, T. et al (orgs.). *Sprache und Technik*. Aachen: Alano, pp. 67-89.
ECO, Umberto (1968) 1972. *Einflihrung in die Semiotik* [*La struttura assente*, trad.]. Munique: Fink.
_____ (1976). *A theory of semiotics*. Bloomington: Indiana University Press.
_____ (1984). *Semiotics and the philosophy oflanguage*. Bloomington: Indiana University Press.
_____ (1985a). "How culture conditions the colors we see". BLONSKY, Marshall (org.). *On signs*. Baltimore: Johns Hopkins, pp. 157-75.
_____ (1985b). *Sugli specchi e altri saggi*. Milão: Bompiani.
ECO, Umberto et al. (orgs.) (1988). *Meaning and mental representation*. Bloomington: Indiana University Press.
EDELINE, Francis; KLINKENBERG, Jean-Marie & MINGUET, Philippe (GROUPE μ) (1992). *Traité du signe visuel*. Paris: Seuil.
ELTESTER, Friedrich-Wilhelm (1958). *Eikon im Neuen Testament*. Berlim: Tópelmann.
ESPE, Hartmut (1985). "Konnotationen ais Ergebnisse fotografischer Techniken". *Zeitschrift für Semiotik*, n. 7, pp. 63-71.
FADON VICENTE, Carlos (1993). "Fotografia eletrônica. Uma reinvenção da fotografia". *Irisfoto*, abr. 1993, pp. 48-9.

FAUST, Wolfgang Max (1977). *Bilder werden Worte*. Munique: Hanser.
FENOLLOSA, Ernest (1977). "Os caracteres da escrita chinesa como instrumento para a poesia". CAMPOS, Haroldo de (org.). *Ideograma. Lógica, poesia, linguagem*. São Paulo: Cultrix, pp. 115-62.
FERNANDES JR, Rubens (1994). "Fotografia digital. O futuro agora". *FACOM*, ano 1, n. 2, pp. 24-8.
FERNEYHOUGH, Brian (1990). "Shattering the vessels of received wisdom — conversation with James Boros". *Perspectives of new music*. Seattle: University of Washington, pp. 6-51.
FERRAZ, Silvio (1993). "Semiótica peirceana e música: uma aproximação". Monografia final apresentada no curso de Semiótica Peirceana ministrado por Lúcia Santaella na PUC-SP, abr.-jun. 1993.
FINLAY, Marike (1988). *The romantic irony of semiotics: Friedrich Schlegel and the crisis of representation*. Berlim: Mouton de Gruyter.
FISCH, Max H. (1986). *Peirce, semeiotic, and pragmatism*. Bloomington: Indiana University Press.
FLOCH, Jean-Marie (1980). *Sémiotique poétique et discours mythique en photographie*. Urbino: Centro Internazionale di Semiótica (=Documents de Travail F 95).
_____ (1985). *Petites mythologies de l'oeil et de l'esprit: Pour une sémiotique plastique*. Paris/Amsterdam: Hadès-Benjamins.
_____ (1986). *Les formes de l'empreinte*. Périgeux: Faulac.
FLUSSER, Vilém (1985). *Filosofia da caixa preta: Ensaios para uma futura filosofia da fotografia*. São Paulo: Hucitec.
FODOR, Jerry A. (1981). "Imagistic representation". BLOCK, Ned (org.). *Imagery*. Cambridge, Mass.: MIT Press, pp. 63-86.
FORGET, Philippe (1992). "Vor dem Zeichen". BORSCHE, Tilman & STEGMAIER, Werner (orgs.). *Zur Philosophie des Zeichens*. Berlim: Mouton de Gruyter, pp. 102-16.
FOUCAULT, Michel (1966). *Les mots et les choses*. Paris: Gallimard.
_____ (1968). "Ceei n'est pas une pipe". *Cahiers du chemin*, n. 4: pp. 78-105.
FRANK, Manfred (1983). *Was ist Neostrukturalismus?*. Frankfurt/Main: Suhrkamp.
FREITAG, Ulrich (1992). *Kartographische Konzeptionen*. Berlim: FU/TU (= Berliner geowissenschaftliche Abhandlungen C. 13).
FRESNAULT-DERUELLE, Pierre (1977). *Récits et discours par la bande*. Paris: Hachette.
_____ (1983). *L'image manipulée*. Paris: Edilig.
FREUD, Sigmund (1968). "Introdución al narcisismo". *Obras completas*, v. 1. Madrid: Editorial Biblioteca Nueva, pp. 1083-97.
GANDELMAN, Claude (1991). *Reading pictures, viewing texts*. Bloomington: Indiana University Press.
GARDNER, Howard (1985). *The mind's new science*. Nova York: Basic Books.
GARNIER, François (1982). *Le langage de l'image au moyen âge*. Paris: Léopard d'or.
GARRONI, Emilio (1978). *Semiótica del colore*. Roma: Rai.
GEBAUER, Günter & WULF, Christoph (1989). *Mimesis: Kultur-Kunst-Gesellschaft*. Reinbek: Rowohlt.
GERLACH, Peter (1977). "Probleme einer semiotischen Kunstwissenschaft". POSNER, Roland & REINECKE, Hans-Peter (orgs.). *Zeiclienprozesse*. Wicsbaden: Athenaion, pp. 262-92.
GERLACH, Peter (1978). "Panofsky: Perspektive ais symbolische Form in semiotischer Sicht". ARBEITSGRUPPE SEMIOTIK (org.). *Die Einheit der semiotischen Dimensionen*. Tübingen:Narr, pp. 319-36.

GIARDETTI, J. Roland & OLLER, John W. (1995). "Testing a theory of photographic meaning". *Semiótica*, v. 1/2, n. 106, pp. 99-152.
GIBSON, James J. (1954)." A theory of pictorial perception". *Audio-visual Communication Review*, n. 2, pp. 3-23.
_____ (1966). *The senses considered as perceptual systems*. Boston: Mifflin.
_____ (1971). "The information available in pictures". *Leonardo*, n. 4, pp. 27-35.
_____ (1979). *The ecological approach to visual perception*. Boston: Mifflin.
GOLDWASSER, Orly (1995). *From icon to metaphor: Studies in the semiotics of hieroglyphs*. Göttingen: Vandenhoek & Ruprecht.
GOMBRICH, Ernest H. (1960) 1968. *Art and illusion*. Londres: Phaidon.
_____ (1963). *Meditation on a hobby horse and other essays on the theory of art*. Londres/Nova York: Phaidon.
_____ (1972) 1975. *Symbolic images*. Edinburgo: Phaidon.
_____ (1979). *Arte e ilusión*. Barcelona: Gustavo Gili.
_____ (1981). "Image and code: Scope and limits of conventionalism in pictorial representation". STEINER, Wendy (org.). *Image and code*. Ann Arbor: University of Michigan, pp. 11-42
GOODMAN, Nelson (1968). *Languages of art*. Indianapolis: Bobbs-Merrill.
_____ (1981). *Problems and projects*. Indianapolis: Bobbs-Merrill.
GREIMAS, Algirdas J. (1984). "Sémiotique figurative et sémiotique plastique". *Actes sémiotiques: Documents du groupe de recherche sémio-linguistique*, v. 6, n. 60, pp. 3-24.
_____ & COURTÉS, Joseph (1979 e 1986). *Sémiotique: dictionnaire raisonné de la théorie du langage*, 2 v. Paris: Hachette.
GROUPE µ, ver EDELINE, F. et al.; KLINKENBERG, J.-M. et al.
GUBERN, Román (1974). *Mensajes icônicos en la cultura de masas*. Barcelona: Lumen.
_____ (1987). *La mirada opulenta*. Barcelona: Gustavo Gilli.
HAGEN, Giselher (1994). "Suche nach den Bildern im Kopf". *Frankfurter Allgemeine Zeitung*, n. 79, n. 4.
HAMPDEN-TURNER, Charles (1981). *Maps of the mind*. Nova York: Macmillan Publishing Company.
HARMS, Wolfgang (org.) (1990). *Text und Bild, Bild und Text*. Stuttgart: Metzler.
HARWEG, Roland (1994). "Material time and formal time: Genetically and metagenetically". NÖTH, Winfried (org.). *Origins of semiosis. Sign evolution in nature and culture*. Berlim: Mouton de Gruyter, pp. 309-23.
HELBO, André et al. (1975). *Sémiologie de la représentation*. Bruxelas: Complexe.
_____ (org.) (1979). *Le champ sémiologique. Perspectives internationales*. Bruxelas: Complexe.
HERSKOVITS, Melvile J. (1948). *Man and his works*. Nova York: Knopf.
HESS, W. (1955). "Resumo enciclopédico e bibliográfico sobre 'arte moderna'". SEDLMAYR, Hans. *A revolução da arte moderna*. Lisboa: Livros do Brasil, pp. 120-8.
HOLENSTEIN, Elmar (1990). "Kognitive oder semiotische Wissenschaft". KOCH, Walter A. (org.). *Semiotik und Wissenschaftstheorie*. Bochum: Brockmeyer, pp. 103-17.
HOWARD, V.A. (1980). "Theory of representation". KOLERS, P.A. et al. (orgs.). *Processing of visible language*, v. 2. Nova York: Plenum, pp. 501-15.
HUGGINS, W.H. & ENTWISTLE, Doris R. (1974). *Iconic communication*. Baltimore: John Hopkins University Press.
HUPKA, Werner (1989). *Wort und Bild*. Tübingen: Niemeyer.
HUSSERL, Edmund (1900-1901) 1993. *Logische Untersuchungen*, v. 1, 11/1-1172. Tübingen: Niemeyer.

HUYSSENS, Andreas (1984). "Mapping the postmodern". *New German Critique*, n. 33, pp. 5-52.
INNIS, Robert E. (org.) (1985). *Semiotics: An introductory anthology*. Bloomington: Indiana University Press.
IVERSON, Margaret (1986). "Saussure vs. Peirce: Models for a semiotics of visual art". REES, A.L. & BORZELLO, Frances (orgs.). *The new art history*. Londres: Camden, pp. 82-94.
JAKOBSON, R. (1971). "À procura da essência da linguagem". *Linguística e comunicação*. Izidoro Blikstein e José Paulo Paes (trads.). São Paulo: Cultrix.
JANNEY, Richard & ARNDT, Horst (1994). "Can a picture tell a thousand words? Interpreting sequential vs. holistic graphic messages". NÖTH, W. (org.). *Origins of semiosis: Sign evolution in nature and culture*. Berlim: Mouton de Gruyter, pp. 439-53.
JORNA, René J. (1990). *Knowledge representation and symbols in the mind*. Tübingen: Stauffenburg.
_____ (1993). "Cognitive science and connectionism". KRABE, C.W. et al. (orgs.). *Empirical logic and public debate*. Amsterdam: Radopi, pp. 183-97.
_____ et al. (orgs.) (1993). *Sign, search, and communication: Semiotic aspects of artificial intelligence*. Berlim: Mouton de Gruyter.
KAC, Eduardo (1995). *Holopoetry. Essays, manifestoes, critical and theoretical writings, 1983-1995*. Lexington: New Media Editions.
KACZMAREK, Ludger (1986). "Quid sit aliquid representari in verbo". DUTZ, Klaus D. & SCHMITTER, Peter (orgs.). *Geschichte und Geschichtschreibung der Semiotik*. Münster: MAkS, pp. 85-100.
KAEMMERLING, Hans-Ekkehard (org.) (1979). *Ikonographic und Ikonologie*. Colônia: DuMont (= *Bildende Kunst ais Zeichensystem*, v. 1).
KALVERKÄMPER, Hartwig (1993). "Die Symbiose von Text und Bild in den Wissenschaften". TITZMANN, M. (org.). *Zeichen(theorie) und Praxis*. Passau: Rothe, pp. 199-226.
KANDINSKY, Wassily (1960). *De lo espiritual en el arte*. Buenos Aires: Galatea Nueva Vision.
KARBUSICKY, Vladimir (1973). *Widerspiegelungstheorie und Strukturalismus*. Munique: Fink.
KHOURI, Omar (1996). *A poesia visual brasileira na era pós-verso*. São Paulo: Tese de doutorado, PUC-SP.
KIBÉDI VARGA, Aron (1983). "Sémiotique des arts et lecture du tableau". *Rapports Het Franse Boek*, n. 53, pp. 50-62.
_____ (1989). "Criteria for describing word-and-image relations". *Poetics Today*, v. 1, n. 10, pp. 31-53.
KINTSCH, Walter (1974). *The representation of meaning in memory*. Hillsdale, N.J.: Erlbaum.
KJØRUP, Søren (1974). "Doing things with pictures". *The Monist*, n. 2, pp. 216-35.
_____ (1978). "Pictorial speech acts". *Erkenntnis*, n. 12, pp. 55-71.
KLAUS, Georg (1963) 1973. *Semiotik und Erkenntnistheorie*. Munique: Fink.
_____ (1969). *Wörterbuch der Kybernetik*. Frankfurt/Main: Fischer.
_____ & SEGETH, Wolfgang (1962). "Semiotik und materialistische Abbild theorie". *Deutsche Zeitschrift für Philosophie*, n. 10, pp. 1245-60.
_____ & BUHR, Manfred (orgs.) (1964) 1976. *Philosophisches Wörterbuch*. Berlim: Verlag das Europäische Buch.
KLINKENBERG, Jean-Marie; EDELINE, Francis & MINGUET, Philippe (GROUPE μ) (1980). "Plan d'une rhétorique de l'image". *Kodikas/Code*, n. 2: pp. 249-68.
_____ (1985). "Structure et rhétorique du signe iconique". PARRET, H. & RUPRECHT, H.-G. (orgs.). *Exigences et perspectives de la sémiotique*. Amsterdam: Benjamins, pp. 449-61.

KOCH, Walter A. (1971). *Varia semiótica*. Hildesheim: Olms.
_____ (1973). *Das Textem*. Hildesheim: Olms.
KOELLREUTTER, H.J. (1988). "A estética do impreciso e do paradoxal". Apostila do curso ministrado no Instituto de Estudos Avançados da USP de 1988 a 1990.
KONDRATOW, A. (1964). "Semiotik und Kunsttheorie". *Kunst und Literatur*, n. 12, pp. 519-30.
KORSMEYER, Carolyn (1985). "Pictorial assertion". *Journal of aesthetics and art criticism*, n. 43, pp. 257-65.
KOSSLYN, Stephen M. (1980). *Image and mind*. Cambridge, Mass.: MIT Press.
_____ (1981). "The medium and the message in mental imagery". BLOCK, N. (org.). *Imagery*. Cambridge, Mass.: MIT Press, pp. 207-44.
KRAMPEN, Martin (1965). "Signs and symbols in graphic communication". *Design Quarterly*, n. 62, pp. 3-31.
_____ (1985). "Leistung und Grenzen der Grafik". *Zeitschrift für Semiotik*, n. 7, pp. 3-8.
_____ (1986). "Gestalt". SEBEOK, T.A., (org.). *Encyclopedic dictionary of semiotics*. Berlim: Mouton de Gruyter, pp. 290-92.
_____ (1991). *Children's drawings*. Nova York: Plenum.
_____ et al. (orgs.) (1981). *Die Welt ais Zeichen: Klassiker der modernen Semiotik*. Berlim: Severin & Siedler.
KRESS, Gunter & LEEUWEN, Theo van (1990). *Reading images*. Victoria: Deakin University Press.
KRISTEVA, Julia (1969) 1981. *Le langage, cet inconnu*. Paris: Seuil.
KUHN, Thomas S. [1962] (1970). *The structure of scientific revolutions*. Chicago: Chicago University Press.
_____ (1974). "Reflections on my critics". In LAKATOS, Imre & Alan MUSGRAVE, (orgs.). *Criticism and the growth ofknowledge* (Proceedings in the International Colloquium in the Philosophy of Sciences). Cambridge: CambridgeUniversity Press, pp. 231-278.
_____ (1977). *The essential tension: Selected studies in scientific tradition and change*. Chicago: Chicago University Press.
_____ (1984). "Rationality and theory choice". *The Journal of Philosophy*, n. 80, pp. 563-570.
_____ (1987). "What are scientific revolutions?". KRUGER et al. (orgs.). *The probabilistic revolution*. Cambridge, Mass.: MIT Press, pp. 7-22.
_____ (1993). "Afterwords". HORWICK, Paul (org.). *World changes. Thomas Kuhn and the nature of science*. Cambridge, Mass.: The MIT Press.
KUTSCHERA, Franz von (1971) 1975. *Sprachphilosophie*. Munique: Fink.
LACAN, Jacques (s.d.). "Le symbolique, l'imaginaire et le réel". Xerox, Bibliothéque de L'École Freudiane de Paris, pp. 2-6.
_____ (1979). *Os quatro conceitos fundamentais da psicanálise. Seminário*. M.D. Magno (trad.). Rio de Janeiro: Zahar.
_____ (1971). "El estádio del espejo como formador de la función del yo tal como se nos revela en la experiencia psicoanalítica". *Lectura estructuralista de Freud*. Tomás Segovia (trad.). México: Siglo Veinteuno.
_____ (1978). "A instância da letra no inconsciente e a razão desde Freud". *Escritos*. I. Oseki-Depré (trad.). São Paulo: Perspectiva, pp. 223-59.
LANGE, Günter (1969). *Bild und Wort in der griechischen Theologie*. Würzburg: Echter.
LANGER, Susanne K. (1942). *Philosophy in a new key*. Nova York: Mentor.
LANGNER, Paul Werner (1985). *Strukturelle Analyse verbal-visueller Textkonstitution in der Anzeigenwerbung*. Frankfurt/Main: Lang.
LAURENTIZ, Paulo (1991). *A holarquia do pensamento artístico*. Campinas: Ed. Unicamp.

LE BON, Gustave (1895) 1983. *Psychologie desfoules*. Paris: Presses Universitaires de France.
LEMPP, Ingrid (1990). "Design und Semiotik". KOCH, W.A. (org.). *Semiotik in den Einzelwissenschaften*. Bochum: Brockmeyer, pp. 744-801.
LEVACO, Ronald (1971). "Kuleshov". *Sight and sound*, v. 2, n. 40, pp. 86-91 e 109.
LÉVY, Pierre (1993). *Tecnologias da inteligência*. Rio de Janeiro: Editora 34.
LINDEKENS, René (1971). *Eléments pour une sémiotique de la photographie*. Paris: Didier.
_____ (1973). "Eléments pour une analyse du code de l'image photographique". REY-DEBOVE, Josette (org.). *Recherches sour les systèmes signifiants*. The Hague: Mouton de Gruyter, pp. 505-34.
_____ (1976). *Essai de sémiotique visuelle*. Paris: Klincksieck.
_____ (1978). "Sémiotique de l'image fixe et informations scientifiques". *Colloque international: Aspects de la photographie scientifique: Actes*. Paris: Centre National de la Recherche Scientifique, pp. 11-19.
LOCKE, John (1690) 1973. *An essay concerning human understanding*. Londres: Collins.
LOUBIER, Patrice & PAQUIN, Chantale (1990). "Lire la reproduction photographique comme image: De quelques parcours sémiotiques revus et commentés". *Protée*, v. 3, n. 18, pp. 49-57.
LUSSAULT, Michel (1994). "Perpetuum mobile: essai du régime de temporalité des nouvelles images géographiques". *Eidos*, n. 9-10, pp. 65-76.
MACE, William M. (1986). "J.J. Gibson's ecological theory of information pickup". KNAPP T.J. & ROBERTSON, L.C. (orgs.). *Approaches to cognition*. Hillsdale: Erlbaum, pp. 137--57.
MACHADO, Arlindo (1984). *A ilusão especular*. São Paulo: Brasiliense.
_____ (1988). *A arte do vídeo*. São Paulo: Brasiliense.
_____ (1989). "A imagem eletrônica: problemas de representação". *Face*, v. 1, n. 2, pp. 69-81.
_____ (1993a). *Máquina e imaginário. O desafio das poéticas tecnológicas*. São Paulo: Edusp.
_____ (1993b) "Fotografia em mutação". Nicolau ano VII, n. 49, pp. 14-5.
_____ (1993c). "Formas expressivas da contemporaneidade". *Ensaios sobre a contemporaneidade*. CD-ROM. São Paulo: PUC, Programa de Pós-graduação em Comunicação e Semiótica.
_____ (1993d). "Anamorfoses cronotópicas ou a quarta dimensão da imagem". *Ensaios sobre a contemporaneidade*. CD-ROM. São Paulo: PUC, Programa de Pós-graduação em Comunicação e Semiótica.
McLUHAN, Marshall (1962). *The Gutenberg Galaxy*. Nova York: Signet. Leônidas C. de Carvalho e Anísio Teixeira (trads.). São Paulo: Cultrix.
MANSER, A.R. (1967). "Images". EDWARDS, Paul (org.). *Encyclopedia of philosophy*, v. 4. Nova York: Macmillan, pp. 133-36.
MARCUS, Solomon (org.) (1982). *Semiótica matematica a artelor vizuale*. Bucuresti: E. stiintifica.
MARIN, Louis (1970). "La description de l'image". *Communications*, n. 15, pp. 186-206.
_____ (1971a) "Eléments pour une sémiologie picturale". MARIN, L. (org.). *Etudes sémiplogiques*. Paris: Klincksieck, pp. 17-43.
_____ (1975). *La critique du discours*. Paris: Minuit.
_____ (1976). *Détruire la peinture*. Paris: Galilée.
_____ (1978). "The frame of the painting or the semiotic functions of boundaries". CHATMAN, S. et al. (orgs). *A semiotic landscape*. The Hague: Moutonde Gruyter, pp. 777-82.

_____ (1989). *Opacité de la peinture*. Paris: Usher.
_____ (org.) (1971b). *Etudes sémiologiques*. Paris: Klincksieck.
MARTIN, Mareei (1963). *A linguagem cinematográfica*. Flávio P. Vieira e Terezinha A. Pereira (trads.). Belo Horizonte: Itatiaia.
MARTINHO, José (1993). "Holograma, síntese e fractais". *Assédio: Revista de Psicanálise e Cultura*, Portugal, n. 1, pp. 97-9.
MARTINO, Emanuele (1985). "Referenz und Invarianz in der Photographie". *Zeitschrift für Semiotik*, n. 7, pp. 9-25.
MASER, Siegfried (1977). "Arten der Superzeichenbildung". POSNER, Roland & REINECKE, Hans-Peter (orgs.). *Zeiclienprozesse*. Wiesbaden: Athenaion, pp. 83-108.
MATEESCU, Catalina Anca (1974). "Toward a structural approach to pictorial language". *Poetics*, n. 11, pp. 46-61.
MAUND, J.B. (1993). "Representation, pictures, and resemblance". WRIGHT, Edmond (org.). *New representationalisms*. Aldershot: Avebury, pp. 45-69.
McLEAN, William P. (1973). "Propositions for a semiotical definition of the photograph". V*ersus*, n. 6, pp. 59-67.
MENEZES, Philadelpho (1991). *Poética e visualidade. Uma trajetória da poesia brasileira contemporânea*. Campinas: Ed. Unicamp.
MENNA, Felisberto (1977). *La opción analítica en el arte moderno*. Barcelona: Gustavo Gili.
METZ, Christian (1968) 1972. *Semiologie des Films*. Munique: Fink.
_____ (1972). "O cinema moderno e a narração". METZ, A. *A significação no cinema*. Jean-Claude Bernardet (trad.). São Paulo: Perspectiva, pp. 173-216.
_____ (1985). "Photography and fetish". *October*, n. 34, p. 81-90.
METZGER, Wolfgang (1975). *Gesetze des Sehens*. Frankfurt/Main: W. Kramer.
MILLER, Jacques-Alain (1987). *Percurso de Lacan. Uma introdução*. Ari Roitman (trad.). Rio de Janeiro: Zahar.
MITCHELL, W.J. Thomas (1986). *Iconology: Image, text, ideology*. Chicago: Chicago University Press.
_____ (org.) (1974) 1980. *The language of images*. Chicago: Chicago University Press.
MOLES, Abraham A. (1972). "Vers une théorie écologique de l'image". THIBAULT-LAULAN, Anne-Marie (org.). *Image et communication*. Paris: Editions Universitaires, pp. 49-73.
_____ (1978). "L'image et le texte". *Communication et langages*, n. 38, pp. 17-29.
MOLITOR, Sylvie; BALLSTAEDT, Steffen-Peter & MANDL, Heinz (1989). "Problems in knowledge acquisition from texts and pictures". MANDL, H. & LEVIN, J.R. (orgs.). *Knowleclge acquisition from text and pictures*. Amsterdam: North Holland Publ, pp. 3-35.
MONTADOU, Alain (org.) (1990). *Iconotextes*. Paris: Ophrys.
MOORE, Ralph William (1989). "Cognition, semiotics, and the.cartographic statement". Ph.D. Diss.: University of Kansas.
MOUNIN, Georges (1980). "Sémiologie et photographie scientifique". *Semiótica*, n. 30, pp. 327-32.
_____ (1985). *Semiotic praxis*. Nova York: Plenum.
MUCKENHAUPT, Manfred (1986). *Text und Bild*. Tübingen: Narr.
NADIN, Mihai (1990). "Design and semiotics". KOCH, W.A. (org.). *Semiotics in the individual sciences*. Bochum: Brockmeyer, pp. 418-36.
NAVILLE, Pierre (1970). "Recherches pour une sémiologie de l'image optique". *Epistémologie sociologique*, n. 9, pp. 95-119.
NESTROVSKI, Arthur (1986). "Tempo, o lugar em que se dá o movimento musical". *Folha de S.Paulo*, 3 ago., Ilustrada.

NEUMANN, Werner et al. (1976). *Theoretische Probleme der Sprachwissenschaft*. 2 v. Berlim: Akademie.
NÖTH, Winfried (1972). *Strukturen des Happenings*. Hildesheim: Olms.
_____ (1990). *Handbook of semiotics*. Bloomington: Indiana University Press.
_____ (1994). "Semiotic foundations of the cognitive paradigm". *Semiosis*, n. 73, pp. 5-16.
_____ (1995). *Panorama da semiótica. De Platão a Peirce*. São Paulo: Annablume.
_____ (1996). *A semiótica no século XX*. São Paulo: Annablume.
_____ (no prelo). *Kartosemiotik. Zeitschriftfiir Semiotik*.
_____ (org.) (1997). *Semiotics of the media*. Berlim: Mouton de Gruyter.
OEHLER, Klaus (org.) (1984). *Zeichen und Realität*. 3 v. Tübingen: Stauffenburg.
OLIVEIRA, Valdevino S. (1993) "Poesia e pintura. Um diálogo em três dimensões". Tese de doutorado, PUC-SP.
OMAR, Arthur (1988). "Kodak-Gnose: Grandeza e mistério de uma caixinha sagaz". *Folha de S.Paulo*, 29 abr., B-2-5, Folhetim.
PAIVIO, Allan (1986). *Mental representations: A dual coding approach*. Oxford: Clarendon.
PALEK, Bohumil (1986). "The map: Its signs and their relations". *Semiótica*, n. 59, pp. 13-33.
PALMER, Frank R. (1981). *Semantics*. Cambridge: Cambridge University Press.
PALMER, Stephen E. (1978). "Fundamental aspects of cognitive representation". ROSCH, Eleanor & LLOYD, Barbara B. (orgs.). *Cognition and categorization*. Hillsdale, N.J.: Lawrence Erlbaum, pp. 259-303.
PANOFSKY, Erwin (1939) 1962. *Studies in iconology*. Nova York: Harper.
_____ (1955). *Meaning in the visual arts*. Harmondsworth: Penguin.
PARIS, Jean (1975). *Painting and linguistics*. Pittsburgh, Pa.: Carnegie-Mellon University (= Praxis/Poetics Series 1/75).
_____ (1978). *Lisible, visible*. Paris: Seghers.
PARRET, Herman (1982). "A note on representationalism". GELDER, Beatrice de (org.). *Knowl- edge and representation*. Londres: Routledge, pp. 139-54.
_____ (1990). "La sémiotique est-elle une science cognitive?". *S: European Journal for Semiotic Studies*, v. 3, n. 2, pp. 483-500.
PASTOUREAU, Michel (1989). *Couleurs, images, symboles*. Paris: Léopard d'Or.
PAZ, Octavio (1972). "A imagem: A consagração do instante". *Signos em rotação*. Sebastião Uchoa Leite (trad.). São Paulo: Perspectiva, pp. 37-50 e 51-62.
PEIRCE, Charles S. (1931-58). *Collectedpapers*. HARTSHORNE, Charles & WEISS, Paul (eds.) v. 1-6; BURKS, Arthur W. (ed.) v. 7-8. Cambridge, Mass.: Harvard University Press. [Citado como CP]
_____ (1982-89). *Writings of Charles S. Peirce: A chronological edition*. v. 1: 1857-66; v. 2: 1867-71; v. 3: 1872-78; v. 4: 1879-84. Bloomington: Indiana University Press.
PELC, Jerzy (1993). "Semiosis, cognition, and interpretation". JORNA, R.J. et al. (orgs.). *Sign, search, and communication: Semiotic aspects of artificial intelligence*. Berlim: Mouton de Gruyter, pp. 25-38.
PETITOT, Jean (1990). "Semiotics and cognitive science: The morphological turn". *Semiotic Review of Books*, v. 1, n. 1, pp. 2-4.
PIAGET, Jean (1964) 1971. *A formação do símbolo na criança*. A. Cabral e L.M. Oiticica (trads.). Rio de Janeiro: Zahar.
_____ (1968). *Structuralism*. Londres: Routledge & Kegan.
_____ (1970). 1971. *A epistemologia genética*. N.C. Caixeiro (trad.). Petrópolis: Vozes.
PIAGET, Jean & INHELDER, Bärbel (1966). *L'image mentale chez l'enfant*. Paris: Presses Universitaires.

PIGNATARI, Décio (1974). *Semiótica e literatura*. São Paulo: Perspectiva.
PLAZA, Júlio (1994). "InfoXfoto:grafias". *Imagens* (Campinas: Ed. Unicamp), n. 3, pp. 50-3, dezembro.
PLÉCY, Albert (1971). *Grammaire élémentaire de l'image*. Verviers: Gerard.
PORCHER, Louis (1976). *Introduction à une sémiotique des images*. Paris: Didier.
POUND, E. (1970). *ABC da literatura*. Augusto de Campos e José Paulo Paes (trads.). São Paulo: Cultrix.
PRIETO, Luis J. (1966). *Messages et signaux*. Paris: Presses Universitaires.
QUINET, Antonio (1995). "A imagem rainha". *O imaginário no ensino de Jacques Lacan*, 2. ed. revisada. Rio de Janeiro: Escola Brasileira de Psicanálise.
RAFFA, Piero (1976). *Semiologia delle arti visive*. Bolonha: Pàtron.
REIMUND, Walter (1993). *Ikonizität und emotionale Bedeutung bildlicher Darstellung*. Frankfurt/Main: Lang.
RESNIKOW, Lasar Ossipowitsch (1977). *Zeichen, Sprache, Abbild*. Frankfurt/Main: Syndikat.
RITCHIN, Fred (1990). *In our own image. The coming revolution in photography*. Nova York: Aperture Foundation.
ROBERT, Oliver (1974). *Der Augenschein im Strafprozeß*. Zurique: Schulthess.
ROHEN, Helena (1981). "Bilder statt Wörter". *Zeitschrift für germanistische Linguistik*, n. 9, pp. 308-25.
ROKEM, Freddie (1986). "The death of the apple or contradictions between the visual and verbal". DEELY, John (org.). *Semiotics 1985*. Lanham, Md.: University Press of America, pp. 139-48.
ROSENBERG, Jay F. (1974) 1981. *Linguistic representation*. Dordrecht: Reidel.
ROSENBERG, Jay F. & TRAVIS, Charles (orgs.) (1971). *Readings in the philosophy of language*. Englewood Cliffs, N.J.: Prentice Hall.
ROUSSEAU, R.-J. (1993). *A linguagem das cores*. São Paulo: Pensamento.
RUMELHART, David E. & ORTONY, Andrew (1977). "The representation of knowledge in memory". ANDERSON, R. et al. (orgs.). *Schooling and the acquisition of knowledge*. Hillsdale: Erlbaum, pp. 99-135.
SAINT-MARTIN, Fernande (1987). *Sémiologie du langage visuel*. Sillery: Presses de l'Université du Québec.
_____ (1990). *La théorie de la Gestalt et l'art visuelle*. Sillery: Presses de l'Université du Québec.
SANTAELLA, Lúcia (1980). "Por uma classificação da linguagem escrita". *Produção de linguagem e ideologia*. São Paulo: Cortez.
_____ (1985). "Edgar Allan Poe: o que em mim sonhou está pensando. Estudo crítico". *Edgar Allan Poe. Contos*. São Paulo: Cultrix.
_____ (1986). "As três categorias peirceanas e os três registros lacanianos: correspondências". *Cruzeiro Semiótico*, Porto, n. 4, pp. 25-30.
_____ (1988). "For a classification of visual signs". *Semiótica*, n. 70, pp. 59-78.
_____ (1989). "Por uma classificação da linguagem visual". *Face*, São Paulo, v. 1, n. 2, pp. 43-68.
_____ (1990). "Instinct, logic or the logic of instinct". *Semiótica*, n. 83, pp. 123-42.
_____ (1992a). *Poesia e música: Frações, prismas, variações*. *Face*, São Paulo, v. 1, n. 4, pp. 97-108.
_____ (1992b). *Time as the logical process of the sign*. *Semiótica*, n. 88, pp. 309-26.
_____ (1993a). "Metodologia semiótica. Fundamentos". Livre-docência. ECA/USP.
_____ (1993b). *A percepção. Uma teoria semiótica*. São Paulo: Experimento.

_____ (1994a). "O impacto das novas tecnologias na comunicação". *FACOM*, v. 2, n. 1, pp. 53-61.
_____ (1994b). "A imagem pré-fotográfica-pós". *Imagens*. Campinas: Ed. Unicamp, n. 3, pp. 34-40, dezembro.
_____ (1995). *A teoria geral dos signos*. São Paulo: Ática.
_____ (1996a). *Cultura das mídias*. São Paulo: Experimento.
_____ (1996b). "From pure icon to metaphor". COLAPIETRO, V. & OLSHEVSKY, T. (orgs.). *Peirce's doctrine of signs: Theory, applications and connections*. Berlim: Mouton de Gruyter, pp. 205-13.
_____ (1996c). "Ilha eletrônica". *Cultura das mídias*. São Paulo: Experimento, pp. 179-82.
_____ (1996d). "Tendências da poesia visual". *Cultura das mídias*. São Paulo: Experimento, pp. 143-48.
_____ (2001). *Matrizes da linguagem e pensamento: verbal, visual, sonoro*. São Paulo, Iluminuras.
_____ (em progresso). *C.S. Peirce e os novos paradigmas evolucionistas*.
SAPORITI, Elisabeth (1988). "Elementos para a interpretação analítica: Lacan e Peirce". Tese de Doutorado, PUC-SP, publicada em 1996, São Paulo: Escuta.
SAUERBIER, Samson Dietrich (1978). Wörter bildlich / Bilder wörtlich. Arbeitsgruppe Semiotik (orgs.). *Die Einheit der semiotischen Dimensionen*. Tübingen: Narr, pp. 27-94.
_____ (1985). *Wörter, Bilder und Sachen*. Heidelberg: Winter.
SAVARESE, Rossella (1991). "Grafica quotidiana". BONFANTINI, M.A. & MARTONE, A. (orgs.). *Specchi del senso: Le semiotiche speciale*. Napoles: Ed. Scientifiche Italiane, pp. 153-209.
SCHAEFFER, Jean-Marie (1987). *L'image précaire*. Paris: Seuil.
SCHAPIRO, Meyer (1969). "On some problems in semiotics of visual art". *Semiótica*, n. 1, pp. 22-42.
_____ (1973). *Words and pictures*. The Hague: Mouton de Gruyter.
SCHEERER, E. et al. (1992). "Representation". RITTER, Joachim & GRÜNDER, K. (orgs.). *Historisches Wörtebuch der Philosophie*, v. 8. Basel: Schwabe, pp. 790-853.
SCHEFER, Jean-Louis (1969). *Scénographie d'un tableau*. Paris: Seuil.
SCHENK, Brigitte (1982). "The phylogeny of art. KOCH, Walter A. (org.). *Semiogenesis*. Frankfurt/Main: Lang, pp. 417-46.
SCHLÜTER, D. & HOGREBE, W. (1971). "Bild". RITTER, Joachim & GRÜNDER, K. (orgs.). *Historisches Wörterbuch der Philosophie*. Basel: Schwabe, pp. 915-19.
SCHMALRIEDE, Manfred (1981). "Ästhetische Funktionalität. Gestalten der Objekte der Fotografie". STURM, Hermann & ESCHBACH, Achim (orgs.). *Ästhetik und Semiotik*. Tübingen: Narr, pp. 71-80.
SCHMIDT, Steffi (1976). *Ostasiatische Holzschnitte I*. Berlim: Mann.
SCHMITT, Roland (1986). *Texte und Bildrezeption bei TV-Werbespots*. Frankfurt/Main: Lang.
SCHNITZER, Johannes (1994). *Wort und Bild: Die Rezeption semiotisch komplexer Texte*. Wien: Braunmüller.
SCHÖBERLE, Wolfgang (1984). Argumentieren — Bewerten — Manipulieren. Heidelberg: Groos.
SCHÖNRICH, Gerhard (1990). *Zeichenhandeln*. Frankfurt/ M.: Suhrkamp.
SCHULTHESS, Peter (1992). *Sein Signifikation und Erkenntnis bei Wilhelm von Ockham*. Berlim: Akademie Verlag.
SCHÜTZ, Alfred (1932) 1974. *Der sinnhafte Aufbau der sozialen Welt*. Frankfurt/Main: Suhrkamp.

SEARLE, John R. (1969). *Speech acts*. Cambridge: Cambridge University Press.
SEBEOK, Thomas A. (1986). "Can animais lie?". SEBEOK, Thomas A. (org.). *I think I am a verb*. Nova York: Plenum, pp. 126-30.
_____ & UMIKER-SEBEOK, Jean (orgs.) (1986). *The semiotic sphere*. Nova York: Plenum.
_____ & UMIKER-SEBEOK, Jean (orgs.) (1994). *Advances in visual semiotics: The semiotic web*, 1992-1993. Berlim: Mouton de Gruyter.
SEGALL, M.H. (1966). *The influence of culture on visual perception*. Indianapolis: Bobbs--Merrill.
SMITH, Kim C. (1990). "Kunstgeschichte und Semiotik". KOCH, Walter A. (org.). *Semiotik in den Einzelwissenschaften*. Bochum: Brockmeyer, pp. 565-87.
SOGABE, Milton (1990). "Imagem y material". Dissertação de mestrado defendida na PUC--SP sob orientação de Lúcia Santaella, inédita.
_____ (1996). "Além do olhar". Tese de doutorado. PUC-SP, sob orientação de Lúcia Santaella.
SONESSON, Göran (1989-1990). "A bibliography of pictorial and other kinds of visual semiotics". *Eidos. Bulletin Intemational de Sémiotique de l'Image*, v. 3, n. 2, pp. 3-29 e n. 3, pp. 5-42.
_____ (1989). *Pictorial concepts*. Lund: University Press.
_____ (1993a). "Pictorial semiotics, Gestalt theory, and the ecology of perception". *Semiótica*, n. 99, pp. 319-99.
_____ (1993b). Die Semiotik des Bildes: Zum Forschungsstand am Anfang der 90er Jahre. *Zeitschriftfür Semiotik*, n. 15, pp. 127-60.
SONTAG, Susan (1986). *Ensaios sobre fotografia*. José Afonso Furtado (trad.). Lisboa: Dom Quixote.
SPERBER, Dan (1985). "Anthropology and psychology: Towards an epidemology of representations". *Man*, n. 20, pp. 73-89.
SPILLNER, Bernd (1982). "Stilanalyse semiotisch komplexer Texte". *Kodikas/Code*, n. 4/5, pp. 91-106.
STEGMÜLLER, Wolfgang (1969). *Hauptströmungen der Gegenwartsphilosophie*. Stuttgart: Kröner.
STEINER, Wendy (org.) (1981). *Image and code*. Ann Arbor: University of Michigan.
_____ (1982). *The colors of rhetoric: Problems in the relation between modern literature and painting*. Chicago: Chicago University Press.
STENIUS, Erik (1969). *Wittgensteins Traktat*. Frankfurt/Main: Suhrkamp.
STEPHAN, Eliane (1992). "Computador derruba o mito do tipógrafo". *Folha de S.Paulo*, 21 jul., pp. 4-1.
SULLEROT, Evelyne (1964). "De la lecture de l'image". *Terre d'images*, n. 4/5, pp. 279-83.
SZAMOSI, Géza (1988). *Tempo e espaço. As dimensões gêmeas*. Jorge Enéas Fortes e Carlos Alberto Medeiros (trads.). Rio de Janeiro: Jorge Zahar.
TABARRONI, Andréa (1989). "Mental signs and representation". ECO, U. & MARMO, C. (orgs.). *On the medieval theory of signs*. Amsterdam: Benjamins, pp. 195-224.
TARDY, Michel (1964). "Le troisième signifiant". *Terre d'images*, n. 4-5, pp. 313-22.
THIBAULT-LAULAN, Anne-Marie (1971). *Le langage de l'image*. Paris: Editions Universitaires.
_____ (1972) "Image et communication". THIBAULT-LAULAN, Anne-Marie (org.). *Image et communication*. Paris: Editions Universitaires, pp. 19-47.
_____ (1972). "Image et langage". POTTIER, Bernard (org.) *Le langage*. Paris: Centre d'Etude et de Promotion de la Lecture, pp. 148-215.
_____ (org.) (1972). *Image et communication*. Paris: Editions Universitaires.

THÜRLEMANN, Felix (1981a). "Bildbedeutung jenseits der Ikonizitat". LANGE-SEIDL, Annemarie (org.). *Zeichenkonstitution*. Berlim: Mouton de Gruyter, pp. 3-11.
_____ (1982). *Paul Klee: Analyse sémiotique de troispeintures*. Lausanne: L'Age d'Homme.
_____ (1981b). "Überlegungen zur Bedeutungskonstitution in der Malerei". STURM, Hermann & ESCHBACH, Achim (orgs.). *Asthetik und Semiotik*. Tübingen: Narr, pp. 59-70.
_____ (1984). "Die Farbe in der Malerei". BORBÉ, Tasso (org.) *Semiotics unfolding*. Berlim: Mouton, pp. 1389-96.
_____ (1982). *Vom Bild zum Raum: Beiträge zu einer semiotischen Kunstwissenschaft*. Colônia: Dumont.
TITZMANN, Michael (org.) (1993). *Zeichen(theorie) und Praxis*. Passau: Rothe.
TOMAS, David (1982). "The ritual of photography". *Semiótica*, n. 40, pp. 1-25.
_____ (1990). "Photography and semiotics". SEBEOK, T.A. & UMIKER-SEBEOK, Jean (orgs.). *The semiotic web, 1989*. Berlim: Mouton de Gruyter, pp. 663-88.
TOMAS, Vincent (1965). "Is art language?". *The Journal of Philosophy*, n. 65, pp. 559-74.
TOUSSAINT, Bernard (1978). *Qu'est-ce que la sémiologie?*. Toulouse: Privat.
USPENSKIJ, Boris A. (1971) 1976. *The semiotics ofthe Russian icon*. Lisse: de Ridder.
_____ (1972). "Structural isomorphism of verbal and visual art". *Poetics*, n. 5, pp. 5-39.
VANLIER, Henri (1983). *Philosophie de la photographie*. Laplume: Cahiers de la photographie.
VELTRUSKY, Jirí (1976). "Some aspects of the pictorial sign". MATEJKA, Ladislav & TITUNIK, Irwin R. (orgs.). *Semiotics ofart: Prague school contributions*. Cambridge, Mass.: MIT Press, pp. 245-64.
VICENTE, Carlos Fadon (1993). "Fotografia eletrônica, uma reinvenção da fotografia". *Irisfoto*, ano 46, n. 462, pp. 48-9.
VIRILIO, Paul (1988). *La machine de vision*. Paris: Galilée. Paulo Roberto Pires (trad.) (1994). Rio de Janeiro: José Olympio.
_____ (1993). "A imagem virtual mental e instrumental". PARENTE, A. (org.). *Imagem máquina*. Rio de Janeiro: Editora 34, pp. 127-132.
_____ (1993). "Candide caméra". VIRILIO, P. *A máquina de visão*. Paulo Roberto Pires (trad.). Rio de Janeiro: José Olímpio, pp.71-84.
WÄHNER, Matthias (1994). *Mann ohne Eigenschaften — Man without qualities*. Munique: Stadtmuseum.
WALLIS, Mieczyslaw (1975). *Arts and signs*. Bloomington: Indiana University Press.
WALTHER, Elisabeth (1974). *Allgemeine Zeichenlehre*. Stuttgart: dva.
WEIDENMANN, Bernd (1988). *Psychische Prozesse beim Verstehen von Bildern*. Berna: Hans Huber.
WILBER, Ken (1985). *Eye to eye: The quest for a new paradigm*. Nova York: Anchor.
WILLMS, Hans (1935). *EIKON: Eine begriffsgeschichtliche Untersuchung zum Platonismus*. Münster: Aschendorff.
WITTGENSTEIN, Ludwig (1922) 1971. *Tractatus logico-philosophicus*. Londres: Routledge & Kegan.
_____ (1953). *Philosophische Untersuchungen — Philosophical Investigations*. Oxford: Blackwell.
WOODFORD, Susan (1983). *Looking at pictures*. Cambridge: Cambridge University Press.
WOOZLEY, A.D. (1967). "Universais". EDWARDS, Paul (org.). *Encyclopedia of philosophy*, v. 8.. Nova York: Macmillan, pp. 194-206.
WORTH, Sol (1975). "Pictures can't say ain't". *Versus*, n. 12, pp. 85-108.
YUILLE, John C. (org.) (1983). *Imagery, memory, and cognition*. Hillsdale: Lawrence Erlbaum.

ZEMSZ, Abraham (1967). "Les optiques cohérentes (La peinture est-elle langage?)". *Revue d'esthétique*, n. 20, pp. 40-73.

ZIMMER, H.D. (1983). *Sprache und Bildwahrnehmung*. Frankfurt/Main: Haag & Herchen.

ZIMMERMANN, Albert (org.) (1971). *Der Begriff der Repraesentatio im Mittelalter*. Berlim: Mouton de Gruyter.

ZOLLNA, Isabel (1990). *Einbildungskraft (imagination) und Bild (image) in der Sprachtheorie um 1800*. Tübingen: Narr.

ZUNZUNEGUI, Santos (1992). *Pensar la imagen*. Madri: Cátedra.

*Outros livros
nesta editora*

MATRIZES DA LINGUAGEM E DO PENSAMENTO
SONORA, VISUAL E VERBAL
Lucia Santaella

DICIONÁRIO CRÍTICO DE POLÍTICA CULTURAL
Teixeira Coelho

DE SANTOS E SÁBIOS
James Joyce

ROLAND BARTHES
Leda Tenório da Motta

BERGSON E PROUST
SOBRE A REPRESENTAÇÃO DA PASSAGEM DO TEMPO
Estela Sahm

**CADASTRO
ILUMINURAS**

Para receber informações
sobre nossos lançamentos e
promoções envie e-mail para:

cadastro@iluminuras.com.br

Este livro foi composto em Times pela Iluminuras
e terminou de ser impresso em outubro de 2015
nas oficinas da *Paym Gráfica*, em São Paulo, SP
em papel off-white 70g.